ENTLARVT!

Prof. Dr. Jack Nasher-Awakemian, der »Lügenpapst« (WDR) und der »Meister der psychologischen Manipulation« (*Frankfurter Rundschau*) wuchs in Deutschland und den USA auf. Er studierte und lehrte an der Oxford University, zurzeit bekleidet er den Lehrstuhl für Leadership and Organizational Behavior an der Munich Business School. Seine Bücher *Durchschaut!* und *Deal!* wurden *Spiegel*-Bestseller und erschienen unter anderem in Russland, China und Korea.

Jack Nasher hält Vorträge darüber, wie man Menschen durchschaut und beeinflusst. Mehr Informationen und einen Download mit den besten Entlarvungstechniken finden Sie auf www.jacknasher.com

JACK NASHER

ENTLARVT!

WIE SIE IN JEDEM
GESPRÄCH AN DIE GANZE
WAHRHEIT KOMMEN

Campus Verlag
Frankfurt/New York

MIX
Papier aus verantwortungsvollen Quellen
FSC® C006701

ISBN 978-3-593-50126-0

Umschlaggestaltung: Network, München
Umschlagfoto: © Christopher Thomas
Satz: Fotosatz L. Huhn, Linsengericht
Gesetzt aus der Minion und der Teuton
Druck und Bindung: CPI – Ebner & Spiegel, Ulm
Printed in Germany

Dieses Buch ist auch als E-Book erschienen.
www.campus.de

INHALT

DIE WAHRHEIT UND NICHTS ALS DIE WAHRHEIT

Doch nach einer Weile sagten auch die Umstehenden:
»Natürlich gehörst Du zu seinen Freunden;
Du kommst doch auch aus Galiläa!«
Da rief Petrus: »Ich schwöre euch:
Ich kenne diesen Menschen überhaupt nicht,
von dem ihr da redet!
Gott soll mich verfluchen, wenn ich lüge!«

Markus 14: 70-71

Vor Ihnen sitzt Ben, seine Hände in Handschellen. Soeben haben Sie von Ihren Kollegen erfahren: Es bestehe kein Zweifel, dass Ben einen Sprengstoffsatz deponiert habe, der in wenigen Stunden Tausende Menschen – unschuldige Frauen, Männer und Kinder – in ihre Einzelteile zerfetzen würde. Ben weiß also, wo die Bombe liegt. Da sind Sie sich sicher. Ben grinst. Ihre Vorgesetzten haben Ihnen völlig freie Hand gelassen. Sie können tun und lassen, was Sie wollen – Hauptsache, die Bombe wird rechtzeitig gefunden. Sie würden Menschenleben retten, der Respekt Ihrer Vorgesetzten und Kollegen wäre Ihnen sicher. In diesen paar Minuten steht alles auf dem Spiel. Und Ihre größte Angst ist, ausgerechnet jetzt einen Fehler zu begehen.

Was tun Sie?

Darum geht es in diesem Buch: Wie Sie ein paar wenige Minuten nutzen, um an die Wahrheit zu gelangen. Wie Sie in Schlüsselmomenten die richtigen Entscheidungen treffen und Ihr Gegenüber dazu bringen, Ihnen alles zu sagen, was es zu dem jeweiligen Thema weiß.

Sie verhören eher selten Terroristen? Nun, *verhören* bedeutet im Grunde nichts anderes, als jemanden zu überreden, Informationen preiszugeben, die er ursprünglich für sich behalten wollte. Verhörsituationen finden sich in allen Bereichen des Lebens: beim Makler, der Ihnen die entscheidenden Nachteile der Wohnung verschweigt. Beim Wohnungsinteressenten, der von seiner steilen Karriere und seinem sicheren Einkommen schwadroniert. Im Vorstellungsgespräch, bei dem Ihnen der Bewerber den wahren Grund des Jobwechsels nicht nennt – und umgekehrt: Wenn Sie wissen wollen, ob die versprochenen Aufstiegschancen nicht doch maßlos übertrieben sind. Am Esszimmertisch, wenn Ihr gerade 18-jähriges Kind Ihnen nicht erzählt, weshalb es das Auto am Wochenende wirklich haben will. Immer dann, wenn Sie wissen wollen, was Ihr Gegenüber wirklich über Sie denkt. Sie möchten doch nicht, dass Ihre Angestellten kichernd aus Ihrem Büro gehen, nach dem Motto: »Der Trottel glaubt einem alles.« Und je weiter Sie nach oben rücken, desto häufiger werden Sie belogen. Ein Vorstand erklärte mir einmal, er engagiere nur deswegen Unternehmensberater, damit ihm mal jemand die Wahrheit über sein Unternehmen sagt. Ein guter Chef aber weiß, wann man ihm was vormacht.

In meinem Buch *Durchschaut. Das Geheimnis, kleine und große Lügen zu entlarven* ging es darum, wie Sie erkennen, ob Ihr Gegenüber die Wahrheit sagt. Damals war ich der Ansicht, dass es in den meisten Situationen genügen sollte, zu wissen, *dass* der andere lügt. Und es stimmt zumeist: Für die Kriminalpolizei Bremen bewertete ich die Aussagen dreier Verdächtiger in einem Mordfall und ermittelte den Täter, indem ich die Lüge entlarvte. Auch im Alltag genügt das bloße Durchschauen ab und an durchaus: Wenn ich merke, dass mein Geschäftspartner oder meine Freundin etwas zu verbergen hat, beende ich das Verhältnis eben über kurz oder lang. Nun sind jedoch einige Jahre vergangen und ich habe seitdem Zehntausende Menschen aus den unterschiedlichsten Berufsfeldern geschult: Vorstände, Geschäftsführer, Compliance and Fraud Manager, Wirtschaftsprüfer, Strafverteidiger, Versicherungsermittler, Polizisten, Bewährungshelfer und unzählige Vertreter anderer Branchen. Immer wieder wurde mir die gleiche Frage gestellt: Wie kann man über das bloße Entlarven von Lügen hinausgehen und die ganze Wahrheit erfahren? Und diese Frage war mehr als nachvollziehbar: Sie wollen in der Verhandlung ganz genau wissen, welches Alternativangebot Ihrem Kunden vorliegt und wie er Ihnen noch entgegenkommen kann. Sie wollen bis ins Detail erfahren, welche illegalen – sogenannten »dolosen« – Handlungen Ihr Mitarbeiter vorgenommen hat, um einen Schaden rechtzeitig abzuwenden. Mit gutem Grund: Unternehmen verlieren etwa 5 Prozent des Gesamtumsatzes durch strafbare Handlungen ihrer eigenen Mitarbeiter.[1] Die US-Handelskammer schätzt, dass etwa 75 Prozent aller Angestellten ihren Arbeitgeber bestehlen, viele davon wiederholt.[2]

Sie wollen wissen, ob Ihr Mitgesellschafter Gelder veruntreut hat oder aber den Ausstieg aus der Gesellschaft plant. Sie wollen wissen, was der Politiker, den Sie gerade interviewen, wirklich für Zukunftspläne hat. Sie wollen wissen, wo Ihr Partner die letzte Nacht verbracht hat. Sie wollen wissen, was Ihr Mitarbeiter wirklich über Sie denkt. Sie wollen wissen, ob Ihr Kind schon einmal Drogen genommen hat und wenn ja, welche und wie häufig. Kurzum: Sie wollen die ganze Wahrheit. Und dieses Buch hilft Ihnen, sie zu finden. Es geht hier also nicht darum, Lügen nur zu erkennen – diesmal soll die Wahrheit hinter der Lüge aufgedeckt werden, die ganze Wahrheit und nichts als die Wahrheit.

Zurück zu Ben. Was tun Sie? Erkundigen Sie sich höflich, wo die Bombe liegt? Drohen Sie ihm? Oder fügen Sie ihm sogar Schmerzen zu? Diese Fragen haben die US-Behörden nach dem 11. September 2001 auf ihre Weise beantwortet. Ihre Antwort lautete *Enhanced Interrogation Methods* (Erweiterte Verhörmethoden), eine Beschönigung für Folter. Aber wenn Menschenleben in Gefahr sind, ist dann nicht jedes Mittel recht und billig? Und ist das Leben eines Mörders nicht viel weniger wert als das Hunderter oder gar Tausender Unschuldiger?

Viele Bekannte, denen ich erzählt habe, dass ich an einem Buch über Verhörmethoden für den Alltag arbeite, meinten halb im Spaß – aber eben nur halb –, sie seien schon gespannt auf meine Waterboarding-Anleitung. Doch seien wir mal ehrlich: Halten wir es nicht insgeheim für möglich, dass wir in einer Situation, in der alles auf dem Spiel steht, doch wieder zum guten, alten Foltern greifen würden? Ist Folter nicht immer noch das effektivste Mittel, um an die ganze Wahrheit zu kommen? Oder wie es der Psychologe Randy Borum ausgedrückt hat: »Es gibt eine Annahme, die nach gesundem Menschenverstand aussieht: Je mehr Schmerzen man jemandem zufügt, desto eher wird er einlenken.«[3]

Ich bin dieser Annahme auf den Grund gegangen. Denn ich möchte Ihnen wirklich *die* besten Mittel zur Wahrheitsfindung an die Hand geben – und keine bereinigte, politisch korrekte Version. Ist Folter das sinnvollste Mittel zur Wahrheitsfindung? Wenn ja, hätten wir ein Problem, denn Folter ist nicht gerade alltagstauglich – und verstößt noch dazu gegen das Moralempfinden der meisten Menschen. Aber kann man wirklich über erfolgreiche Verhörmethoden sprechen und dabei die Folter außen vor lassen?

Allzu zartbesaiteten Lesern empfehle ich, den folgenden Abschnitt zu überspringen.

»Erweiterte« Verhörmethoden

Im Dezember 2002 reisten einige Psychologen nach Guantanamo, in das soeben eröffnete US-Internierungslager auf Kuba, um US-Vernehmer für ihre künftigen Aufgaben zu schulen.[4] Sie empfahlen verschiedene Techniken, beispielsweise das mittlerweile zu trauriger Berühmtheit gelangte Waterboarding. Dabei wird der Verhörte auf einer diagonalen, um 10 bis 15 Grad geneigten Liege mit den Beinen nach oben fixiert. Sein Gesicht – Augen, Nase und Mund – wird mit einem Stück Stoff bedeckt. Schließlich wird Wasser auf das verhüllte Gesicht gegossen, aus einer Entfernung von 15 bis 45 Zentimetern und nicht länger als 40 Sekunden am Stück. Dabei entsteht der Eindruck des Ertrinkens, der Verhörte empfindet Panik und Todesangst. Andere Verhörmethoden waren Schlafentzug, stundenlanges Stehen, Stresspositionen und unerträglicher Lärm.

Klingt alles gar nicht so schlimm? Der US-Vernehmer Tony Lagouranis fragt provokant:[5] »Wie lange hast Du schon mal gekniet? Erinnerst Du Dich daran, wie steif Du warst, als Du aufstandest? Könntest Du es überhaupt eine Stunde lang aushalten, mit Deinen Händen auf Deinem Rücken gefesselt? Was war die größte Kälte, die Du je erlebst hast? Die dünne, trockene Wüstenluft fällt unter minus 40 Grad. Wenn Du jemals in so einer Kälte warst, mit nichts anderem bekleidet als einer dünnen Lage Baumwolle, wie lange hat es gedauert, dass Du Dich irgendwo aufwärmen konntest? Wie lange konntest Du es je ohne Schlaf aushalten? Woran erinnerst Du Dich bei Deinem Verlangen nach Schlaf?« Vielleicht doch nicht so harmlos, was?

Die Absicht dahinter ist natürlich, dass der so Malträtierte alles preisgibt, was er weiß. Diese Prozedur sei zwar hart, wie die Befürworter der Folter durchaus einräumen, aber eben effektiv. Wobei »hart« noch gelinde ausgedrückt ist.

Folteropfer bleiben meist ihr ganzes Leben traumatisiert; sie leiden an Depressionen, Psychosen und begehen nicht selten Selbstmord. Dank WikiLeaks wissen wir heute, dass von den knapp 800 Gefangenen in Guantanamo mindestens 150 unschuldig waren – Lehrer, Taxifahrer und einfache Bauern.[6] Für eine Inhaftierung genügte es teils schon, eine bestimmte Casio-Uhr zu tragen, die als Zeitzünder für eine Bombe verwendet werden könnte. Bei knapp 100 Gefangenen kam es gar nicht erst zu Traumatisierungen, weil sie schon während der Folterorgien starben. Dies hat US-General Barry McCaffrey auch unverblümt zugegeben, als er über den Afghanistan-Feldzug 2001 sprach: »Wir folterten Menschen gnadenlos. Wir haben dabei vielleicht Dutzende ermordet, die Armee und die CIA.«

Wie konnte es zu diesen Auswüchsen kommen? Welchen Hintergrund hatten die Foltertechniken, die nach dem 11. September zum Einsatz kamen? Hatten die US-Behörden Pläne für entsprechende Praktiken in der Schublade? Gewissermaßen ja.

Seit Jahrzehnten existiert ein Trainingsprogramm für US-Soldaten und Agenten, das auf den Fall der Ergreifung und Befragung durch den Feind vorbereiten soll. Das sogenannte SERE-Programm (*Survival* – Überleben, *Evasion* – Ausweichen, *Resistance* – Widerstand, *Escape* – Flucht) konfrontiert die Trainierten mit Verhörmethoden, die China während des Koreakriegs anwendete, um amerikanische Kriegsgefangene zu befragen.

Der CIA-Vernehmer Glenn Carle erinnert sich an sein eigenes SERE-Training während seiner Ausbildung: »Ich konnte am Ende die Nacht nicht vom Tag unterscheiden ... Ich wurde gezwungen, wach zu bleiben ... Der Lärm hörte nie auf und war ohrenbetäubend. Menschen schrien und weinten in anderen Zimmern. Stoffe wurden langsam zerrissen, Explosionen taten mir in den Ohren weh und Babys weinten und weinten und schrien ... Manchmal musste ich mich an die Wand stellen, mit einer Kapuze über dem Kopf, und zwar lange, sehr lange ... Ich musste mich in enge Schachteln zwängen, in denen ich weder sitzen noch stehen konnte ... Zum ersten Mal in meinem Leben verlor ich die Fähigkeit, zu unterscheiden, wo ich selbst aufhörte und wo die Außenwelt begann ... Alles stürzte auf meinen Verstand ein. Es hörte nie auf. Es existierte nichts außer Dunkelheit, Kälte, Verwirrung, Schmerz, Angst ...«

Glenn Carle wäre damals nie auf die Idee gekommen, diese Techniken eines Tages selbst anzuwenden. Denn die USA hatten diese Methoden nicht nur als Folter gebrandmarkt und unter Strafe gestellt – nach dem Zweiten Weltkrieg verurteilten sie Japaner dafür als Kriegsverbrecher –, sie hielten sie zudem für wirkungslos und unsinnig.[7]

Doch angesichts der Ereignisse des 11. September 2001 hatte diese Ansicht keinen Bestand – und so geschah etwas, das nicht nur Glenn Carle wohl für unmöglich gehalten hätte: Die beiden amerikanischen Psychologen James Mitchell und Bruce Jessen boten sich dem CIA als Berater für scheinbar neuartige Verhörmethoden an, hinter denen sich aber nichts anderes verbarg als weite Teile des SERE-Programms – nur umgekehrt! Auf einmal waren Maßnahmen wie Schläge in den Bauch und das Einsperren in dunkle Kisten an der Tagesordnung – und natürlich das Waterboarding.[8]

Und wie stand es um die Effektivität? Der US-Army-Vernehmer Chris Mackay fasste es nach jahrelanger Verhörerfahrung kurz und knapp zusammen: »Körperlicher Zwang – Folter – hat nichts mit einer effektiven Vernehmung zu tun. Folter ist primitiv, barbarisch und unmoralisch – und funktioniert nicht.« Sehen Sie sich bei Gelegenheit doch einmal das Video des US-Feuerwehrmanns an, der sich Waterboarden lässt und schließlich gesteht, der Drahtzieher des 11. Septembers zu sein. Ich habe es Ihnen auf meiner Internetseite in der Mediathek bereitgestellt (www.jacknasher.com).

Schließlich fand das sinnlose Grauen zumindest offiziell ein Ende: Am 22. Januar 2009, seinem zweiten Tag im Amt, unterschrieb Präsident Barack Obama eine Anordnung, die die CIA dazu verpflichtet, nur noch zugelassene Army-Verhörtechniken zu verwenden; entgegen seinen Wahlkampfversprechen wurde jedoch keiner der Verantwortlichen jemals zur Rechenschaft gezogen.

Was können wir aus all dem für dieses Buch schließen? Folter ist eben *kein* sinnvolles Mittel zur Wahrheitsfindung. Insofern können wir alle aufatmen: Niemand muss zum Folterknecht werden, um sich wie ein erfahrener Experte durch den Dschungel von Wahrheit und Lüge zu bewegen.

Die Frage lautet also: Wenn man die Folter ein für alle Mal aus dem Kanon der Verhörmethoden streicht, was bleibt dann noch übrig? Auf welche Praktiken können wir uns stützen?

Fernab der Folter

Eines der ersten Verhörhandbücher, das keine Foltermethoden beinhaltet, ist ein 30-seitiges Büchlein für US-Soldaten aus dem Jahr 1940, dessen »Tricks« noch sehr rudimentär anmuten – so führe »eine Zigarette oder eine Tasse Kaffee häufig zu genaueren und wichtigeren Informationen als Drohungen«.[9] Der schmale Band wurde laufend erweitert und verwandelte sich so schließlich in das berühmte Army FM 2–22.3 – das von den Amerikanern aktuell verwendete *Army Intelligence Interrogation Field Manual.* Es verbietet Gewalt und vertraut stattdessen auf psychologische Mittel; so steht vielversprechend in der Einleitung: »Die Anwendung von Gewalt darf aber nicht mit der Verwendung psychologischer Finten, verbaler Kniffe oder anderer gewaltloser und nicht mit Zwang verbundener Tricks … verwechselt werden.«

Das wohl legendärste Verhörhanduch der Welt ist jedoch das *KUBARK Counterintelligence Interrogation.* Das Wort »Kubark« ist ein Deckname für das CIA-Hauptquartier in Langley, Virginia. Es wurde von den Sechzigerjahren an und bis in die Achtzigerjahre hinein vom CIA entwickelt und im Jahr 1997 auf Basis des Freedom of Information Act von der US-Regierung freigegeben. Ursprünglich konzipiert für den Umgang mit feindlichen Geheimdiensten, vor allem mit denen kommunistischer Mächte zur Zeit des Kalten Krieges, enthält es Erfahrungen aus dem Korea- und dem Vietnamkrieg, Erkenntnisse aus deutschen KZ-Experimenten und Ergebnisse der akademischen Forschung. Im Handbuch finden sich einerseits kuriose Techniken wie »Alice im Wunderland«, wobei der Vernehmer vollkommen unlogische Fragen stellen und dabei Stimmlage und Betonung stetig verändern soll, um den Verhörten an seinem Realitätssinn zweifeln zu lassen, andererseits aber auch durchaus alltagstaugliche Fragetechniken, auf die ich später noch eingehen werde.

Das FBI verwendet ebenfalls ein Verhörhandbuch, das allerdings als »top secret« klassifiziert ist. Aber wir haben Glück, denn ein FBI-Mitarbeiter, ein erfahrener einstiger Abteilungsleiter der Anti-Terror Einheit, beging im Jahr 2013 einen unerhörten Fehler: Er wollte sich das Copyright – nicht für die Behörde, sondern für sich persönlich – auf das streng geheime, knapp 70-seitige Büchlein sichern und schickte es dazu an die Library of Congress in Washington, D. C., wo es monatelang von allen Interessierten eingesehen werden konnte. Daher wissen wir heute, dass die Verhörtechniken des FBI eine Mischung aus dem Kubark-Handbuch des CIA und der bekanntesten polizeilichen Verhörtechnik der Welt darstellen: der Reid-Technik. Wir können also aus dem Vollen schöpfen, um die optimalen Mittel zur Wahrheitsfindung im Alltag zusammenzustellen.

Werfen wir einen genaueren Blick auf polizeiliche Vernehmungen. Nirgendwo sonst werden so viele Verhöre durchgeführt wie bei der Polizei, es ist das täglich Brot von Polizisten in aller Welt. Weil Polizeiarbeit im Gegensatz zur Arbeit von Armee und Geheimdiensten relativ transparent ist, stehen uns dazu auch interessante Zahlen zur Verfügung: Etwa 40 bis 60 Prozent der Beschuldigten legen Geständnisse ab, die Zahlen variieren von Land zu Land nur leicht.[10] Frauen gestehen jedenfalls deutlich häufiger (72 Prozent) als Männer (52 Prozent)[11] – was eher bedauerlich ist, da knapp 85 Prozent der Festgenommenen männlich sind.

Man kann sich natürlich fragen, ob Verhöre in Zeiten von DNA-Analyse überhaupt noch notwendig sind. Wozu soll der moderne Polizist noch mit einem Schuldigen sprechen, wenn die Wahrheit ohnehin im Reagenzglas schwimmt? Allerdings sind solche »Sachbeweise«, also am Tatort gewonnene Beweise wie Fingerabdrücke, DNA-Spuren oder Spuren der Tat beim Täter, anders als TV-Serien suggerieren, relativ selten. Tatsächlich gibt es solche eindeutigen Beweise nur bei etwa 10 Prozent aller Kriminalfälle![12] Insofern ist eine erfolgreiche Vernehmung nach wie vor das A und O der Verbrechensaufklärung.

Um aus Beschuldigten Geständige zu machen, stehen uns eine ganze Reihe von Verhörtechniken zur Verfügung.[13] Die mit Abstand erfolgreichste ist diejenige, die, wie bereits erwähnt, auch vom FBI verwendet wird – und von Geheimdiensten, Armeen und Polizeibehörden in aller Welt: die Reid-Technik. Diese Methode ist so umstritten, dass ich beinahe einen Eklat auslöste, als ich auf der Tagung für Forensische Psychiatrie und Psychologie der Charité in Berlin im Sommer 2014 für sie eintrat. Weshalb? Weil die Vortragenden – unter anderem der bekannte deutsche Rechtspsychologe Günter Köhnken, der die Reid-Methode als »eine Stufe vor Waterboarding« bezeichnet – befürchten, dass die Methode auch falsche Geständnisse hervorbringen kann. Aber dazu im Nachwort mehr.

Jedenfalls handelt es sich bei dieser Methode um die am weitesten verbreitete Verhörtechnik, die je entwickelt wurde. Sie verzichtet gänzlich auf Gewalt und vertraut allein auf psychologische Manipulation. Was hat es damit auf sich?

Der Vater der modernen Verhörmethodik

Ein Rückblick in das Chicago der Zwanzigerjahre, die Stadt Al Capones und vieler anderer Gangs. Am 14. Februar 1929 kam es zum sogenannten Valentinstag-Massaker: Ein schwarzes Auto fuhr auf den Hof der S-M-C Cartage Company, einer Scheinfirma der irischen North Side Gang. Ein paar Männer in Polizeiuniform stiegen aus und gaben vor, eine Razzia durchzuführen. Sie stießen auf keinerlei Gegenwehr – die fünf irischen Gangster, die sich gerade auf dem Hof aufhielten, standen an der Wand und warteten geduldig. Und die vermeintlichen Polizisten fackelten nicht lange: Sie entluden ihre Maschinenpistolen in die Körper der fünf Männer. Eine eiskalte Hinrichtung.

Frank Gusenberg, der von 14 Kugeln getroffen wurde und trotzdem noch lebte, als Notärzte und Ermittler eintrafen, antwortete auf die Frage nach den Tätern: »Niemand hat auf mich geschossen.« In diesem Stil ging es weiter: Alle anschließend Verhörten folgten der *Omertà*, dem Gesetz des Schweigens. Die Ermittlungen zogen sich entsprechend in die Länge. Um dem Verdacht nachzugehen, bei den Tätern könne es sich um korrupte Polizisten gehandelt haben, wurde jede Patrone genauestens analysiert. An der Northwestern University wurde eigens ein Labor eingerichtet, um strafrechtliche Beweise nach den neuesten Erkenntnissen der Forschung auszuwerten: Das SCDL, das »Scientific Crime Detection Laboratory«, untersuchte Fingerabdrücke und Schusswaffen, beschäftigte sich daneben aber auch mit der Auswertung von Aussagen, vor allem mithilfe des relativ neumodischen Lügendetektors. Und so wurde das Massaker schließlich aufgeklärt: Ursache war offenbar ein Streit zwischen einer irischen Gang und der Gang Al Capones – und das SCDL war als Autorität etabliert.

Im Jahr 1940 stieß ein neuer Mitarbeiter zum SCDL: John E. Reid, ein Polizist irischer Abstammung, der schon kurz davor stand, seinen Dienst zu quittieren, sich aber im letzten Moment umentschied und in das Labor wechselte. Reid war 30 Jahre alt, ein bulliger Kerl, der in Studentenzeiten als Verteidiger im Footballteam der DePaul University gespielt hatte. Doch körperliche Gewalt und wüste Drohungen, wie sie für den damaligen Polizeialltag typisch waren, lagen ihm nicht: Im Bundesstaat Mississippi zum Beispiel waren noch in diesen Zeiten drei Schwarze von Polizisten ausgepeitscht worden, bis sie den Mord an einem weißen Plantagenbesitzer gestanden; der Supreme Court stellte erst 1936 zu diesem Fall klar, dass Geständnisse, die durch Folter gewonnen wurden, vor Gericht keinen Wert besäßen.

Reid, der einen Bachelor-Abschluss in Jura in der Tasche hatte und sich brennend für kriminologische Arbeit interessierte, war der festen Überzeugung, dass man die besten Geständnisse durch kluge Verhörtechniken zutage fördern könnte. Am SCDL spezialisierte er sich bald auf den Lügendetektor und stellte dazu auch eigene Experimente an; so bastelte er zum Beispiel aufblasbare Kissen, mit denen das nervöse Zittern der Befragten leichter erkannt werden konnte. Außerdem entwickelte er die sogenannte »Vergleichsfrage«, eine der zentralen Fragetechniken bei der Arbeit mit dem Lügendetektor, die Sie im nächsten Kapitel näher kennenlernen werden.

Einer seiner engsten Mitarbeiter erinnert sich an Reids Umgang mit Befragten: »Es war fast wie bei einem Priester. Er hielt deine Hand und sagte: ›Du solltest Dir das wirklich von der Seele reden.‹«[14] John E. Reid hat dazu beigetragen, knapp 300 Mordfälle zu lösen. Er hat über 5000 Dieben Geständnisse entrungen. Er, der als Mann der leisen Töne galt, führte unzählige Verhöre durch und ging sogar in die Gefängnisse, um Verurteilte nachträglich zu befragen, was sie zum Geständnis bewogen hatte.

Wenn Menschen dazu gebracht werden sollen, die Wahrheit zu sagen, treten laut Reid stets wiederkehrende Verhaltensmuster auf: »Es ist fast so, als ob jeder Verbrecher das gleiche Buch darüber gelesen hat, was man tun und sagen muss, um sich zu verraten.« Und so begann er, jene Fragemethoden zu entwickeln, die später als »Reid-Technik« berühmt werden sollten.

Die Reid-Technik

Wie funktioniert die Methode konkret? Die erste Phase besteht aus einem Interview, in dem beobachtet wird, ob der Verhörte Anzeichen einer Lüge zeigt. Geht man danach davon aus, dass er tatsächlich lügt, folgen drei weitere Phasen: Zuerst wird dem Beschuldigten klargemacht, dass man alle nötigen Beweise in den Händen hält, egal ob dies der Wahrheit entspricht oder nicht. Diesen Schritt bezeichnet man als »Maximierung« (»Wir wissen Bescheid!«). Dann wird dem Beschuldigten Verständnis vorgegaukelt, um seine Schuld kleinzureden – die sogenannte »Minimierung« (»Jeder an Deiner Stelle hätte doch das Gleiche getan!«). Und zum Schluss schiebt man die letzten rationalen Bedenken gegen ein Geständnis beiseite, indem man es als bestmögliche Wahl zwischen zwei Alternativen präsentiert (»Hast Du das schon seit Jahren getan oder bist Du nur dieses eine Mal schwach geworden?«).

Bei der Reid-Technik handelt es sich also um eine geschickte Kombination psychologischer Techniken: Es ist klar, dass Menschen eher dazu neigen, zu gestehen, wenn sie glauben, dass man die Beweise ohnehin schon in den Händen halte; in der Folge werden dem Verhörten scheinbare Rechtfertigungen für sein Verhalten angeboten, um ihm eine goldene Brücke zu bauen; und zuletzt wird das menschliche Streben nach der günstigsten Alternative ausgenutzt. »Und tatsächlich«, so beschreibt Reid selbst seine Methode, »sind die Prinzipien für den Haustürverkauf von Produkten den hier vorgestellten Techniken sehr ähnlich, in denen es darum geht, Geständnisse von kriminellen Verdächtigen zu bekommen. Das Produkt des Ermittlers ist die Wahrheit und der erfolgreiche Vernehmer verkauft es genauso, wie diese Jungs gelernt haben, Zeitungsabos zu verkaufen.«

John E. Reid und sein Mentor Fred Inbau systematisierten ihre Erkenntnisse immer weiter und veröffentlichten 1962, nach über 20 Jahren Erfahrung, das Buch *Criminal Interrogation and Confessions*, das schnell zu einem gigantischen Erfolg wurde und nicht selten als »Bibel der Verhörmethoden« bezeichnet wird. Die *New York Times* schreibt, das Buch definiere »seit über einem halben Jahrhundert die Kultur der Polizeiverhörtrainings«. Die Techniken sind so wirksam, dass der Supreme Court der USA in seiner sogenannten Miranda-Entscheidung, mit der Polizisten dazu verpflichtet wurden, jedem Beschuldigten bei der Festnahme seine Rechte herunterzubeten (»Sie haben das Recht, zu schweigen …«), die Reid-Technik explizit als Grund aufführte – um es dem Verdächtigen zu ermöglichen, sich vor dieser Wunderwaffe der Ermittler zu schützen! Auch wissenschaftliche Studien berichten von extrem hohen Erfolgsraten von bis zu 85 Prozent.[15]

Der Ernstfall

Zurück zu unserem Ausgangsbeispiel: Ben. Stellen Sie sich nun vor, Sie sind Ben. Sie haben tatsächlich eine Bombe gelegt, weil Sie den Tod Ihrer unschuldigen Familie, Ihrer Frau und Ihrer drei Kinder rächen wollen. Ihr eigenes Leben bedeutet Ihnen nichts mehr. Sie sind auf jeden Schmerz dieser Welt eingestellt und seelisch vorbereitet, jedes weitere Opfer bringt Sie Ihrer grauenvoll ermordeten Familie näher. Mit anderen Worten: Sie freuen sich fast schon auf die Folter.

Doch der Vernehmer setzt sich neben Sie. Er lässt Ihnen die Handschellen abnehmen und bietet Ihnen etwas zu trinken an. Er teilt Ihnen mit, dass man längst genügend Beweise gegen Sie gesammelt hätte – und im nächsten Moment verblüfft er Sie noch mehr: Er spricht über das Leid Ihres Volkes, über die vielen Ungerechtigkeiten der letzten Jahre. Jeder könne Ihren Zorn, Ihre Ohnmacht verstehen. »Aber …« Er rückt noch etwas näher an Sie heran. »Aber sind Sie denn ein kaltblütiger Killer? Oder ein Mann, der aus Verzweiflung gehandelt hat, weil er einfach nicht mehr weiterwusste?«

Ist es nicht viel wahrscheinlicher, dass Sie jetzt auspacken?

Die Frage, ob man foltern sollte oder nicht, muss gar nicht unter ethischen Gesichtspunkten beantwortet werden. Ganz egal, was Ihr moralischer Kompass sagt: Viel effektiver als körperlicher Zwang sind psychologische Techniken – die selbstverständlich geschickt angewandt werden müssen.

Und nun stellen Sie sich vor, Sie beherrschen die effektivste Verhörmethode der Welt.

Stellen Sie sich vor, Sie führen eine Bank – und jemand hat 2000 Euro von dem Konto eines Kunden abgehoben. Es kann sich nur um eine bestimmte Angestellte handeln, niemand sonst hatte Zugriff auf die Kasse. Sie befragen die Verdächtige, eine langjährige und immer zuverlässige Mitarbeiterin, in Ihrem Büro. Wie gehen Sie vor?

Ein miserabler Vernehmer würde sie anbrüllen, um ihr Angst zu machen. Ein mittelmäßiger würde versuchen, sie über Stunden hinweg mürbe zu machen. Der beste Vernehmer aber setzt sich zu ihr, bietet ihr eine Tasse Kaffee an und plaudert mit ihr. Und genauso beginnen Sie das Gespräch. Sie lassen die Angestellte möglichst viel erzählen, von ihrem Berufs-, aber auch von ihrem Privatleben. Dabei hören Sie genau zu und achten auf ein mögliches Motiv für ihre Tat. Hat sie Geldsorgen? Kann sie ihren direkten Vorgesetzten nicht ausstehen? Schließlich schauen Sie ihr in die Augen und sagen mit klarer und fester Stimme: »Sie haben das Geld genommen.« Natürlich will die Beschuldigte widersprechen. »Halt, hören Sie mir bitte zu«, fallen Sie ihr ins Wort, nachdem Sie Ihren Arm leicht gehoben haben, um ihre Aufmerksamkeit zu gewinnen. »Wir warten nur noch auf den Hausmeister, der jemanden an der Kasse gesehen hat, danach ist sowieso alles klar. Sie waren immer zuverlässig und haben hervorragende Arbeit geleistet. Aber ich kenne auch Ihre Kollegen und ich weiß, wie Sie von ihnen behandelt werden. Insofern kann ich Sie gut verstehen – ich glaube, eine solche Gelegenheit hätte jeder genutzt. Ich sagen Ihnen jetzt etwas: Eigentlich könnten wir uns dieses Gespräch sparen, die Beweise sprechen schließlich für sich. Aber ich würde mich freuen, wenn Sie die Gelegenheit nutzen, um die Angelegenheit aus Ihrer persönlichen Sicht darzustellen, damit wir uns nicht nur an die kalten Fakten halten müssen. Daher: Haben Sie das Geld genommen, weil Sie eine Diebin sind und seit Jahren stehlen? Oder haben Sie bloß eine einmalige Gelegenheit genutzt, weil Sie sich ungerecht behandelt fühlen?«

Bekommen Sie nun todsicher die ganze Wahrheit zu hören? Nein. Aber wenn es überhaupt einen Weg gibt, an die Wahrheit zu gelangen, dann ist es dieser.

Was haben die Verhörtechniken der Profis mit Ihren Alltagssituationen zu tun – fernab von Verhörzimmern? Nun: Was haben Formel-1-Boliden mit Ihrem Auto zu tun? Wo es auf maximale Beschleunigung, perfekte Straßenlage und den kürzestmöglichen Bremsweg ankommt, wird genauer gearbeitet als auf sämtlichen anderen Gebieten. Hier sind keine Fehler erlaubt, hier müssen optimale Techniken gefunden werden. Und dasselbe gilt für Verhöre bei Geheimdiensten,

Armeen und Polizei. Erkenntnisse aus Extrembereichen sind auch für uns Gold wert. Sie gelten genauso universell wie die Mechanismen der menschlichen Psyche, die bei Verhören optimal manipuliert werden.

Auch wenn im Buch vom »Vernehmer« und »Befragten« die Rede sein wird, geht es hier nicht um vermeintliche Terroristen, nicht um hartgesottene Cops, sondern um Sie – um Führungskräfte, Personalmanager, Einkäufer, Versicherungsermittler, Wirtschaftsprüfer, Compliance Manager, Richter, Polizeibeamte, Anwälte, Journalisten, Partner und Eltern. Und es geht darum, wie Sie im entscheidenden Moment Fehler vermeiden und an die ganze Wahrheit gelangen. Behavior Analysis Interview, Scientific Content Analysis und natürlich die Reid-Technik: Jahrzehntelange Forschung und Praxis – polizeiliche, militärische und geheimdienstliche – haben verblüffend effektive Techniken der Wahrheitsfindung hervorgebracht. Hinzu kommen noch die persönlichen Methoden der Besten ihrer Zunft, wie etwa die des legendären Nazi-Vernehmers Hanns-Joachim Scharff, der seinem Gegenüber alles entlocken konnte – und das ganz ohne Gewalt!

Dieses Buch ist die Essenz davon – die effektivsten Verhörtechniken für den Alltag.

DAS INTERVIEW – FRAGEN WIE EIN PROFI

»Beurteile die Menschen
eher nach ihren Fragen
als nach ihren Antworten.«

Voltaire

Los Angeles International Airport, im Jahr 1950. John Henry Grant, ein 31-jähriger Familienvater, läuft durch alle Schranken bis zu einem fast startbereiten Flugzeug, das soeben beladen wird. Gerade will ein Flughafenangestellter einen Koffer in den Gepäckraum werfen und bemerkt dabei, dass eine Ecke davon feucht ist und nach Benzin riecht. Rauch steigt aus dem Koffer auf. Blitzschnell wirft er den Koffer zu Boden und greift zum Feuerlöscher. In diesem Moment erscheint John Henry Grant auf der Bildfläche und versucht, das Gepäckstück an sich zu reißen. Die Männer ringen um den Koffer, Grant gewinnt die Oberhand und läuft mit dem Koffer zu seinem Wagen, wo er von Sicherheitsbeamten überwältigt wird. Dabei jammert er: »Ich konnte es einfach nicht.«

Was war geschehen? Grant hatte eine Bombe im Koffer seiner Frau deponiert, die mit den beiden gemeinsamen Kindern nach San Diego fliegen wollte. Die Bombe sollte während des Fluges zünden und die Frau samt Kindern und allen anderen Passagieren in den Tod reißen. Warum? Nun, Grant wollte seine Freundin heiraten und ein neues Leben beginnen. Warum er sich nicht einfach scheiden ließ, wurde bis heute nicht geklärt. Jedenfalls begann er danach tatsächlich ein neues Leben – eines hinter Gittern.

Wer alt genug ist, erinnert sich noch: Das früheste Horrorszenario des Fliegens hieß »Kofferbombe«. In den jungen Jahren des Passagierflugs, als Fliegen noch so unkompliziert war wie Busfahren, kam man am Flughafen an, fuhr bis zum Rollfeld und stieg die Treppe zum Flugzeug hoch, während der Pilot einmal um die Maschine stapfte, um sicherzugehen, dass sie keinen Platten hatte. Zwar hielten im Laufe der Jahre mehr und mehr Sicherheitsvorkehrungen Einzug, aber die wirklich tief greifenden Veränderungen traten erst nach dem 11. September 2001 ein. Nun wurde man genauestens unter die Lupe genommen, seltsame Regeln wurden eingeführt: keine Flüssigkeiten über 100 Milliliter im Handgepäck und selbst dann bitte im durchsichtigen Plastikbeutel, Schuhe ausziehen – oder doch wieder anbehalten. Es fällt schwer, dahinter ein echtes Konzept zu erkennen. »All unsere Sicherheitsreaktionen«, so die US-Verhörexperten Nathan Gordon und William Fleisher, »scheinen reflexartige Reaktionen zu sein.«[16] Und sie fügen hinzu: »In den letzten sechs Jahrzehnten hat es nur eine Airline richtig gemacht – die israelische nationale Fluggesellschaft El Al (Hebräisch für: in den Horizont) ... Obwohl es viele Versuche gab, war nur eine Entführung 1968 erfolgreich.«

Was genau macht diese Airline besser als alle anderen? Ein von der El Al ausgebildeter Sicherheitsexperte, den ich einmal schulte, erklärte es mir: Zig Mitarbeiter analysieren eine Vielzahl an Warnindikatoren – fliegt der Passager allein, hat er kaum Gepäck dabei, wirkt seine Kleidung auffällig neu? Vor allen Dingen aber besitzt El Al einen Stab von Mitarbeitern, der in Verhörtechniken geschult ist. Es gibt Kataloge besonderer Fragen, offener und suggestiver; insbesondere eine Reihe sogenannter verhaltensprovozierender Fragen, um typische Reaktionen von Passagieren hervorzulocken, die etwas im Schilde führen.

Die Grundidee ist einfach: Täuschende reagieren auf bestimmte Fragen anders als Wahrhaftige. Der Schlüssel zur Wahrheit liegt also in der richtigen Fragetechnik. Der gesunde Menschenverstand hilft einem dabei jedoch nur wenig, wie ich in den letzten Jahren immer wieder beobachten musste. In meinem Seminar zum Thema *Lügen entlarven* wird die Übung »Der Diebstahl« durchgeführt, die wir auch einmal für die Fernsehsendung *Welt der Wunder* aufgezeichnet haben: Ein Teilnehmer zieht einen Zettel aus einer Kiste und verlässt damit den Seminarraum. Vor der Tür faltet er ihn auseinander und liest entweder die Anweisung »Stiehl« oder »Stiehl nicht«. Soll er »stehlen«, so wird er vorher instruiert, möge er sich in mein Büro begeben und meine Brieftausche aus dem Jackett nehmen, das an der Garderobe hängt. Daraus soll er einen 10-Euro-Schein entwenden und dann die Brieftasche zurücklegen. Soll er nicht »stehlen«, dreht er lediglich ein paar Runden im Flur. Bei seiner Rückkehr in den Seminarraum weiß niemand, ob er »gestohlen« hat oder nicht. Nun setzt er sich vor die anderen auf einen Stuhl und beteuert seine Unschuld – ganz egal, ob er »schuldig« ist oder nicht. Die anderen sollen auf Anzeichen der Lüge achten.

Stellen Sie sich vor, Sie wären einer der Seminarteilnehmer und müssten den »Verdächtigen« befragen. Doch welche Fragen würden Sie stellen? Wenn Ihnen wenig einfällt, sind Sie nicht allein – so geht es den meisten. Wie oft kann man schon fragen: »Hast Du das Geld genommen?« Genauso ist es im Alltag: Wie oft können Sie Ihren Partner fragen, ob auch wirklich »alles in Ordnung« ist?

So banal es klingen mag: Ein gutes Verhör steht und fällt mit den richtigen Fragen. Sie zu finden ist ganz und gar nicht einfach – wie ich immer wieder feststellen musste –, sondern gehört zu den komplexesten Aufgaben der modernen Vernehmungslehre. Man kann eine Vernehmung nicht nach Drehbuch führen und von A bis Z planen. »Aber sie kann und muss«, so schreibt das Kubark-Handbuch[17], »von A bis F oder A bis M geplant werden.« Denn, so warnt Kubark: »Ein unstrukturiertes Voranpreschen um jeden Preis kann alle Erfolgschancen sogar vollständig zunichtemachen, selbst wenn später fundierte Methoden angewandt werden.« Das gilt für alle Situationen: Ob es um einen Fragenkatalog geht, um potenzielle Amoktäter zu erkennen – einen sogenannten »Gefahrenradar« –, wie ich ihn für die Polizeiausbildung in Nordrhein-Westfalen entwarf, oder darum, herauszufinden, wie viele Stück Kuchen mein zehnjähriger Neffe heute heimlich verputzt hat. Um diese richtige Planung geht es in diesem Kapitel.

Fred Inbau – der Mann hinter Reid

Die Northwestern University liegt in Evanston, einem kleinen Ort bei Chicago, direkt am Ufer des malerischen Lake Michigan. In den Fünfzigerjahren hält der berühmte Juraprofessor Fred Inbau dort eine Vorlesung über Strafprozessrecht. Plötzlich stürmt ein Mann mit einem Messer in der Hand den Vorlesungssaal, stößt Inbau zu Boden, reißt seinen Koffer an sich und ergreift die Flucht. Inbau, der erstaunlich gefasst wirkt, rafft sich sofort wieder auf und bittet die Studenten, ein Blatt Papier zur Hand zu nehmen und eine Beschreibung des Täters zu notieren. Der Raub war reines Theater – Inbau will demonstrieren, wie unzuverlässig Zeugenaussagen sind. Und tatsächlich: Die Beschreibungen des Täters variieren erheblich. Er sei zwischen 1,67 und 1,98 Meter groß gewesen, habe schwarzes oder blondes Haar gehabt, eine blaue Jeans oder eine braue Cordhose getragen.

Über vier Jahrzehnte hinweg lehrte Fred Inbau Strafrecht an der Northwestern University, einer der besten Universitäten der USA. Dabei war sein Weg keineswegs vorgezeichnet. Er wurde 1909 in New Orleans geboren, im Jahr des Grand Isle Hurricanes, dem viele Hundert Menschen zum Opfer fielen. Freds Vater war ein armer Werftarbeiter, wahrscheinlich der Nachkomme deutscher

Immigranten, die sich Mitte des 19. Jahrhunderts westlich von New Orleans niedergelassen hatten. Als er einmal seinen Vater fragte, wie er denn reich werden könne, antwortete ihm dieser, er solle am besten Anwalt werden.

Fred war tatsächlich ein guter Schüler, der es an die Jurafakultät der hervorragenden Northwestern University bei Chicago schaffte. Kaum in Chicago angekommen, sah sich der wenig begüterte Fred Inbau nach einem Studentenjob um und begann schließlich als Forschungsassistent im bereits erwähnten SCDL, dem Scientific Crime Detection Laboratory.

Fünf Jahre später, 1938, wurde das Labor in die Chicagoer Polizei integriert und Fred Inbau wurde mit 29 Jahren zum neuen Direktor befördert. Inbau lehrte noch immer an der Universität, doch er war kein akademischer Typ, was bei den Polizisten gut ankam: ein Eierkopf, der auf der Seite der Polizei stand! Sein Spitzname lautete »Freddie the Cop« und diesem Namen sollte er stets gerecht werden: Als es zu einer Reihe kleinerer Diebstähle an der Jurafakultät kam, legte er sich auf die Lauer und wartete die ganze Nacht in seinem abgedunkelten Büro ab. Irgendwann öffnete sich die Tür. Inbau sprang auf, jagte den Übeltäter durch das ganze Gebäude und fasste ihn schließlich mithilfe eines Studenten.

Fred Inbau wurde schon bald auf seinen Mitarbeiter John Reid aufmerksam; er beobachtete Reids Verhöre immer häufiger durch ein Spiegelfenster. Obwohl nur ein Jahr älter als Reid, wurde Inbau zu seinem Mentor und half ihm, seine akribischen Notizen und täglichen Verhörerfahrungen zu systematisieren.

Inbau selbst war – wie er es sich als Kind vorgenommen hatte – ein paar Jahre als Anwalt tätig, kehrte aber bald an die Northwestern University zurück und nahm eine Professur an, die er über 30 Jahre lang, bis zu seiner Emeritierung im Jahr 1977, innehatte. Danach arbeitete er vor allem an seinen Publikationen; insgesamt veröffentlichte er 18 Bücher und zahlreiche Artikel. Er starb 1998 im Alter von 89 Jahren.

Zeichen der Täuschung

Als John Reid in den Vierzigerjahren Hunderte von Lügendetektortests durchführte, entwickelte er das Behavior Analysis Interview (BAI). Dabei handelt es sich um ein System von Fragen, das Verhaltensweisen provozieren soll, die typisch für Lügner sind. Es geht darum, herauszufinden, ob das Gegenüber die Wahrheit sagt oder nicht. Durch das Verbot von Lügendetektortests in verschiedenen Rechtsordnungen erlangte dieses Fragesystem immer größere Bedeutung, wurde stetig weiterentwickelt und schließlich so effektiv, dass der Lügendetektor überflüssig wurde. Allerdings sind Reids Merkmale eines Lügners überholt; mittlerweile existieren viel genauere Erkenntnisse dazu, wann ein Mensch die Wahrheit sagt und wann nicht. Diese habe ich in meinem Buch *Durchschaut* detailliert dargelegt, in diesem Kapitel werde ich daher nur die für die Praxis relevanten Techniken wiedergeben. Ein paar inhaltliche Überschneidungen mit *Durchschaut* möge man mir hier dennoch nachsehen – jeder Leser sollte dieses Buch verstehen können, auch ohne vorher ein anderes gelesen zu haben.

Wie gesagt, beim Entlarven von Lügen hilft Ihnen Ihr gesunder Menschenverstand nur wenig. Tatsächlich sind wir ganz miserabel im Entlarven! Aber wie ist das möglich, wo es doch offensichtlich so wichtig ist, Lügen in den unterschiedlichsten Lebenssituationen zu durchschauen? Normalerweise lernen wir durch *trial and error*, durch Versuch und Irrtum, oder anders ausgedrückt: durch das Ausmerzen von Fehlern.[18] Wir stehen als Kleinkind zigmal auf, fallen wieder hin und ändern daraufhin unsere Körperhaltung – bis es schließlich klappt und wir tatsächlich laufen können. Beim Entlarven von Lügen fehlt uns ein solches Feedback: Werden wir angeschwindelt, wird uns der Lügner kaum direkt danach mitteilen, dass er uns soeben belogen hat.[19] Niemand belügt uns und sagt uns dann ein paar Minuten später: »Ha, ich habe dich gerade belogen, hast Du gemerkt, wie hölzern meine Körpersprache geworden ist?« Wenn überhaupt, decken wir die Lüge erst lange Zeit später auf, meist durch

Fakten, die irgendwann ans Tageslicht kommen. Bis dahin können wir uns kaum noch an die Gesten und an die genaue Wortwahl des Lügners erinnern. Daher haben selbst Richter äußerst wenig Erfahrung im Entlarven von Lügen. Das Leben ist keine Gerichtsshow, in der kurz vor Urteilsverkündung noch die letzten Zeugen in den Gerichtssaal spurten, der Täter heulend zusammenbricht und sich am Schluss alle in den Armen liegen. In einer *Stern TV*-Sendung hatte ich diesen Luxus: Ich sollte die Lügen der Zuschauer entlarven und die Auflösung folgte unmittelbar. Leider entspricht das Fernsehen nicht der Realität: Im wahren Leben folgt die Auflösung eben nicht auf dem Fuße!

Neben dem fehlenden Feedback gibt es noch einen weiteren entscheidenden Grund: Die Evolution hat uns zu hervorragenden Lügnern gemacht. In grauer Vorzeit gab es keinen Katalog von Strafen, sondern nur eine einzige: den Tod. Für kleinste Verfehlungen wurde man totgeschlagen oder aus dem Stamm ausgeschlossen, was damals genauso tödlich war.[20] Überlebt haben die besten Lügner ihrer Generation – und wenn Sie dieses Buch in den Händen halten, darf ich Ihnen gratulieren: Sie gehören zu deren Nachfahren, genau wie der Autor des Buches.

Wir erlernen das Lügen von der Pike auf. Wie das erste Wort eines Kindes »Auto« lautet – oder heute wohl eher »Handy« –, lautet der erste Satz: »Ich war's nicht!« Bis zum Erwachsenenalter werden wir so zu äußerst versierten Lügnern, aber eben nicht zu versierten Lügenentlarvern. Wir richten uns damit ein, indem wir dem Glauben anhängen, die Wahrheit werde sich früher oder später schon irgendwie durchsetzen.[21] Ritter, die im Mittelalter gegeneinander um das Herrschaftsrecht ihres Herrn kämpften, gingen davon aus, dass der Rechtmäßige siegen werde. Sie glaubten an göttliche Intervention – Gott sei mit den Wahrhaftigen. Ohne es zu wissen, sind Beteiligte an Kneipenschlägereien die letzten praktischen Verfechter dieser »göttlichen Intervention«. Auch hier soll der Sieg entscheiden, wessen Freundin die Dame am Tresen wirklich ist. Natürlich ist das Unsinn, aber es ist tief verwurzelter Unsinn.

Umso wichtiger sind die modernen Erkenntnisse zu diesem Thema. In Kombination mit den richtigen Fragen aus dem BAI (Behavior Analysis Interview) sind sie von ungeheurer Wirksamkeit. Hinzu kommen Erkenntnisse aus dem intellektueller angelegten PEACE-Modell[22], das die englische Polizei erfolgreich anwendet, Techniken des kognitiven Interviews und des sehr praxisorientierten FAINT-Interviews.[23] Mit anderen Worten: Hier erhalten Sie die effektivsten Fragetechniken, kombiniert mit aktuellen Techniken zur Entlarvung.

Gehen wir gleich *in medias res*. Ein typisches Interview, wie es hier vorgestellt werden soll, dauert 30 bis 45 Minuten. Eine Möglichkeit ist es, Ihre Fragen beiläufig zu stellen, in einem Café oder bei einem Spaziergang; wenn Sie das Interview jedoch in einem formelleren Rahmen, etwa in Ihrem Büro, führen wollen, dann sollten Sie direkt vor dem Befragten sitzen, mit einem Abstand von etwa eineinhalb Metern. Je nach Situation können Sie sich auch nach jeder Antwort Notizen machen. Das hat zwei Vorteile: Zum einen können Sie so die möglicherweise umfassenden Informationen dokumentieren, die Sie erhalten, zum anderen verlangsamen Sie den Vorgang, um nichts Wichtiges zu übersehen.[24]

Obwohl die Fragen in der folgenden Darstellung optimal aneinandergereiht sind, ist die Reihenfolge keinesfalls zwingend – mit einer Ausnahme: der Eröffnung.

Die Eröffnung des Interviews

Lassen Sie den Befragten vor der Vernehmung ein paar Minuten warten – vor Ihrem Büro oder in einem Café. Schon wenn Sie dann erscheinen, können Sie einen wertvollen ersten Eindruck gewinnen: Der Unschuldige ist bereit für das Gespräch, er freut sich fast darauf, weil er nun endlich alle Vorwürfe aus der Welt schaffen kann.[25] Der Schuldige dagegen ist so tief in Gedanken versunken, dass er kaum bemerkt, dass Sie nun vor Ort sind.

Jedes gute Interview beginnt mit einem Eröffnungs-Statement, mit dem man seinem Gegenüber vermittelt, worum es geht, die eigene Neutralität zeigt und dem Befragten klarmacht, dass man mögliche Lügen entlarven wird.[26] Eine typische Eröffnung wäre zum Beispiel:

1. *In diesem Gespräch werden wir über die Angelegenheit XY reden. Wenn ich jemanden befrage, macht es für mich keinerlei Unterschied, was er getan hat, es zählt nur, dass er die Wahrheit sagt.*
2. *Zu einigen Fragen kenne ich die Antworten bereits. Wenn Sie nichts mit der Sache zu tun hatten, werde ich das herausfinden. Wenn doch, werde ich auch das herausfinden.*
   Dabei gibt es natürlich ein Problem: Findet man später heraus, dass jemand bei Kleinigkeiten nicht die ganze Wahrheit gesagt hat, glaubt man ihm später auch bei entscheidenden Fragen nicht mehr. Das Wichtigste ist also, dass Sie mir jetzt die ganze Wahrheit sagen.
   - ⇨ Falls es sich um eine intime Angelegenheit handelt: *Mir ist klar, dass es schwierig ist, so etwas Persönliches preiszugeben, wir kennen uns ja nicht besonders gut. Betrachten Sie mich als Arzt, mit dem Sie über eine delikate Angelegenheit sprechen möchten.*

Vermeiden Sie von Anfang an jegliche Begriffe, die Ihr Gegenüber einem Vorwurf aussetzen. Sagen Sie nicht »stehlen«, sondern »nehmen«. Nicht »belästigen«, sondern »Interesse zeigen«. Sprechen Sie nur vom physischen Akt, ohne jegliche moralische oder juristische Bewertung, zum Beispiel: »Es geht um das Verschwinden von Geld aus der Kaffeekasse.«[27]

Denn verwenden Sie anklagende Worte, verschließt sich Ihr Gegenüber sofort. Auch wird es ihm viel schwieriger gemacht, ohne Gesichtsverlust zu gestehen. Zumal es durchaus sein kann, dass Ihr Gegenüber sein Verhalten vor sich selbst schon so weit gerechtfertigt hat, dass es die Anschuldigung für völlig falsch hält. So kann der Mitarbeiter die falsche Spesenabrechnung nicht als Betrug ansehen, sondern als sein gutes Recht, weil er seit Monaten Überstunden macht. Je mehr Zeit seit der Tat verstrichen ist, desto eher hat der Schuldige die Tat vor sich selbst schöngeredet – weshalb Sie Verdächtige stets so schnell wie möglich befragen sollten.

Um nicht anklagend zu wirken, ist es auch sinnvoll, dem Verdächtigen nicht zu sagen, dass er der Hauptverdächtige ist, sondern stets den Eindruck zu erwecken – ob zutreffend oder nicht –, er sei einer von vielen, mit denen gesprochen wird.

Der entscheidende Punkt ist, dem Befragten zu demonstrieren, dass man nicht daran interessiert ist, ihn fertigzumachen, sondern nur ein einziges Ziel verfolgt: an die Wahrheit zu gelangen.

Der zweite und letzte Schritt des Eröffnungs-Statements besteht darin, dem Befragten zu versichern, dass man kompetent genug sei, früher oder später sowieso an die Wahrheit zu gelangen. Warum ist das so wichtig? Um die Angst des Schuldigen zu schüren und die Angst des Unschuldigen zu lindern.

Natürlich empfinden Schuldige wie auch Unschuldige während des Gesprächs Angst, jedoch aus unterschiedlichen Gründen: Der Schuldige hat Angst, entlarvt zu werden, der Unschuldige dagegen fürchtet, dass ihm nicht geglaubt wird. Auch kann man bei beiden häufig Wut beobachten. Im Gegensatz zum falschen Zorn des Schuldigen ist der des Unschuldigen aber real und wenig verwunderlich. Wer lässt sich schon gern zu Unrecht beschuldigen?[28]

Stellen Sie sich vor, Sie werden in wenigen Minuten von mir verhört, weil irgendjemand in Ihrem Unternehmen der Konkurrenz wichtige Informationen zugespielt hat. Zuvor hat man Ihnen mitgeteilt, ich sei der unfehlbare »Lügenpapst«. Was geht in Ihnen vor? Sind Sie wirklich schuldig, stehen die Chancen gut, dass Ihre Angst nun immens steigt. Sie gestehen lieber gleich oder zeigen zumindest derart starke Angstanzeichen, dass ich sie praktisch nicht übersehen kann. Sind Sie aber unschuldig, werden Sie umso entspannter sein, weil Sie sich bei einem solchen Experten sicher sein können, dass er Ihre Unschuld ohne Weiteres feststellen wird. Macht man dem Gegenüber voller Selbstsicherheit bewusst, dass man ohnehin an die Wahrheit kommen werde, wird der Lügner nervös, der Unschuldige entspannt sich – eine der Grundtechniken des Entlarvens.

Wie können Sie Angst effektiv steigern? Nun, die Formulierung der Eröffnung ist entscheidend. Außerdem können Sie etwa dieses Buch gut sichtbar auf Ihren Schreibtisch legen. Wie mir der Geschäftsführer einer großen Immobiliengesellschaft im Rhein-Main-Gebiet einmal sagte, platziert er seit Jahren *Durchschaut* auf seinem Schreibtisch. Besucher erkundigen sich häufig, worum es in dem Buch gehe, worauf er ihnen freundlich erklärt, dass das Entlarven von Lügen sein großes Hobby sei. Nun ist er sicher, im anschließenden Gespräch seltener belogen zu werden – und wenn doch, die Anzeichen der Lüge zu erkennen.

Wollen Sie Ihre Fähigkeiten nicht ausdrücklich loben, nehmen Sie sich zumindest nicht übertrieben zurück. Sagen Sie auf keinen Fall Sätze wie: »Ich muss dieses Mitarbeitergespräch führen, auch wenn meine Menschenkenntnis leider sehr bescheiden ist.« Denn was geschieht dann? Der Schuldige entspannt sich, weil er sich denkt, dass diese Flasche ihm sowieso nicht auf die Schliche kommen wird. Und der Unschuldige wird nervös, weil er nun noch größere Angst haben muss, zu Unrecht beschuldigt zu werden.

Seien Sie also nicht bescheiden bezüglich Ihrer Fähigkeiten der Wahrheitsfindung. Nicken Sie nicht zu allem, was Ihr Gegenüber sagt, sagen Sie keine Dinge wie: »Das hat er wirklich gemacht? Unglaublich!« Sonst signalisieren Sie, dass Sie alles glauben, was Sie zu hören bekommen. Äußern Sie niemals Überraschung, auch wenn Ihnen innerlich fast die Kinnlade herunterfällt. Denn viele Menschen, so das Army-Handbuch, »sprechen frei heraus, wenn sie das Gefühl haben, dass die Information, über die sie sprechen, dem Verhörer bereits bekannt ist. Wenn der Verhörer überrascht reagiert, kann es sein, dass der Verhörte sofort aufhört zu reden.« Sie zeigen Kompetenz, indem Sie bei jeder Antwort reagieren, als hätten Sie niemals etwas anderes erwartet. Wirklich gute Vernehmer wenden diese Technik in allen Lebensbereichen an. Alon Less, der Sohn von Avner Less, des Vernehmers von Adolf Eichmann, dem wir uns später noch näher widmen werden, äußerte sich entsprechend über seinen Vater: »Es war für mich als Kind unmöglich, ihm etwas zu verschweigen. Er schaute mich nur an und ich hatte das Gefühl, er weiß alles, und ich sollte es lieber gleich erzählen. Diese Wirkung hatte er bei vielen Menschen, auch den Erwachsenen.«[29]

Mit der richtigen Eröffnung signalisieren Sie dem Befragten also Ihre Neutralität und machen ihm klar, dass Sie früher oder später sowieso herausfinden werden, was gespielt wird.

Minilügendetektor: Die Ängste des Lügners

Stellen Sie sich folgendes Szenario vor[30]: Sie sind im Urlaub in Paris, waren mit Freunden essen und flanieren nun – beschwingt und ein wenig angetrunken – gegen Mitternacht allein zurück zu Ihrem Hotel. Plötzlich bemerken Sie, dass jemand ein paar Meter hinter Ihnen geht. Sie sehen nur einen Schatten. Sie beschleunigen Ihre Schritte und hören, wie auch der andere die seinen beschleunigt. Was spielt sich nun in Ihrem Körper ab? Sie fühlen sich wieder gänzlich nüchtern: Sie hören und sehen deutlich besser, um mögliche Gefahren genau zu erkennen. Ihr Herz klopft schneller. Ihr Blut schießt in Arme und Beine, um kämpfen oder fliehen zu können. Ihr Mund trocknet aus, weil der Körper das Verdauungssystem momentan nicht gebrauchen kann. Ihre Pupillen erweitern sich, damit Sie mehr Licht wahrnehmen können und sich auch Ihr Blickfeld erweitert. Sie bekommen Gänsehaut, sprich: Ihre Haare stehen ab, eine Vergrößerung des Körpers, die Sie bedrohlicher wirken lassen soll – wie bei einer Katze. Ihre Atmung beschleunigt, um sich auf den anstehenden Kampf vorzubereiten. Instinkte, auf die wir seit Urzeiten programmiert sind, um unsere Überlebenschancen zu steigern. Dann biegt der Unbekannte ab und steigt in sein Auto – die Gefahr ist gebannt, Ihr Körper normalisiert sich wieder.

Anzeichen der Angst sind deutlich zu erkennen. Aber empfinden Lügner Angst? Überlegen Sie einfach, wie Sie sich fühlten, als Sie das letzte Mal gelogen haben. Oder wie sich ein Bekannter fühlte, falls Sie selbst niemals lügen …

Die Wissenschaft unterscheidet zwischen zwei Konsequenzen, die wir beim Lügen fürchten: reale und persönliche.[31] »Reale« Konsequenzen sind handfeste Bestrafungen: Haft, Geldbußen, Verlust des Arbeitsplatzes – also durchaus realistische Folgen. Die »persönliche« Konsequenz ist die Scham, die man fühlt, wenn man als Lügner dasteht. Als ich etwa zwölf Jahre alt war, waren wir einmal im Strandurlaub in Spanien. Auf dem Markt hatte ich mir eine Steinschleuder gekauft und schon bald stand ich am Strand vor dem Hotel und katapultierte einen Stein nach dem anderen ins Meer. Das war keine große Herausforderung und es wurde ziemlich schnell langweilig, weil nichts geschah – auch wenn meine Steine unter der Wassoberfläche für große Unruhe sorgten, bekam ich davon leider nichts mit. Irgendwann beschloss ich, mich umzudrehen und in die Richtung des Hotels zu katapultieren. Wobei das Hotel durchaus weit entfernt war. Nach ein paar Würfen klirrte es dennoch gewaltig – eine Scheibe war zertrümmert. Meine Mutter kam und fragte, ob ich es gewesen sei. »Nein, ich war's nicht«, lautete meine Antwort – und ich empfand Angst. Eben jene beiden Ängste, die auch die Wissenschaft schildert: Zum einen hatte ich Angst vor den realen Konsequenzen, nämlich dass ich die Scheibe von meinem Taschengeld, läppischen fünf D-Mark, abstottern müsste. Zum anderen hatte ich – kaum hatte die Leugnung meine Lippen verlassen – Angst vor der Schande, als Lügner dazustehen: Angst, dass mich meine Mutter mit zitternden Augenlidern ansehen und in etwa denken würde: »Nach all den Jahren der Entbehrung erfahre ich, dass ich eine Natter an meinem Busen genährt habe!«

Woran erkennt man Angst? Nun, sehen Sie sich die oben aufgeführten körperlichen Merkmale genauer an. Vor allem: Denken Sie an etwas, das Ihnen Angst macht: Prüfungen, Krankheit, Trennung. Was geschieht? Ihr Gesicht wird den Ausdruck der Furcht annehmen, wenn auch nur minimal: Ihre Augen weiten sich, Ihr Mund öffnet sich leicht, Ihre Mundwinkeln ziehen sich nach hinten. Dieser Ausdruck der Furcht ist uns angeboren und ist in allen Kulturen gleich. Außerdem führt Angst zu sprachlichen Anzeichen wie Pausen, Stottern, Wiederholungen oder einer höheren Stimmlage. Das Gute ist, dass wir intuitiv erkennen, wann unser Gegenüber Angst empfindet. Wenn Sie also Symptome der Angst identifizieren, es dafür aber keinen ersichtlichen Grund gibt, haben Sie einen hervorragenden Anhaltspunkt für eine Lüge. Meine Mutter war – zu meinem Pech – schon immer ein Naturtalent und entlarvte meine Lüge auch an diesem Tag!

Die Zweckfrage

Die Zweckfrage, im Englischen *purpose question* genannt, fragt den Vernommenen, warum er wohl vernommen wird: »Warum, glauben Sie, sprechen wir heute miteinander?«

Der Unschuldige wird beispielsweise sofort klipp und klar sagen: »Sie wollen herausfinden, was ich über den Diebstahl weiß.« Oder noch deutlicher: »Natürlich weil ich zu den Verdächtigen gehöre. Ich war ja einer der Letzten, die das Büro verlassen haben.« Er vernebelt die Angelegenheit nicht mit wolkigen Worten.[32] Unschuldige haben keine Angst davor, die Dinge beim Namen zu nennen: Diebstahl, Missbrauch, Betrug.

Schuldige dagegen greifen eher auf Beschönigungen zurück. Sie antworten vage, bei einem Diebstahl im Büro etwa mit »Vielleicht möchten Sie herausfinden, was hier im Büro passiert ist?«

Der US-Verhörer Chris Mackey, der unzählige Verhöre in Afghanistan durchführte, begann sein Verhör stets mit einer Frage wie: »Warum, glaubst Du, sind die Soldaten in Dein Haus gekommen?« Wenn der Befragte behauptete, er hätte keine Ahnung, antwortete Mackey: »Dann lass Dir was einfallen!« – und wartete. »Ich weiß es nicht mehr« – dies ist leider einer der Sätze, die man bei Verhören am häufigsten als Antwort bekommt. Natürlich kann sich nicht jeder an alles erinnern, aber oft handelt es sich um eine blanke Lüge.

Mackey erklärt anhand eines Verhörs, weshalb dieses Vorgehen so wirksam ist: »Zuerst einmal eliminiert es die Standardantwort, hinter der sich Gefangene so gerne verstecken: ›Ich weiß nicht.‹ Lassen Sie sich was einfallen. Jetzt muss der Gefangene reden. Das ist das Letzte, was er will, und das oberste Ziel eines jeden Vernehmers.« Und es geht noch weiter: »Zugleich wendet man einen gedanklichen Trick an: Die Frage, wieso die Amerikaner zu seinem Haus gekommen seien, wirkt auf den ersten Blick ganz harmlos … doch tatsächlich kommt man mit dieser Frage sofort zum Kern der Sache … Sein Problem ist: Er weiß nicht, wie gut die Informationen der Amerikaner sind, was sie genau wissen. Deshalb denkt er fieberhaft nach.«[33]

Fernab von Armeevernehmungen kann das gleiche Prinzip im Alltag etwa auf die Mitarbeiterin angewendet werden, die mit leeren Händen und – vor allem – mit leerem Auftragsbuch vom Kunden zurückkehrt. Die Frage »Warum habe ich Sie in mein Büro gebeten?« führt gerne zu vagem Herumgedruckse – besonders dann, wenn die Mitarbeiterin sich tatsächlich etwas vorzuwerfen hat.

Stellen Sie also am Anfang jedes Interviews die Frage nach dem vermeintlichen Zweck der Befragung, um Ihr Gegenüber aus der Reserve zu locken und den Schuldigen zu einer Verschleierungstaktik zu verführen, in der er sich letztlich selbst verirrt.

Die Reflexfrage

In meinem Buch *Durchschaut* habe ich eine Frage entwickelt, die ich als »Reflexfrage« bezeichnete. Sie basiert auf dem Orientierungsreflex, der vom sowjetischen Psychologen Iwan Pawlow entdeckt wurde (ja, genau der Pawlow, der die klassische Konditionierung mit seinem Hund erforschte). Laut dem Orientierungsreflex reagieren wir unwillkürlich, sobald wir mit einem uns bekannten Reiz konfrontiert werden. Dabei ist der Begriff »Reiz« sehr weit gefasst.

Dazu ein paar Beispiele: Wenn ich einen Mitarbeiter verdächtige, dass er Druckerpatronen mitgehen ließ, kann ich fragen: »Wie oft wechseln Sie eigentlich die Druckerpatronen aus?« Oder: »Wo sind eigentlich die Druckerpatronen?« Der Inhalt der Frage ist nicht wichtig; entscheidend ist, dass das Corpus delicti in eine unauffällige Nachfrage eingebettet wird. Wenn Sie etwa Ihren Partner verdächtigen, am Vortag mit einer Affäre im Kino gewesen zu sein, und fragen, welchen Film er zuletzt im Kino gesehen hat, wird er mit dem ihm bekannten Reiz »Kino« konfrontiert und daher unbewusst reagieren. Er wird nervös werden oder auch nur kurz stocken. Oder wenn Sie Ihre Haushälterin verdächtigen, ab und zu früher als vereinbart zu gehen, können Sie fragen: »Sind Ihnen drei Stunden die Woche zu viel?« – und ihre Reaktion genau beobachten.

Die Idee ist ganz einfach: Sie stellen eine Frage, die absolut neutral klingt und die nur der Schuldige als Vorwurf wahrnimmt. Der Unschuldige ahnt nichts Böses und reagiert daher auch nicht besonders. Der Schuldige hingegen bemerkt den Vorwurf, versucht aber, sich nichts anmerken zu lassen. Das macht sein Verhalten doppelt auffällig, sodass Sie meist ohne Weiteres eine Veränderung wahrnehmen können – ganz egal, worin diese konkret besteht: ein Zucken, ein Zögern oder irgendetwas anderes, das eben plötzlich anders ist. Die Frage darf aber nicht allzu sonderbar klingen, denn sonst wird auch der Unschuldige nervös, weil er nicht weiß, worauf Sie hinauswollen.

Dazu noch ein Beispiel von einem meiner Seminarteilnehmer, der seine Frau verdächtigte, einen Liebhaber zu haben. Nach reiflicher Überlegung stellte er ihr folgende Reflexfrage, ganz beiläufig beim Essen: »Oh, gestern hat jemand dreimal angerufen und wieder aufgelegt. Ist Dir das auch schon mal passiert?« Die Frau, die gerade dabei war, sich ein Brot zu schmieren, zitterte plötzlich merklich und ließ das Brot fallen – ihr Mann hatte nun traurige Gewissheit und zog noch am gleichen Abend in ein Hotel. Kein Happy-End auf den ersten Blick, aber besser als jahrelang hintergangen und dann verlassen zu werden.

Minilügendetektor: Verhaltensänderungen

Wenn Sie sich nur *eine* Technik zum Entlarven von Lügen merken wollen, dann sollte es diese sein. Es handelt sich um die Methode des Lügendetektors – allerdings ohne jegliches technisches Gerät.

Vorab ein paar Worte zum Lügendetektor selbst, der auch unter dem Namen »Polygraph« (»Vielschreiber«) bekannt ist, da er verschiedene Kanäle gleichzeitig misst: den Puls, den Herzschlag, die Atmung, den Hautschweiß und manchmal auch die Stimme. Wie geht der Lügendetektor vor? Nun, er ist sehr einfach gestrickt und hat keine Ahnung von den verschiedenen Emotionen oder von der Verhaltenskontrolle des Menschen. Er misst lediglich das Normalverhalten, die sogenannte »Baseline«, und hält nach Verhaltensänderungen Ausschau.

Mittlerweile gibt es unzählige technische Variationen. Die neueste, die mir untergekommen ist, ist ein Lügendektor für die Flughafensicherheit, entwickelt vom israelischen Unternehmen WeCU (eine spielerische Abkürzung für das englische »Wir sehen dich«). Dabei sitzt der Passagier in einer Kabine, in der ihm unter anderem Bilder eingeblendet werden, die nur für Terroristen Wiedererkennungswert besitzen sollen. Ein Gerät misst dabei innerhalb weniger Sekunden vollautomatisiert die körperlichen Veränderungen. Das Prinzip ist das gleiche wie bei jedem Lügendetekor: Die Verhaltensveränderung verrät den Lügner.

Wie kann man diese Technik nun im Alltag anwenden? Nichts leichter als das: Spricht der Verdächtige während eines laufenden Gesprächs plötzlich leiser, lauter, schneller oder langsamer? Alles, was zählt, ist die Veränderung.[34] Das Vorgehen ist simpel: Man flicht seine Fragen in ein harmloses Gespräch ein, und immer wenn an einem kritischen Punkt eine Verhaltensänderung zu beobachten ist, liegt ein Indiz für die Lüge vor. Hier ist es also von zentraler Bedeutung, zwischen verschiedenen Themen hin und her zu wechseln, so wie auch der israelische Lügendetektor abwechselnd unverfängliche und verfängliche Bilder einblendet. Nur dann kann man sicher sein, dass die Verhaltensänderung auf eine Lüge zurückzuführen ist. Der Lügner reagiert unbewusst auf die Konfrontation mit dem Thema, über das er zu täuschen versucht.

Kann man einen Lügendetektor eigentlich täuschen? Ja, man kann! Es gibt zwei Möglichkeiten: Man kann versuchen, auch bei der Lüge »cool« zu bleiben – das präferierte Vorgehen von Laien, das jedoch sehr schwierig umzusetzen und daher wenig empfehlenswert ist. Viel besser ist es dagegen, die Baseline zu verzerren: Wenn das »Normalverhalten« schon zu Beginn verzerrt ist, kann der Vernehmer auch die Lüge kaum erkennen. Dies lässt sich auf unterschiedliche Weise bewerkstelligen, aber am einfachsten ist es wohl, die Zehen fest auf den Boden zu drücken oder den Schließmuskel anzuspannen – probieren Sie's doch mal aus!

Der direkte Ansatz

Der direkte Ansatz ist ebenso klar wie simpel – man fragt einfach, ob der Befragte schuldig ist oder nicht: »Waren Sie es?« Dabei tritt man nicht aggressiv auf, sondern fragt nüchtern und sachlich, eben um an die Wahrheit zu gelangen.[35] Die US-Army empfiehlt, diesen *direct approach* stets als Allererstes zu verwenden, und ist überzeugt davon, dass diese Methode im Zweiten Weltkrieg zu 90 Prozent und in Vietnam, in Panama und im Irak zu 95 Prozent wirksam war. Aber natürlich muss man sich dazu nicht in einem Verhörzelt in einem Krisengebiet verkriechen; man kann diese Technik ebenso gut bei einem Gespräch mit einem Mitarbeiter oder Freund verwenden, den man einer Tat verdächtigt. »Warst Du's?« Worauf sollte man achten?

Der Unschuldige wird klar und deutlich seine Unschuld beteuern, ohne mit der Wimper zu zucken; er freut sich fast schon, die Frage seiner Schuld schnell klären zu können.

Der Schuldige dagegen gibt typischerweise eine verzögernde – »Wie? Ich soll das Feuer gelegt haben?« – oder ausweichende Antwort: »Das ist mein Arbeitsplatz. Warum sollte ich so etwas tun?« Häufig sind auch pathetische Beteuerungen: »Ich schwöre auf das Grab meiner Mutter …« Hier greift die alte Kriminalistenweisheit: »Ertönen vor der Vernehmung hohe Schwüre, steht die Lüge vor der Türe!«[36] Beliebt ist ebenso die »indirekte Lüge«: »Ich habe Mama schon gesagt, dass ich es nicht war.« Warum ist diese Antwort so beliebt? Weil es keine Lüge ist. Er hat es Mama wirklich schon gesagt. Lügner lügen nur so viel wie unbedingt nötig; daher ist auch dieses indirekte Lügen ein Hinweis auf die Schuld.[37]

Wenn es eine ganze Reihe von Anschuldigungen gibt, fragen Sie zuerst nach der ernsthaftesten. Denn wie der berühmte CIA-Verhörer Cleve Backster herausgefunden hat, konzentrieren sich Verhörte von Anfang an so sehr auf die schwerwiegendste Tat, dass sie sich bei Fragen zu weniger schwerwiegenden Taten leicht verraten.[38]

Die Quintessenz des direkten Ansatzes lautet: Der Wahrhaftige ist relativ entspannt und leugnet sofort. Der Schuldige leugnet auch, aber zögerlicher. Häufig nicht direkt, sondern mit ausweichenden Antworten (»Warum sollte ich so etwas tun?«).

Aber was, wenn der Befragte zunächst nur zurückhaltend reagiert, sodass Sie sein Verhalten kaum einordnen können? In diesem Fall haken Sie folgendermaßen nach: »Und warum würden Sie so etwas nicht machen?« Hier gilt wie oben: Für den Unschuldigen ist es kein Problem, die Frage zu beantworten. Ohne mit der Wimper zu zucken, sagt er etwa: »Weil ich kein Brandstifter bin.« Er argumentiert typischerweise mit seinen Charaktereigenschaften und nennt die Dinge beim Namen. Der Schuldige dagegen muss nun darlegen, warum er etwas nicht getan hat, was er eben doch getan hat. Er möchte seine eigene Person aus der Gleichung herausnehmen und sucht daher externe Gründe: »Weil es doch überall Sicherheitskameras gibt – das wäre Wahnsinn.«

Das Prinzip ist also, dass der Unschuldige jegliche Anschuldigung sofort brüskiert von sich weist, wohingegen sich der Schuldige herauslavieren will. Der direkte Ansatz fordert stärker als alles andere zum unmittelbaren Lügen auf und führt so zu deutlichen Schuldanzeichen.[39]

Minilügendetektor: Der Stempel der Schuld

Wenn Sie im Supermarkt eine Packung Kaugummi klauen, empfinden Sie wohl weniger Schuld als Angst. Anders ist es, wenn Sie Ihre Frau, Ihre Freundin oder sogar beide belügen ... Je verbundener wir uns dem anderen fühlen, desto größer ist die empfundene Schuld, wenn wir ihn täuschen!

Und woran erkennt man Schuld? Interessanterweise bringen Trauer und Schuld einen praktisch identischen Gesichtsausdruck mit sich: Die Augen blicken ins Leere, die Mundwinkel hängen herab.[40] Wenn ihr Partner vom letzten Abend mit den Kumpels erzählt und dabei traurig dreinschaut, handelt es sich möglicherweise gar nicht um Trauer ...

Wenn Sie sich das berühmte Video aus den späten Neunzigern ansehen, auf dem Bill Clinton behauptet, keine »sexuelle Beziehung« zu Monica Lewinsky gehabt zu haben, werden Sie zwischendurch immer wieder diesen traurigen Gesichtsausdruck bemerken; vor allem nachdem er sein Statement abgegeben hat und sich zur Seite wendet, Richtung Ausgang. Hier wirkt Clinton, so beschrieb es der US-Psychologe Paul Ekman einmal, wie ein Junge, der mit der Hand in der Keksdose erwischt wurde.[41]

Noch deutlicher können Sie den Ausdruck der Schuld bei Uwe Barschel beobachten. Dieser hatte im schleswig-holsteinischen Wahlkampf 1987 bei sich selbst eine Abhörwanze einbauen lassen, die er dann mit großem Theater »entdeckte« und seinem Gegenkandidaten Björn Engholm anlastete. Schließlich gab er eine Pressekonferenz, bei der er seine Unschuld beteuerte, kurz bevor er unter bis heute ungeklärten Umständen tot in einer Badewanne aufgefunden wurde. Die Aufzeichnung dieser Pressekonferenz wurde mir einmal während einer ZDF-Sendung vorgespielt, um daran Lügenmerkmale zu erklären. Ich kannte den Film vorher nicht und sah genau hin. Als Barschel mit seinem Statement fertig war, sank er in sich zusammen und schlug die Hände vor das Gesicht – ein Paradebeispiel für Trauer und Schuld. Beide Clips habe ich Ihnen auf meiner Internetseite in der Mediathek bereitgestellt (www.jacknasher.com).

Wie bereits erwähnt: Je näher man sich jemandem wähnt, desto größer ist das Schuldgefühl – eine Tatsache, die man nutzen kann. Machen Sie auf Ihr gutes Verhältnis zum vermeintlichen Lügner aufmerksam, wird das Schuldgefühl deutlich stärker: »Schön, Dich zu sehen, altes Haus.« Oder: »Dir vertraue ich hunderprozentig!«

Meine erste Freundin zu Studienzeiten sagte mir einmal: »Ich weiß genau, Du würdest mich nie belügen.« Wenn ich sie belogen hätte, hätte ich mich bestimmt schuldig gefühlt ... heute ist sie Richterin.

Eine Einschränkung gibt es allerdings: Menschen ohne Gewissen – wie etwa Psychopathen – empfinden kaum Schuld und sind daher auf diese Weise nicht zu entlarven. Zum Glück haben nur etwa 1 Prozent der Bevölkerung diese Persönlichkeitsstörung – in Führungsetagen allerdings ist sie viermal häufiger anzutreffen.[42] Wenn ich also einen Vortrag vor 1000 Zuhörern halte, dann sitzen immerhin knapp 40 Psychopathen im Publikum, vorzugsweise in den vorderen Reihen. Für diese Herrschaften müssen die anderen, hier ebenfalls beschriebenen Lügenmerkmale bemüht werden.

Nachdem ich unzählige Techniken zum Entlarven von Lügen teste und verwende, kann ich Ihnen aber mit Sicherheit sagen, dass in den allermeisten Fällen nichts leichter zu erkennen ist als Schuld. Dieser »Stempel der Schuld«, der wie ein Zentnergewicht auf den Schultern der Schuldigen lastet, wird oft schon in den ersten Sekunden deutlich. Ja, häufig schon wenn der Befragte zur Tür hereinkommt! Vor allem, wenn es eine *Befragte* ist – denn Frauen empfinden mehr Schuld als Männer![43]

Die Vergleichsfrage

Stellen Sie sich vor, Sie werden zu Unrecht verdächtigt, Geld aus einem Tresor Ihres Arbeitgebers gestohlen zu haben, und werden dann Folgendes gefragt: »Haben Sie jemals etwas von einem Ihrer vorigen Arbeitgeber gestohlen?« Und, haben Sie wirklich noch nie in Ihrem Leben eine Kleinigkeit von einem Arbeitgeber »ausgeliehen«? Auch keine Ordner oder mal einen Textmarker? Sollen Sie das nun zugeben? Würde es nicht Ihre Glaubwürdigkeit in der Hauptsache massiv erschüttern? Andererseits: Hat nicht jeder schon mal etwas mitgehen lassen? Also was tun? Genau das ist Sinn und Zweck der Vergleichsfrage, die ihren Erfinder John Reid vor vielen Jahrzehnten berühmt gemacht hat. Der Unschuldige befindet sich in einem großen Konflikt mit sich selbst und entschließt sich häufig zur Lüge. Fragt man dann aber nach der eigentlichen Tat, etwa ob er das Geld aus dem Tresor entwendet hat, zögert er keine Sekunde und verneint klipp und klar. Für den Unschuldigen stellt die Vergleichsfrage die mit Abstand am schwierigsten zu bewältigende Situation der gesamten Vernehmung dar – er steckt in einem Dilemma.

Ganz anders der Schuldige: Stellen Sie sich vor, Sie hätten das Geld tatsächlich aus dem Tresor entwendet. Wie würden Sie reagieren, wenn man Sie nun fragen würde, ob Sie jemals etwas von einem Ihrer früheren Arbeitgeber gestohlen hätten? Ihre Anspannung wäre nicht besonders groß, weil dies ja nicht der Grund ist, weshalb Sie hier sitzen. Sie würden locker verneinen oder auch durchaus souverän bejahen – jedenfalls wären Sie relativ entspannt, vor allem im Vergleich zu Ihrer Anspannung bei der direkten Frage, die zuvor gestellt wurde.

Wichtig ist, die Frage so zu stellen, dass sie klar vom Tatvorwurf abgegrenzt ist. Also nicht: »Haben Sie jemals etwas gestohlen?«, denn hier könnte der Diebstahl aus dem Tresor mitgezählt werden, sondern etwa: »Haben Sie im Alter von 12 bis 25 irgendetwas gestohlen?« (wenn der Befragte schon älter ist).[44] Alternativ kann man auch ganz allgemein formulieren: »Haben Sie in Ihrem Leben jemals gelogen, um Ärger zu vermeiden?«

In diesen Kontext gehört auch eine Abwandlung der Vergleichsfrage, die sogenannte »hypothetische Frage«. Hier fragt man, ob der Beschuldigte sich eine solche Tat überhaupt vorstellen könnte: »Haben Sie je darüber nachgedacht, so etwas zu tun, um mit Ihrem Arbeitgeber quitt zu sein?« Es gilt das Gleiche wie oben: Der Unschuldige würde leugnen, auch oder gerade dann, wenn er sich durchaus schon derartige Gedanken gemacht hat. Für den Unschuldigen ist eine solche Frage die bisher größte Bedrohung.

Ganz anders für den Schuldigen: Entweder leugnet auch er – wiederum tiefenentspannt – oder er gesteht seine Gedanken frank und frei. Denn das ist *die* Gelegenheit für ihn, über seine Tat zu sprechen und den damit verbundenen Druck abzubauen, ohne Konsequenzen fürchten zu müssen. Hypothetisches ist ja kein Beweismittel. »Klar habe ich darüber nachgedacht. Bei den Arbeitsbedingungen hat wohl jeder mal darüber nachgedacht!«[45]

Der Punkt ist also: Zeigt der Befragte bei der Vergleichsfrage mehr Stress als bei der direkten Frage, ist dies ein Indiz für seine Unschuld. Die Vergleichsfrage sollte daher am besten unmittelbar nach der direkten Frage gestellt werden.

Minilügendetektor: Stress

Nach einer Umfrage sind dies die zehn beliebtesten Lügen im Alltag:[46]

1. Mir geht's gut.
2. Schön, Dich zu sehen.
3. Ich ruf Dich an.
4. Wir müssen uns mal wieder sehen.
5. Ich stecke im Stau.
6. Ich habe den Anruf verpasst, hatte keinen Empfang.
7. Der Scheck ist in der Post.
8. Du siehst gut aus.
9. Ich war den ganzen Tag in Meetings.
10. Wir sind nur gute Freunde.

Die Lüge ist also praktisch überall und so haben alle Kulturen mehr oder weniger erfolgreiche »Lügendetektoren« erdacht. In Westafrika wurde zu diesem Zweck vor langer Zeit ein Straußenei verwendet: Während der Befragung sollte es gehalten oder hin und hergereicht werden. Wem es aus den Händen glitt, wurde für schuldig befunden. Auch wenn dieses Verfahren wenig zuverlässig ist, so ist der Gedanke dahinter richtig: Lügner fühlen Stress.[47] Denn Lügen ist durchaus anstrengend. Ständig muss sich der Lügner fragen, ob seine Antworten logisch sind und zu vorher Gesagtem passen, und er darf sich nicht verplappern. Vernehmungsprofis werden vor allem darin geschult, Stress zu erkennen und zu erhöhen. Und so wundert es nicht, dass intelligentere Menschen auch die besseren Lügner sind. Wie also kann man Stress feststellen?

Stress ist zum Glück relativ leicht zu erkennen – nämlich an Verzögerungen: Wiederholungen, langsamem Sprechen und Pausen. All das dient dem Zweck, Zeit für das Nachdenken über die nächste Antwort zu schinden. Daher wiederholen Lügner oft die Frage oder Teile ihrer Antwort.[48] Allerdings wissen Lügner, dass sie sich durch zu häufige Pausen verraten würden. Daher zögern sie nicht unbedingt häufiger, aber sie zögern länger.[49] Zudem verfällt die Stimme der meisten Menschen bei Stress in eine höhere Stimmlage.[50]

Stress äußert sich auch durch eine erhöhte Frequenz des Blinzelns: Lügner zwinkern häufiger. Und schließlich erkennt man Stress an sogenannten »Stressritualen« – individuelle Verhaltensweisen, die wir meist aus der Kindheit übernehmen. Wir trinken plötzlich eine ganze Wasserflasche leer, weil wir als Kleinkind bei Stress immer die Milchflasche bekamen. Oder noch simpler: Wir kratzen uns immer am Ellenbogen. Beobachten Sie bei Ihrem Gegenüber, ob er ein solches Ritual verwendet. Stress ist ein hervorragender Indikator für die Lüge und relativ leicht zu erkennen.

Offene Fragen

Wie bringt man den Befragten dazu, viel zu reden? Man stellt ihm eine offene Frage wie: »Sag mir alles, was Du über die Sache weißt!« Wie bei einer guten Verhandlung sollte man auch bei einer Vernehmung offene Fragen stellen, um an möglichst viele Informationen zu gelangen. Denn genau wie Menschen das Bedürfnis haben, ein klingelndes Telefon abzunehmen, haben sie auch das Bedürfnis, ihnen gestellte Fragen zu beantworten.

Der Unschuldige hat sich vorher überlegt, wer die Tat begangen haben könnte und weshalb. Der Schuldige hingegen überlegt sich nicht, was vorgefallen sein könnte – er war ja dabei –, sondern was er antworten wird. Seine Antworten sind daher weniger spontan.[51] Besonders verdächtig sind sogenannte »Listen«. In einem Fall fragte man den Verdächtigen: »Haben Sie das Feuer in der Bar gelegt?«, woraufhin dieser wie aus der Pistole geschossen antwortete: »Erstens ist der Besitzer ein Freund von mir, zweitens bin ich auf Bewährung draußen – weshalb sollte ich so etwas riskieren? – und drittens bringt es mir sowieso nichts.« Natürlich war er es doch und es zeigte sich, dass er das Feuer gelegt hatte, weil der Barbetreiber ihm einen Teil der Versicherungspolice zahlen wollte.[52] »Wo bist Du denn so lange gewesen, Schatz?«, wäre eine alltagstaugliche Variante einer offenen Frage.

Nichts erleichtert das Lügen mehr als die Frage: »Du hast keine Ahnung, wer es war, oder?« Auch Ja-Nein-Fragen laden geradezu zum Lügen ein (übrigens neigen Menschen dazu, diese unabhängig vom Inhalt der Frage eher mit »Ja« zu beantworten).[53] Mit geschlossenen Fragen, die lediglich vorgegebene Antwortmöglichkeiten bieten, kommt man kaum voran.

Stellt man dagegen offene Fragen, wird der Befragte nicht sofort zum Lügen animiert, sodass man zumindest einige wahre Dinge zu hören bekommt. Und je mehr der Befragte erzählt, ist sich der Eichmann-Vernehmer Avner Less sicher, »desto leichter wird es für uns, eventuelle Lügen und falsche Alibis zu widerlegen«.[54] Denn dadurch, so Less, »verstrickt sich der Befragte, wenn schuldig, mehr und mehr im eigenen Lügengewebe.«[55]

Auch die Polizei eines großen deutschen Bundeslands schreibt in einem internen Schulungspapier: »Lass ihn lügen!!! Denn Lügen können oft beweiserheblicher sein als halbherzige, geschönte Geständnisse.«[56]

Die Devise lautet also: Reden lassen. Staatsanwälte sprechen dabei von einer »Festlegevernehmung«: Ziel sei es, die Verhörten auf konkrete Einzelheiten festzulegen. »Und zwar so detailliert, dass sie sich später nicht darauf hinausreden können, sie hätten sich eben geirrt. Vielmehr sollen sie dazu gezwungen werden, zuzugeben, gelogen zu haben. Das gelingt in erster Linie durch das Festlegen auf Fakten. Sodann thematisiert man alle denkbaren Ausflüchte, um den Rückweg in die Ausrede abschneiden zu können.«[57] Lügen lassen – und zwar über nachprüfbare Details, die man unter Umständen widerlegen kann. Je mehr Details man erfährt, desto besser.

Der US-Army-Verhörexperte Chris Mackey berichtet von einem arabischen Häftling, der bei Kämpfen in Afghanistan gefangen genommen wurde. Bei den dort anzutreffenden Arabern, so Mackey, handelte es sich fast immer um »Gotteskrieger«, die ins Land gereist waren, um einen heiligen Krieg gegen den Westen zu führen – im Gegensatz zu den Afghanen, bei denen es sich häufig um friedliche Zivilisten handelte, die völlig zu Unrecht gefangen genommen wurden. Dieser Araber nun erzählte, er sei für den Saudischen Roten Halbmond, das islamische Pendant zum Roten Kreuz, zur humanitären Hilfe ins Land gekommen. Mackey glaubte ihm kein Wort, ließ ihn aber reden und stellte ihm Frage um Frage. Kurz darauf setzte sich Mackey an seinen PC und recherchierte einige Details über den Roten Halbmond. Beim nächsten Gespräch stellte er dem Gefangenen Fragen zu Einzelheiten der Organisation. Und siehe da: »Er konnte keine einzige beantworten. Er kannte keinen Menschen in dieser Organisation. Er hatte uns erzählt, dass er sich in Riad eingeschrieben hatte, aber er konnte nicht beschreiben, wo die Büros lagen.«[58]

Das Problem ist, dass die eindeutigsten Beweise ihre Wirkung verlieren, wenn der Befragte nicht vorher explizit Widersprüchliches dazu sagt. Wenn man zum Beispiel einen Brief, eine E-Mail oder SMS des anderen vor sich hat, die seinen bisherigen Aussagen entgegenstehen, darf man sie auf keinen Fall einfach vorlesen und etwa fragen: »Und, was sagst Du dazu?« Denn während des Vorlesens wird der Befragte weniger hinhören, da er den Text schon kennt, sondern sich überlegen, wie er das alles erklären kann. Dann sehen Sie sich mit einer komplizierten Mischung aus Wahrheit und Lüge konfrontiert und die Wirkung Ihres eigentlich fantastischen Beweises ist gleich null. Das Kubark-Handbuch empfiehlt hier das perfekte Vorgehen: »Wenn Sie diesen Brief richtig einsetzen wollen, müssen Sie den Zeugen erst langsam zu einer Wiederholung der Behauptungen bewegen, die er in seiner direkten Aussage gemacht hat und die im Widerspruch zu dem Brief stehen. Danach lesen Sie den Brief vor. Der Zeuge hat keine Erklärung. Die Aussagen sind gemacht, es gibt nichts zu beschönigen.«

Wenn Ihr Mann beispielsweise behauptet hat, letzten Abend allein zu Hause gewesen zu sein, lesen Sie ihm nicht die SMS auf seinem Handy vor, in der etwas steht wie: »Danke für den netten Besuch. Er war wirklich toll und steckte voller Überraschungen …« Er könnte sich jetzt herausreden: »Ja, wir hatten sehr nett telefoniert, zwei Stunden lang.« Oder: »Ja, ich hatte bei ihr noch meine Tasche abgeholt, weil ich sie beim Sport vergessen hatte und sie sie mitgenommen hatte.« Was also tun? Sie fragen vorher noch einmal Dinge wie: »Du warst gestern also den ganzen Abend zu Hause und hast nur ferngesehen?« Wenn er das klipp und klar bejaht, kann ihm kaum mehr im Nachhinein einfallen, dass er stundenlang telefoniert hat oder doch noch kurz etwas abholen war.

Ganz in diesem Sinne verwendet die niederländische Polizei eine systematische und simpel umzusetzende Technik, um Lügengebilde aufzudecken: Der Vernehmer notiert sich zuvor alle Beweise und überlegt sich, wie der Verhörte wohl versuchen wird, sich herauszureden.[59] Angenommen, Sie sitzen vor Ihrer 16-jährigen Tochter, die Sie verdächtigen, gegen Ihre Absprache am letzten Samstagabend in der Disco gewesen zu sein. Ihr Beweis? Lediglich die Aussage eines Nachbarn, der ihren Roller dort nachts gesehen haben will. Bevor Sie ihr den »Beweis« vorhalten, überlegen Sie sich, wie sie sich möglicherweise herausreden könnte. Typische Ausreden wären etwa:

- Sie hat den Roller verliehen.
- Jemand hat ihren Roller unbemerkt genutzt.
- Sie hat dort etwas abgeholt.

Steigt man mit der Frage ein: »Warst Du letzte Nacht im Club? Dein Roller wurde davor gesehen!«, fordert man sie geradezu auf, sich herauszureden und den Wert des Beweises zu untergraben. Deshalb sollte man vielmehr im Vorhinein alle denkbaren Ausreden eliminieren und etwa fragen, ob sie den Roller noch hat, ob ihn wohl jemand anders benutzt haben könnte und ob sie zufälligerweise in der Nähe der Disco – ohne die Disco selbst zu erwähnen – zu tun hatte. Die Chancen stehen gut, dass sie all diese Fragen klar verneinen wird und vielleicht erst bei der letzten Frage stutzig wird. Doch dann ist es schon zu spät: »Dein Roller wurde vorm Club gesehen. Was sagst Du dazu?« Jetzt wird es schwierig, an der Lüge festzuhalten, und nicht selten bricht das Kartenhaus zusammen, noch bevor es richtig aufgebaut werden konnte.

Es gibt noch einen weiteren Grund, weshalb offene Fragen so wirksam sind: Die Art und Weise der Antwort lässt wertvolle Rückschlüsse auf den Wahrheitsgehalt zu. Wenn ich mitten in einem meiner Vorträge zu einem meiner Zuhörer gehe und ihn darum bitte, spontan über einen vermeintlichen Kinobesuch am letzten Abend zu lügen, klingt die Aussage dieses »Lügenden« in der Regel so: »Wir sind ins Kino gefahren, der Film war schön und dann ging es nach Hause.« Diese improvisierte Lüge ist eine Geschichte ohne jegliche Details. Was ist wann und wo passiert – alle Energie des Schuldigen fließt in die Erfindung der blanken Fakten. Zugleich weiß jeder Lügner: Je mehr Details er nennt, desto eher wird er sich in ein Lügengewirr verstricken.

Beschreibt dagegen ein Unschuldiger ein Ereignis, das sich tatsächlich zugetragen hat, besteht es normalerweise aus mehreren Teilen: einer Einleitung, die zum Geschehen hinführt, dem Geschehen selbst und der Beschreibung von Emotionen.[60]

Das wahre Leben klänge eher nach: »Wir sind mal wieder zu spät losgekommen, haben keinen Parkplatz gefunden und sind dann in letzter Sekunde in den Saal gehetzt. Auf dem Weg zu meinem Platz bin ich auf einer Tüte Popcorn ausgerutscht und habe einen Eimer Cola umgeworfen, der mir auf's Hosenbein gekippt ist, es kam zur Schlägerei, und als ich mir im Bad die Cola aus der Hose gefönt habe, war ich so fix und fertig, dass ich gestürzt und später im Krankenhaus wieder aufgewacht bin, wo ich mich dann in die Krankenschwester verliebt habe …« Die Wahrheit steckt voller Details und Gefühle. Die einzige Ausnahme, habe ich mir sagen lassen, sind Teenager – hier könnte ein Dialog durchaus so aussehen: »Wie war's in der Schule?« »Gut.« »Was habt ihr gemacht?« »Nichts.« Erwachsene aber erzählen gerne und durchaus detailliert. Vor Gericht werden sogenannte Glaubhaftigkeitsgutachten daher ebenfalls anhand der Detaildichte einer Aussage angefertigt.[61]

Vor einigen Jahren schulte ich Detektive, die sich mit sogenannten Dubiosschäden befassen, also mit Versicherungsschäden, bei denen in der Versicherung die Alarmglocken klingeln – hier könnte etwas faul sein! Einer erzählte mir von einem Fall, bei dem ein Jäger angab, dass der Schaden seines brandneuen Mercedes durch ein Reh verursacht wurde, welches in sein Auto gelaufen sei. Der Ermittler ging also zu dem passionierten Waidmann und fragte ihn, wie das Reh ausgesehen habe, von dem nun jede Spur fehlte. »Normal«, sagte er. Auf die Frage, ob es hell- oder dunkelbraun gewesen sei, antwortete er mit »mittelbraun«. Auf die Frage, ob es groß oder klein gewesen sei, antwortete er mit »mittelgroß«. Ein Laie hätte vielleicht wirklich so geantwortet, nicht aber ein langjähriger Tierkenner. Und so war der Detektiv zu Recht von der Lüge des Befragten überzeugt – der kurz darauf ein volles Geständnis ablegte.

Die offene Frage bietet also eine Reihe von Vorteilen. Zuerst einmal ist die Antwort schon vielsagend: Der Unschuldige antwortet spontan, der Schuldige aber hat sich seine Antwort genau überlegt, möglicherweise Punkt für Punkt. Lassen Sie Ihr Gegenüber frei reden, aber haken Sie nach, damit er sich »festlegt« und sich in Details verstrickt, die Sie ihm später vorhalten können. Idealerweise notieren Sie sich vorab, wie sich der Befragte wohl herausreden wird, und eliminieren all diese Ausreden mit Ihren Fragen. Was auch immer Ihr Gegenüber Ihnen sagt, die Lüge erkennen Sie an der fehlenden Beschreibung von Details und – vor allem – am Fehlen von Emotionen.

Minilügendetektor: Verhaltenskontrolle

Worauf konzentriert sich ein selbstbewusster Bewerber bei einem Vorstellungsgespräch? Er fragt, ob er interessante Aufgaben übernehmen wird und das Unternehmen ihm die Perspektiven bieten kann, die er sich wünscht. Worauf aber achtet ein Bewerber mit wenig Selbstbewusstsein? Vor allen Dingen auf sich selbst: Unaufhörlich fragt er sich, ob er seinem Gegenüber wohl gefallen mag, er zieht sich vorher zigmal um und versucht im Gespräch, bloß nichts Falsches zu sagen.

Kurzgefasst: Wenn ich selbstsicher bin, achte ich auf die Außenwelt – ich sehe mir die anderen interessiert an. Habe ich aber kein Selbstvertrauen, fokussiert sich meine gesamte Aufmerksamkeit auf mich selbst, weil ich mich und mein Verhalten ständig kontrolliere und anpasse.

Was hat das mit dem Entlarven von Lügen zu tun? Nun, der Ehrliche ist selbstsicher, weil er seine Glaubwürdigkeit als selbstverständlich betrachtet. Der Unehrliche hingegen verkauft die Lüge wie ein Produkt und nicht als unumstößliche Tatsache. Er verwendet das sogenannte »Pflegeverhalten« (*grooming behaviours*):[62] Kleider zurechtrücken, Haare in Form bringen, Staub abklopfen, Fingernägel säubern, den Bart streichen. Eben weil er sich so viele Gedanken macht, geschieht jedoch vor allem eines: Seine Körpersprache verändert sich fundamental – wie bei Pinocchio. Diesem wächst bei jeder Lüge die Nase in die Länge, uns leider nicht; sonst wären meine Vorträge zum Thema auch relativ kurz. (»Achten Sie auf die Nase. Vielen Dank für Ihre Aufmerksamkeit«). Doch etwas anderes teilen wir mit ihm: das hölzerne Auftreten.[63] Weil wir uns nicht verraten wollen und uns stark auf unser Verhalten konzentrieren, werden wir hölzern und steif und führen kaum noch Bewegungen aus. Besonders Gesten, die dem Gesagten Nachdruck verleihen würden, lassen wir weg und unser Gesicht wird ausdruckslos, sodass wir desinteressiert erscheinen. Im krassen

Kontrast dazu steht unser engagierter Redefluss. Entgegen der landläufigen Meinung tendieren Lügner darüber hinaus dazu, den Belogenen direkt anzustarren, nach dem Motto »Vertrauen Sie mir!«.

Wir werden also steif, weil wir unser Verhalten strikt kontrollieren – zumal laut Hirnforschung das Lügen eher vom oberen Hirnbereich gesteuert wird, was zu einer Abnahme unruhiger Bewegungen führt.[64] Auch die Evolution hat noch zu dieser Hölzernheit des Lügners beigetragen: Vor welchem Raubtier konnte der Mensch schon weglaufen? Welches konnte er schon besiegen? Zu der bekannten *Fight or flight*-Reaktion (Kämpfen oder fliehen)[65] kam daher noch die *Freeze*-Reaktion – das Einfrieren: Wir bewegen uns nicht und hoffen darauf, nicht wahrgenommen zu werden.[66] Wie sich Tiere im Extremfall totstellen oder Kinder sich unter der Bettdecke verkriechen, wenn sie sich fürchten – sogar dann, wenn es brennt –, halten wir still, wenn wir nicht entlarvt werden wollen.

Wird Ihr ansonsten so lebhafter Gesprächspartner also plötzlich stocksteif, ist dies ein gutes Indiz dafür, dass er gerade nicht die Wahrheit sagt. Exemplarisch wurde dieses Phänomen von Fußballtrainer Christoph Daum illustriert, als er bei einer Pressekonferenz seinen Kokainkonsum leugnete: Fast roboterartig redet er sich heraus; als er kurz darauf die Wahrheit preisgibt, ist er wieder agil und voller Leben. Diesen wirklich herrlichen Clip habe ich Ihnen in der Mediathek meiner Internetseite (www.jacknasher.com) bereitgestellt.

Professionelles Nachhaken – das Kreuzverhör

Haben Sie schon einmal einen amerikanischen Gerichtsfilm gesehen und beobachtet, wie der Staatsanwalt darin beim Kreuzverhör auftritt? Dort wird der Angeklagte mit einer scheinbar genialen Kombination von Fragen derart in die Ecke gedrängt, dass ihm gar nichts anderes übrig bleibt, als zu gestehen. Haben Sie sich je gefragt, was genau dahintersteckt? Nun, im Kreuzverhör wird grundsätzlich immer und immer wieder nachgehakt, um auch die gut vorbereitete Lüge ins Wanken zu bringen.

Es gibt drei Kategorien der klarstellenden Frage, die man je nach Situation verwenden kann:[67]

1. Nachhaken nach Details
   »Bitte erzählen Sie mir mehr über Ihren Kollegen.«
   »Wann genau warst Du zu Hause?«

2. Nachhaken nach Erklärungen
   »Warum bist Du dann in das Restaurant gegangen?«
   »Weshalb wollten Sie denn noch länger bleiben?«

3. Nachhaken nach Gefühlen oder Gedanken
   »Was haben Sie denn gedacht, als plötzlich Geld fehlte?«
   »Wie war denn Dein Gefühl, als Du allein nach Hause gefahren bist?«

Der Unschuldige wird mit diesen Fragen keine Probleme haben und sie alle ohne allzu viel Nachdenken beantworten können. Ganz anders der Schuldige: Auf die direkte Frage hatte er sich noch vorbereitet, jedes Nachhaken aber ist eine Herausforderung. Bei jedem erlogenen Detail muss er sich überlegen, ob es glaubwürdig ist und ob es zu seiner bisherigen Aussage passt – und entsprechend muss er sich das Detail auch für die weitere Befragung merken. Daher antwortet er langsam und zögerlich. Gerne antwortet der Schuldige auch mit einer Gegenfrage oder auf andere Weise ausweichend, wie zum Beispiel: »Daran würde ich mich erinnern.« Machen Sie es ihm nicht leicht, indem Sie etwa sagen: »Dann warst Du also nie dort!« Bleiben Sie vielmehr hartnäckig und stellen Sie die Frage erneut: »Woran genau erinnerst Du Dich?« Stellen Sie also ruhig zweimal die gleiche Frage – allerdings etwas anders formuliert.

Besonders auffällig ist, dass sich die Aussagen eines Schuldigen auch bei näherem Nachfragen nicht mit Emotionen füllen. In einem Fall behauptete der Befragte, ausgeraubt worden zu sein. Als er gefragt wurde, wie er reagiert hatte, als er den Täter auf sich zukommen sah, antwortete er, er habe die Geldsäcke, für die er verantwortlich war, beiseitegeschoben – keinerlei Emotionen. Als der Verhörer nun direkt nach seinen Gefühlen in diesem Moment nachhakte, antwortete dieser lediglich: »Ich stieg einfach nur auf die Bremse und bewegte die

Taschen zur Seite.«[68] Wenn Sie Ihre Freundin fragen, wie es gestern Abend mit den Mädels war und sie Ihnen nun nackte Fakten erzählt, ist es verdächtig: »Wir waren erst Essen, dann sind wir tanzen gegangen, und ich war um zwei Uhr zu Hause.« Vor allem wenn Sie dann noch nachhaken, wie es ihr gefallen hat, und sie wieder nur mit Fakten antwortet: »Es war sehr voll.«

Beim Lügen gibt es immer zwei Möglichkeiten[69]: Entweder lässt man etwas weg oder man fügt etwas hinzu. Ersteres fällt leichter, weil man dazu nichts erfinden muss. Außerdem belastet es das Gewissen weniger; denn etwas wegzulassen, so scheint es, ist ja kein richtiges Lügen.[70] Umgekehrt gilt: Wenn der Befragte direkt und umfassend antwortet, könnte es sich eher um eine ehrliche Antwort handeln. Der geschickte Verhörer aber wird so nachhaken, dass der Lügner keine andere Wahl hat, als etwas zu erfinden, um seine Geschichte plausibel zu gestalten.

Sagen wir, ein Ehemann erzählt seiner Frau am Telefon, er müsse heute länger arbeiten, sodass er nur schnell zu Abend essen und dann weitermachen werde. Verbringt er dieses Abendessen nun mit seiner Affäre in deren Wohnung – mit anschließendem »Dessert« – und geht danach wieder ins Büro, hat er tatsächlich kaum gelogen. Er hat nur Entscheidendes weggelassen, eben seine Gesellschaft beim Abendessen. Fragt die Ehefrau nun aber nach den näheren Umständen seines Dinners, müsste er sich Details einfallen lassen und »aktiv« lügen, was die Sache deutlich erschwert. Und entsprechend steigen die Chancen, dass sein Lügengerüst zusammenbricht.

Das Verhörhandbuch der US-Army empfiehlt in diesem Zusammenhang die sogenannte *Rapid-Fire*-Methode. Dabei stellen Sie dem anderen in schneller Folge eine Reihe von Fragen, eben wie aus der Pistole geschossen. Lassen Sie ihm kaum Zeit, eine Frage zu beantworten, bevor Sie schon mit der nächsten nachlegen: »Was hast Du gestern Abend gemacht? Wann warst Du zu Hause? Wann bist Du ins Bett gegangen?« Der Schuldige muss sich umso stärker konzentrieren und, so das Army-Handbuch, fängt daher an, »frei heraus zu sprechen, weil er versucht, sich zu erklären und die Ungereimtheiten, die der Verhörer behauptet, zu leugnen. Dabei neigt die Quelle dazu, mehr als geplant preiszugeben und dadurch weitere Anhaltspunkte zu geben, denen man dann noch nachgehen kann.« Das ist eine etwas aggressive Methode, die man sich im Alltag sicherlich nicht bei jedem erlauben kann.

Eine etwas verrückte Technik, auf die einige schwören, möchte ich Ihnen nicht vorenthalten: »Spinoza und Mortimer Snerd«. Diese vom Kubark-Handbuch empfohlene Methode besteht darin, Fragen zu stellen, die das Gegenüber unmöglich beantworten kann, und zugleich so zu tun, als müsste selbst der Dümmste die Antwort kennen. Im Kubark-Handbuch steht dazu: »Seinen Hinweisen, nichts über diese Dinge zu wissen, wird durch das stete Beharren darauf begegnet, dass er es doch wisse, dass er es wissen müsse und dass sogar die dümmsten Männer in seiner Position es wissen müssten.«[71] Nachdem nun eine ganze Reihe solcher Fragen äußerst hartnäckig gestellt wurde, fragt man endlich etwas, worauf der Befragte tatsächlich antworten können sollte. Ein durch diese Technik zum Geständnis Getriebener erzählt über seine Erfahrungen: »Ich weiß, es hört sich jetzt seltsam an, aber ich war sehr dankbar, als endlich ein Thema angeschnitten wurde, zu dem ich was sagen konnte.«[72]

Beispielsweise haben Sie Gerüchte gehört, dass Ihr Konkurrent sein Unternehmen schließen und einzelne Teile davon – die Produktion, das Lager, die LKWs – verkaufen möchte. Sie nehmen an, ein gemeinsamer Geschäftspartner wisse mehr darüber, aber dieser gibt Ihnen nur sehr spärliche Informationen. Jetzt können Sie Ihn Details fragen wie: »Wie viel genau möchte er denn jetzt für die Halle haben?« Und: »Ab wann wird die Produktion genau zum Erliegen kommen, ab dem 1. Dezember oder doch ab dem 1. Januar nächsten Jahres?« Die Chance ist hoch, dass er jetzt die Dinge, die er wirklich weiß, sagen wird, damit er sich nicht völlig unwissend fühlt.

Eine andere Möglichkeit des Kreuzverhörs: Fragen Sie wie ein Kind. Fragen Sie immer nur nach einer Sache, bis Ihre Frage beantwortet wurde. Ein Kind fragt, wie ein bestimmter Vogel heißt – und fragt dann immer wieder. Als Erwachsene neigen wir dazu, zu fragen, wie der Vogel heißt, welcher Gattung er angehört, was er frisst und wann er gen Süden zieht. Wenn man fragt: »Haben Sie den Tresor manipuliert und das Geld gestohlen?«, kann es sein, dass es tatsächlich zwei Täter gab, von denen einer den Tresor manipulierte und der andere das Geld stahl. Beide könnten diese Frage also guten Gewissens verneinen.[73] Zu viele Fragen führen zu unklaren Antworten. Fragen Sie daher immer nur nach einem Detail.

Sehr effektiv ist es auch, nach Einzelheiten zu fragen, die vor oder nach der Tatzeit liegen. Kann sich der Befragte an nichts erinnern, ist etwas faul.[74] Erfahrene Lügner bereiten ihre Aussagen in der Regel gut vor und erfinden womöglich Details darüber, wo sie sich in den Stunden und Minuten der Tat aufgehalten haben. In der Schulung einer Staatsanwaltschaft wird Folgendes empfohlen[75]: »Hierbei hakt die Vernehmungsperson mit Fragen zur konkreten Situation nach, und zwar – ganz wichtig – über das eigentliche Beweisthema hinaus. Jemand, der etwas tatsächlich erlebt hat, muss im Regelfall über das enge Beweisthema hinaus noch Einzelheiten bekunden können. Umgekehrt bereiten sich lügende Auskunftspersonen regelmäßig nur auf das enge Beweisthema, etwa das Kerngeschehen, vor … Können Auskunftspersonen nur zum Beweisthema/Kerngeschehen Angaben machen, aber zu dem Geschehen davor oder danach oder zu anderen scheinbar nebensächlichen Begleitumständen keine, sollte man misstrauisch werden.«

Genau dieses Grundprinzip erlaubte mir, vor einigen Jahren die Lüge eines Zeugen beim Dominik-Brunner-Prozess zu erkennen. Brunner wurde 2009 an einer Münchener S-Bahnstation totgeprügelt, nachdem er sich schützend vor vier Schüler gestellt hatte. Während des Mordprozesses gegen drei junge Erwachsene wurde ich plötzlich hellhörig, als einer der Zeugen bei näherem Nachhaken jedes Detail der entscheidenden zwei Minuten kannte, aber keine Ahnung mehr hatte, was ein paar Minuten vorher oder später geschehen war – was besonders seltsam war, da der Zeuge zum Tatzeitpunkt ja noch gar nicht absehen konnte, welches die entscheidenden Minuten waren. Im Moment der Aussage war mir überhaupt nicht bewusst, warum der Zeuge log; erst später begriff ich, dass er befürchtete, wegen unterlassener Hilfeleistung bestraft zu werden. Und so führte seine unwahre Aussage dazu, dass man in den Zeitungen eine Weile schrieb, Brunner habe den Kampf begonnen. Meine Bewertung der Aussage, die auch der Richter teilte, wurde damals öffentlich und trug hoffentlich ein wenig dazu bei, Brunners heldenhafte Tat angemessen zu würdigen.

Auf den Alltag übertragen fragen Sie etwa Ihren Mann: »Sag mal, was hast Du am Samstag nach dem Mittagessen alles gemacht, bevor Du ins Bett gegangen bist?« Damit bringen Sie jeden noch so gut vorbereiteten Schuldigen in die Bredouille.

Eine weitere Methode des Nachhakens ist die des umgekehrten Erzählens: das sogenannte »Zickzack-Verhör«, bei dem chronologisch ungeordnete Fragen gestellt werden.[76] Lassen Sie sich die ganze Geschichte detailliert erzählen und machen Sie sich dabei am besten Notizen. Danach bitten Sie Ihr Gegenüber, die Erzählung nun in umgekehrter Reihenfolge wiederzugeben. Für den Unschuldigen ist dies kein Problem, er hat ja alles tatsächlich erlebt.

Dem Schuldigen aber wird es sehr schwerfallen, diese Aufgabe zu bewältigen. Denn eine Lüge gleicht einem einigermaßen gut einstudierten Klavierstück, das man immer wieder von Beginn an spielen muss – in der Mitte anzufangen oder es vom Schluss aus rückwärts zu spielen, ist daher sehr schwierig. Fragen Sie subtil, etwa: »Gut, Sie hatten also gemerkt, dass etwas in der Kasse fehlte. Und von wo kamen Sie nochmal? Und davor?«

Auch die *Reihenfolge* des Nachhakens kann zur Manipulation genutzt werden. Fragen Sie zu spezifisch, etwa wo der Beschuldigte zu einer bestimmten Uhrzeit war, bekommen Sie möglicherweise eine einzige Lüge zu hören und müssen Ihr gesamtes Urteil auf diese eine Beobachtung stützen.[77] Hinzu kommt, dass der Befragte sich so sehr schnell auf eine Sache festlegt. Sehen wir uns einmal eine typische Abfolge des Nachhakens an, bei der die Fragen zunehmend präziser werden, die sogenannte »Trichtermethode«. In unserem Beispiel verdächtigt ein Mann seine Frau, dass sie sich mit ihrem Ex-Freund trifft.[78]

1. Hast Du letztens was von deinem Ex gehört?
2. Hast Du ihn vor Kurzem gesehen?
3. Habt Ihr Euch verabredet?
4. Warst Du bei ihm zu Hause?
5. Hattest Du gestern was mit deinem Ex?

Das wäre die übliche Frageweise: immer spezifischer werdend. Allerdings gibt es dabei ein entscheidendes Problem: Wenn die erste Frage verneint wird, muss die Befragte – aus rein logischen Gründen – auch jede folgende verneinen. Sie kann den Mann ja kaum länger nicht gesehen haben (Frage 2), aber gestern etwas mit ihm gehabt haben (Frage 5). Hier schneidet man sich also mit einer Frage alle anderen ab. Was aber, wenn man umgekehrt vorgeht?

1. Hattest Du gestern was mit deinem Ex?
2. Warst Du bei ihm zu Hause?
3. Habt Ihr Euch verabredet?
4. Hast Du ihn vor Kurzem gesehen?
5. Hast Du letztens was von deinem Ex gehört?

Jetzt muss die Befragte jedes Mal neu entscheiden und jedes Mal eine neue Lüge über die Lippen bringen, statt bloß die logische Folgerung aus der ersten Antwort zu äußern. Das erleichtert das Entlarven um einiges. Beginnen Sie also mit präziseren Fragen und arbeiten Sie sich zu den allgemeineren vor.

Das waren jetzt eine Menge Informationen auf einmal, aber es ist kurz zusammengefasst: Gutes Nachhaken ist nicht so einfach, wie es auf den ersten Blick erscheint. Auf der Hand liegt das Nachhaken zu Details, Erklärungen und Emotionen. Dabei sollte man stets hartnäckig bleiben und – falls angebracht – die Fragen rasch aufeinander stellen *(Rapid Fire)*. Vor allem aber sollte man nach Details fragen, die *vor* oder *nach* der eigentlichen Tat liegen, weil dadurch auch gut vorbereitete

Lügner ins Stocken geraten. In der Zeit zu springen (zickzack) bringt zudem jeden Lügner aus dem Konzept. Schließlich kann man mit einer bewussten Umkehrung der üblichen Reihenfolge der Fragen – nämlich vom Konkreten zum Allgemeinen – noch mehr Lügen provozieren, was Ihnen mehr Möglichkeiten zum Entlarven gibt.

Minilügendetektor: Distanzieren von Schuld

»Du dreckiger Lügner, Du verlogenes Schwein!« – das sind übliche Beschimpfungen für einen Lügner. Denn die Lüge gilt als schmutzig und so will der Lügner nicht mit ihr in Verbindung gebracht werden. Deshalb »entpersonalisiert« sich der Schuldige und verwendet deutlich weniger Personalpronomen wie »ich« oder »mein« als der Wahrhaftige.[79] Der Lügner distanziert sich also wegen seines Schuldgefühls von der Tat und nimmt sich selbst so weit wie möglich aus der Angelegenheit heraus. Ein Kriminalkommissar aus Sachsen, den ich schulte, sagte mir einmal, dass Diebe auf direkte Nachfrage nicht mit »Das habe ich nicht geklaut!« antworten, sondern mit »Wer sollte denn so was mitnehmen?«.

Glaubhaftigkeitsgutachten vor Gericht achten auf dieses Phänomen, ebenso die Methode der *Scientific Content Analysis* (SCAN). Es gibt mittlerweile sogar Computerprogramme, die E-Mails und Textnachrichten auf Lügen abklopfen, indem die Anzahl der Personalpronomen gezählt wird. Auf die Frage: »Bist Du treu?« würde das Programm »Mein Herz ist treu – das weiß ich genau« als wahrhaftig einstufen, nicht aber Ausweichendes wie: »Fremdgehen ist völlig ausgeschlossen. Das Herz irrt nicht.« Passend dazu hat der US-Forscher Jeff Hancock von der Cornell University herausgefunden, dass George W. Bush kurz vor dem Irakkrieg in seinen Reden deutlich weniger Personalpronomen verwendete als sonst üblich; nach dem Angriff der US-Truppen normalisierte sich dies wieder.

Interessant ist auch die Aufnahme des damaligen DDR-Staatschefs Walter Ulbricht von 1961, bei der er seinen berühmten Satz spricht: »Niemand hat die Absicht, eine Mauer zu errichten.« Und eben nicht: »Ich habe keine Absicht, eine Mauer zu errichten.« Zwei Monate später begannen die Arbeiten.

Die Schuld äußert sich auch in der Körpersprache: Wir wollen uns von unserer Aussage distanzieren. Daher zeigen unsere Füße typischerweise zum Ausgang und wir neigen unseren Körper vom Gesprächspartner weg.[80] Gemäß dem *Carpenter*-Effekt löst schon das Denken an eine bestimmte Bewegung die Tendenz zur Ausführung eben dieser Bewegung aus.[81] Von William Carpenter bereits 1852 beschrieben, erklären sich auch Phänomene wie Pendeln und Gläserrücken durch diesen Effekt.

Der US-Vernehmer Chris Mackey spricht vom »Lehnen des Lügners« (*liar's lean*), der sich typischerweise in Richtung Fenster oder Ausgang lehnt.[82]

Wenn Sie den ehemaligen US-Präsidenten Richard Nixon bei seiner berühmten Watergate-Rede beobachten, bei der er über seine Beteiligung an der Affäre log, ist eindeutig zu sehen, wie sich Nixon direkt nach seiner Lüge ganz deutlich vom Pult entfernt und einen großen Schritt nach hinten macht – und sich dadurch von seiner Lüge distanziert.

Sowohl den Clip von Ulbricht als auch den von Nixon habe ich Ihnen in der Mediathek meiner Internetseite (www.jacknasher.com) bereitgestellt.

Die Köderfrage

Warum gewinnt ein Pokerprofi auch mit einem schlechten Blatt? Weil er weiß, wie man gut blufft. Das Gleiche gilt für einen Verhörprofi: Sind die Beweise schlecht, blufft er, um sein Ziel zu erreichen. Die wohl trickreichste Frage des gesamten Fragesystems ist die *Köderfrage*. Sie ist so manipulativ, dass sie in Deutschland verboten ist: Sollten Sie als Polizist oder Staatsanwalt befragen, gilt sie gemäß § 136 a Strafprozessordnung als »unerlaubte Vernehmungsmethode«. In diesem Kontext böte sich allenfalls die vorsichtigste, mildeste Version der Frage an, bei der Beweise nur vage angedeutet werden.

Worum geht es? Bei der Köderfrage spiegelt man dem Befragten angebliche Beweise etwa so vor: »Es war ja eine Kamera installiert – könnte es sein, dass Sie auf den Aufnahmen zu sehen sind?« – obwohl es gar keine Kamera gibt. Ob Sie lügen wollen, um an die Wahrheit zu gelangen, müssen Sie selbst entscheiden.

Der Unschuldige ist völlig entspannt, weil er weiß, dass er auf dem Band nicht zu sehen ist. Selbstsicher und souverän wird er ohne

Umschweife antworten, dass er unmöglich auf dem Band auftauchen könne – und damit ist die Sache für ihn erledigt.

Der Schuldige aber empfindet Stress, weil er nun überlegen muss, ob er das Risiko in Kauf nehmen oder doch lieber zugeben sollte, wenigstens vor Ort gewesen zu sein. Er zögert, streitet eventuell ab oder liefert Gründe, weshalb solche Beweise möglicherweise durchaus auftauchen könnten, obwohl er unschuldig sei. Typischerweise schindet er Zeit und fragt einige Male nach. Und wenn er doch antwortet, dann eben nicht rundheraus wie der Unschuldige, sondern mit Manövern wie: »Soweit ich mich erinnern kann …« Oder: »Ach ja, es kann sein, dass ich da war, weil ich in meinem Büro etwas vergessen hatte.«[83]

Einer meiner Seminarteilnehmer berichtete von einem Fall, bei dem jemand ein Firmenfahrzeug verbotenerweise über das Wochenende »ausgeliehen« hatte. Beim anschließenden Gespräch mit den drei Verdächtigen nutzte er die Köderfrage: Allen dreien sagte er, es würde sich ja bald sowieso alles klären, weil der Wagen geblitzt worden wäre und man nur noch auf das Foto warten müsste. Das entsprach zwar nicht der Wahrheit, führte aber zum erwünschten Geständnis.

In einem anderen Fall wurde ein Lehrer beschuldigt, eine Schülerin in einem Fahrstuhl, der zwischen zwei Stockwerken stecken geblieben war, geküsst und gefragt zu haben: »Wer von uns beiden zieht sich zuerst aus – Du oder ich?« Der Lehrer gab an, der Kuss sei einvernehmlicher Natur gewesen und ein solcher Satz niemals gefallen. Darauf sagte der Interviewer, dass sich in Aufzügen oft ein Mikrofon einschalte, sobald diese stecken blieben, damit die Sicherheitsfirma mit den Passagieren reden könnte. »Wir sind dabei, mit dem Sicherheitsangestellten zu sprechen, der an diesem Nachmittag Dienst hatte. Würden Sie sagen, dass es sein könnte, dass er Sie gehört hat, wie Sie sagten: ›Wer von uns beiden zieht sich zuerst aus – Du oder ich‹?« Diese Köderfrage brachte den Befragten ins Stocken und schließlich zum Gestehen.[84]

Auch bei der Köderfrage gilt: Sie sollte nicht mit anschuldigendem Unterton, sondern als aufrichtige Frage gestellt werden.[85] Eine Headhunterin aus Berlin, die mein Seminar besuchte, verwendet die Köderfrage nun bei Gesprächen mit Stellenanwärtern. Bei der Frage nach dem bisherigen Gehalt behauptet sie beiläufig, der neue Arbeitgeber fordere sowieso die Unterlagen für die Krankenversicherung an, aus denen das Gehalt hervorgeht. Ob das nun stimmt oder nicht: Damit erhöht sie ihre Chancen, die Wahrheit zu hören. Generell gibt man sich bei der Köderfrage nicht aggressiv, sondern betont freundlich: »Wenn wir Ihre alten Arbeitgeber abklappern, könnte uns einer sagen, dass Sie entlassen wurden?«[86]

Vor allzu konkreten Behauptungen sollte man sich hüten, weil es ja durchaus im Bereich des Möglichen liegt, dass der Schuldige weiß, dass er um die besagte Uhrzeit nicht an einem bestimmten Ort war oder gar keine Fingerabdrücke hinterlassen haben kann, weil er Handschuhe trug. Dadurch könnte er die Köderfrage schnell als Bluff entlarven.

Einer meiner Seminarteilnehmer berichtete von einem Fall, bei dem er durch Zufall herausgefunden hatte, dass die Münzfächer der Schließfächer in seinem Unternehmen manipuliert wurden und über Monate oder sogar Jahre Geld entwendet worden war. Wie würden Sie nun die Köderfrage anwenden, um an die Wahrheit zu kommen? Er bestellte die Verdächtigen ein und fragte sie, ob sie einverstanden wären, wenn ihnen ihre Fingerabdrücke abgenommen würden, um zu überprüfen, ob sich ein identischer Fingerabdruck an den manipulierten Schlössern befände. Eine durchaus vage Köderfrage, die dennoch zum Geständnis führte.

Die Köderfrage darf aber erst gestellt werden, nachdem der Befragte Details angegeben hat, die man bezweifelt. Denn behauptet man, die Nachbarn hätten ihn aus dem Haus gehen gesehen, noch bevor er vorgibt, den ganzen Abend zu Hause gewesen zu sein, läuft die Frage ins Leere.[87]

In einem Fall fehlte ein hoher Betrag in einem versehentlich nicht abgeschlossenen Safe in einem Büro. Der Mitarbeiter eines externen Reinigungsunternehmens wurde befragt und leugnete, den Safe auch nur angefasst zu haben. Man stellte ihm folgende Köderfrage: »Die

Polizei untersucht gerade die Fingerabdrücke auf dem Safe. Könnte es sein, dass man Ihre Abdrücke findet?« Nach einigem Zögern räumte er schließlich ein, dass es schon sein könnte, dass er sich beim Staubsaugen an den Safe gelehnt habe – ein Widerspruch zu seiner vorherigen Aussage und ein gutes Indiz, das schließlich zum Geständnis führte.[88]

Die Köderfrage gaukelt in der Regel »Beweise« anhand von DNA-Tests, Bissspuren, Fuß- oder Reifenabdrücken, Satellitenbildern und sogar Bluttests vor, bei denen angeblich durch die Hormonzahl ermittelt werden kann, ob Geschlechtsverkehr einvernehmlich stattfand oder nicht.[89]

Entscheidend ist, dass es sich um »Beweise« handelt, die tatsächlich plausibel erscheinen. Ein Insolvenzverwalter, den ich schulte, hatte folgendes Problem: Ein Pleitier hatte sein gesamtes Vermögen seiner Ehefrau überschrieben – laut einer vorgelegten Vereinbarung schon drei Jahre vor der Insolvenz und damit nicht anfechtbar. Derartige Überschreibungen bleiben nur dann wirksam, wenn sie nicht kurz vor der Insolvenz erfolgt sind. Der Insolvenzverwalter war überzeugt, dass er belogen wurde, und hatte dazu einen guten Grund: Die Vereinbarung war so miserabel aufgesetzt, dass von D-Mark und nicht von Euro die Rede war, obwohl dem Datum der Vereinbarung nach schon Eurozeiten angebrochen waren. Doch als Beweis genügte das nicht. Wieder war die Köderfrage das geeignete Mittel, um den Befragten geständig zu machen. In einem Gespräch stellte der Insolvenzverwalter eine Unterschriftenanalyse in Aussicht. Und tatsächlich: Er war geständig, was viel Zeit und Arbeit ersparte.

Auch wenn das nun durchaus realistisch war, so geht es nicht darum, die Beweise tatsächlich zu besitzen, oder noch nicht einmal darum, sie auch nur erlangen zu können, sondern darum, sie in diesem einen Moment plausibel wirken zu lassen.

In einem Fall wurde unter einem Propangastank auf einem Acker Feuer gelegt und eine heftige Explosion verursacht. Die Ermittlungen konzentrierten sich auf einige Jugendliche aus den umliegenden Dörfern. Folgende Köderfrage wurde dem vermeintlichen Anführer gestellt: »Schon mal von Satelliten gehört? Sie kreisen um die Erde und machen Bilder, die so scharf sind, dass man darauf die Zeitung lesen könnte. Sie werden auch verwendet, um Bauern bei der Saat zu helfen. Wir haben um die Bilder dieses Bauernhofs gebeten und bekommen sie in den nächsten Tagen. Könnte es sein, dass man Dich darauf erkennen wird?« Nach kurzem Zögern räumte der junge Kerl ein, es könne schon sein, dass er in der Nähe gewesen sei – und legte schließlich ein Geständnis ab.[90]

Zu einem besonders scharfen Werkzeug wird die Köderfrage, wenn sie mit einer Suggestivfrage kombiniert wird. Bei der Suggestivfrage erweckt man den Eindruck, ein Umstand wäre bereits vollständig geklärt. Statt also zu fragen, ob der Beschuldigte überhaupt an einem bestimmten Ort war, fragt man ihn, *wann* er dort war. Das Kind, das wir verdächtigen, heimlich Bonbons genascht zu haben, fragen wir zum Beispiel: »Wie viele Bonbons hast Du denn gegessen?«.

Aber es gibt Grenzen der Täuschung: Sagen Sie dem Verdächtigen nicht, dass zum Beispiel die Fingerabdrücke seiner Freundin auf der Kasse gefunden worden sind, weil er daraufhin möglicherweise ein Geständnis ablegt, um sie zu schützen.[91]

Eine Sonderform der Köderfrage ist die *Alibi-Test-Frage*: Bekommt man ein Alibi zu hören, kann man es mit einem simplen Trick testen: Man gibt vor, Details über die Alibi-Situation zu kennen. Wenn etwa der Befragte behauptet, während des Vorfalls auf einer bestimmten Autobahn unterwegs gewesen zu sein, kehrt man nach einer kurzen »Recherche« zu ihm zurück und sagt etwa: »Da war kurz vorher ein LKW umgekippt und die komplette Straße gesperrt. Standen Sie dort im Stau oder haben Sie die Umleitung genommen?« Der Unschuldige würde hier sagen, er habe von einem Unfall nichts mitbekommen – und das war's. Der Schuldige aber geriete ins Grübeln und damit ins Stocken. Soll er behaupten, die Umleitung genommen oder im Stau gesteckt zu haben? Damit würde er sich verraten. Oder soll er es riskieren und sagen, er hätte nichts davon mitbekommen? Dann verrät ihn sein Zögern.[92]

Diese Alibi-Test-Frage lässt sich in den verschiedensten Situationen anwenden. Wenn Ihr Freund sagt, er sei gestern Abend zu Hause gewesen, fragen Sie ihn, ob der Krankenwageneinsatz gleich gegenüber wirklich so laut gewesen sei, wie der Nachbar angeblich erzählt hat, oder wie er mit dem vermeintlichen Stromausfall umgegangen ist. Die Grundregel lautet dabei wie immer: Der Unschuldige bleibt entspannt, der Schuldige wird nervös.

Das Prinzip der Köderfrage ist also, dem Gegenüber – konkret oder vage – plausible Beweise vorzugaukeln, um den unübersehbaren Stress des Schuldigen zu provozieren. Bei der Alibi-Test-Frage wird man etwas konkreter und gibt Wissen über das Alibi vor. Ziel ist auch hier, den Stress des Schuldigen zu verstärken.

Minilügendetektor: Disharmonien

Worüber denken Sie in erster Linie nach, wenn Sie sich eine Lüge zurechtlegen? Lügner achten hauptsächlich auf den Inhalt des Gesprochenen. Scheinbare Nebensächlichkeiten wie etwa der Gesichtsausdruck werden eher vernachlässigt. Und das ist einer der Schlüssel zum Entlarven.

Bei der Wahrheit harmonieren die Kommunikationskanäle – vor allem die Worte und der Gesichtsausdruck – wie ein Orchester, bei der Lüge stimmt dagegen etwas nicht. Wenn wir lügen, laufen praktisch zwei gegensätzliche Stränge parallel zueinander: der wahre und der gelogene. Am besten zusammengefasst hat es der Kabarettist Oliver Hassencamp: »Wer lügt, hat die Wahrheit immerhin gedacht.«

Was also tun? Die Wahrheit steht uns sozusagen ins Gesicht geschrieben, denn das, was wir wirklich denken, huscht uns stets kurz über die Gesichtszüge: der sogenannte »Mikroausdruck«.[93] Für den Bruchteil einer Sekunde zeigen wir einen vollständigen Gesichtsausdruck, der unser tatsächliches Gefühl korrekt wiedergibt, sei es Angst, Schuld oder Zorn. Einfach ausgedrückt: Was Ihr Gegenüber wirklich denkt und fühlt, erkennen Sie an seinem Gesichtsausdruck, direkt nachdem Sie ihm die entscheidende Frage gestellt haben.

Auf diesen Mikroausdruck folgt in der Regel die sogenannte Maske des Lügners: das künstliche Lächeln.[94] Lügner lächeln etwa zehnmal häufiger künstlich als Wahrhaftige, was leicht an den fehlenden Lachfältchen um die Augen zu erkennen ist. Nun, den Verkäufern oder Stewardessen, die das sogenannte PanAm-Smile bemühen müssen, sei dies verziehen, ansonsten aber sollten Sie auf der Hut sein und vor allen Dingen auf den Gesichtsausdruck unmittelbar *vor* dem Einsetzen des künstlichen Lächelns achten!

Der berühmte Psychologe und »Vater der Mikroausdrücke« Paul Ekman, auf dem die hervorragende Krimiserie *Lie to me* basiert, untersuchte einmal Menschen, die ohne explizite Schulung hervorragende Fähigkeiten im Entlarven von Lügen an den Tag legten. Von 20 000 untersuchten Probanden aus allen Lebensbereichen – Studenten, Polizisten, Ärzte – waren nur 50 Personen bei der Wahrheitsfindung akkurater als 80 Prozent.[95] Was war das Erfolgsgeheimnis dieser Auserwählten, die Ekman »Wizards« (Magier) nennt? Sie achteten intuitiv auf Mikroausdrücke!

Die Motiv- und Verdachtsfrage

Die Motivfrage schlägt einen anderen Weg ein. Sie fragt nach der persönlichen Einschätzung des Gegenübers, wieso jemand die Tat begangen haben könnte: »Was glaubst Du, warum hat jemand das Feuer gelegt?«

Der Unschuldige hat sich darüber schon einige Gedanken gemacht und spekuliert freimütig: Rachsucht, Versicherungsbetrug, Vandalismus. Ohne Weiteres verwendet er harte Worte, schreibt dem Täter Vorsatz zu und zeigt oft Verachtung für ihn.

Der Schuldige dagegen kennt das Motiv ganz genau, möchte dem Ermittler aber natürlich in keiner Weise helfen. »Woher soll ich das wissen?« oder »Ich kann nicht für andere sprechen« sind typische Antworten. Der Schuldige nutzt jede Gelegenheit, die Ermittlungen zu stören; er bezweifelt etwa, dass es sich überhaupt um Brandstiftung handelte, die Brandursache könnte doch auch eine weggeworfene Zigarette oder ein Kabelbrand gewesen sein. Bei einem Diebstahl würde er spekulieren, dass es sich um einen Irrtum, etwa einen Buchhaltungsfehler, handelt.[96] Und wenn er tatsächlich Motive nennt, dann gleichen sie Ausreden: persönliche Gründe, Angst, ein Missverständnis, finanzielle Probleme. Dabei gibt es nur eine Ausnahme – nennt der Befragte ein sehr detailliertes Motiv, spricht dies für eine Täuschung, zum Beispiel: »Er hat sich an seinem Arbeitgeber rächen wollen, weil der ihn ständig vor anderen fertiggemacht hat.«[97]

Jetzt geht man einen Schritt weiter und stellt die Verdachtsfrage: »Hast Du eine Ahnung, wer das Feuer gelegt hat? Irgendein Bauchgefühl? Natürlich bleibt das unter uns.«

Wieder gibt es typische Verhaltensmuster: Die Gedanken des Unschuldigen kreisen die ganze Zeit um die Frage, wer der Täter sein könnte. Er würde konkrete Verdächtige nennen und seine Theorien plausibel begründen.

Der Schuldige aber möchte sich so weit wie möglich von der Angelegenheit distanzieren und gibt in der Regel vor, keine Ahnung zu haben; auch deshalb, weil Lügner so wenig wie nötig lügen und eine Antwort hier nicht zwingend notwendig erscheint. Außerdem möchte der Schuldige den Ermittlungen auf keinen Fall auf die Sprünge helfen und daher auch den Kreis der Verdächtigen nicht verkleinern. Typischerweise sagt er etwa: »Es hätte jeder von uns sein können oder auch ein Externer, weil man leicht Zutritt zu dem Lager hat.«[98] Die einzige Ausnahme ist ein Fall, in dem es nur zwei Verdächtige gibt – hier schiebt der Schuldige die Tat üblicherweise auf den anderen.[99]

Zuletzt kann man den Spieß noch umdrehen und die *Bürgen-Frage* stellen: »Gibt es denn einen Kollegen, für den Du deine Hand ins Feuer legen würdest?« Das Muster ist das gleiche: Der Unschuldige hat keinerlei Probleme, andere zu benennen. Der Schuldige aber wäre schön blöd, bei den Ermittlungen mitzuhelfen, indem er jemanden von der Verdächtigenliste eliminiert, sodass am Ende nur noch sein eigener Name darauf stehen könnte. Eine typische Antwort wäre daher: »Ich kenne niemanden so gut, dass ich für ihn bürgen würde.« Oder scheinbar gönnerhaft, aber ebenso wertlos: »Ich lege für alle meine Hand ins Feuer.«[100]

Das Prinzip der Motiv- und Verdachtsfrage ist einfach: Der Unschuldige spekuliert freimütig und mit markigen Worten über Motive und mögliche Täter, der Schuldige aber bleibt vage und nebulös, um die Ermittler auch ja im Dunkeln zu lassen.

Minilügendetektor: Freude

Als ich vor einiger Zeit in der Talkshow *Nachtcafé* im SWR zu Gast war, saß das Opfer eines Heiratsschwindlers neben mir, eines Mannes, der mit etlichen Frauen gleichzeitig befreundet, verlobt oder gar verheiratet war, teilweise in Beziehungen mit Kindern. Meinen ersten Gedanken, dass der Mann doch ein Buch über Zeitmanagement hätte schreiben sollen, verwarf ich schnell wieder und hörte stattdessen seinem Opfer zu: Ihr sei lediglich aufgefallen, dass der Heiratsschwindler auch sehr unangenehme Ereignisse meist fröhlich feixend zum Besten gab. So sagte er seiner Frau (Nummer 1–10) einmal, dass er nun wieder die ganze Nacht im Regen vor einer Disco stehen müsse. Er hatte behauptet, eine Sicherheitsfirma zu besitzen, erschien frohgemut in voller Montur – schwarze Kleidung mit *Security*-Aufschrift und Taschenlampe – und zog bester Dinge von dannen. »Warum so freudig?«, wunderte sie sich, dachte sich aber nichts weiter dabei. Und das, obwohl ihr gerade ein entscheidendes Indiz für die Lüge auf dem Silbertablett serviert worden war.

Denn nach Angst und Schuld gibt es noch eine weitere Emotion, die typisch für den Lügner ist: die Freude.[101] Nicht vorgespielte, sondern echte, aber eigentlich unangebrachte Freude. Klingt sonderbar? Nun, auch Sie haben sicherlich schon einmal eine heimliche Freude empfunden, als Sie merkten, dass Ihr Gegenüber Ihnen eine hanebüchene Geschichte tatsächlich abnahm. Oder als Sie Ihre Studentenwohnung weitervermieteten und für Ihre zwei zusammengetackerten Billy-Regale noch 1000 Euro Ablöse kassierten. Man freut sich häufig, wenn man jemanden täuscht – denn man fühlt sich überlegen.

Gerade für geübte Lügner und Betrüger wie Hochstapler und Heiratsschwindler ist diese Emotion typisch. Thomas Mann lässt seinen Felix Krull unter einer »Wahrheitsunlust« leiden. Und tatsächlich brauchen viele Betrüger diesen Kick des Schwindelns: Oft handelt es sich um intelligente Menschen, die es in vielen Berufen zu etwas bringen könnten, wären sie nicht süchtig nach dem sogenannten *Duping Delight* – der Freude darüber, jemanden auf's Kreuz gelegt zu haben.[102]

Was also tun? Achten Sie auf Anzeichen von Freude, die in unpassenden Momenten auftreten. Damit haben Sie einen guten Anhaltspunkt für eine Täuschung.

Bei meinen Vorträgen zeige ich einen Filmclip: Eine Mutter, deren kleine Kinder verschwunden sind, spricht im US-Fernsehen über die Alpträume, die sie seither plagen. Kaum hat sie zu Ende gesprochen, legt sich ein breites Grinsen über ihr Gesicht – und kurze Zeit später gesteht sie ihre Tat. Diesen wirklich verstörenden Clip finden Sie ebenfalls in der Mediathek meiner Internetseite (www.jacknasher.com).

Die Bestrafungsfrage und die zweite Chance

Zu guter Letzt kann man die sogenannte *Bestrafungsfrage* anwenden, um einem Schuldigen auf die Schliche zu kommen. Hier fragt man, welche Konsequenzen die Tat für den Täter haben sollte: »Was sollte Ihrer Meinung nach mit dem Täter geschehen?«

Der Unschuldige fordert meist harte Strafen: Kündigung, Geldstrafe, Gefängnis oder bei Kindern Hausarrest und Taschengeldentzug. Der Schuldige liefert eher Begründungen: »Es kommt darauf an. Man sollte sich genau ansehen, warum er es gemacht hat«, »Sie sollte den Schaden ersetzen« oder bei Kindern etwas wie »Er sollte Sonntag weniger fernsehen« – harmlose Konsequenzen. Üblich sind auch ausweichende oder vage Antworten wie »Das muss dann ein Richter entscheiden« oder »Vielleicht sollte man ihn anzeigen«.[103]

Die Bestrafungsfrage kann auch konkreter gestellt werden: »Ab wann sollte der Arbeitgeber einen Mitarbeiter anzeigen? Ab einem Diebstahl von 1, 2, 5, 20, 100, 1000 Euro? … oder was, wenn Ware geklaut wird?« Der Unschuldige zeigt sich hier in der Regel kompromisslos, was seine Forderung nach Strafe angeht, der Schuldige dagegen grübelt und wägt ab.

Der nächste Schritt ist, nach einer zweiten Chance zu fragen: »Sollte der Täter Ihrer Meinung nach eine zweite Chance bekommen?« Der

Unschuldige, der ja zu Unrecht verdächtigt wird und den dies Zeit und Nerven kostet, würde typischerweise antworten: »Niemals. Er soll rausgeworfen werden und im Knast versauern!« Der Schuldige hingegen würde natürlich gerne eine zweite Chance erhalten, sollte er überführt werden. Er sagt etwa »Jeder sollte eine zweite Chance bekommen« oder »Das käme darauf an … das ist jetzt schwer zu sagen …«. An diesem Punkt bietet sich die Chance, zu erfahren, welche Umstände die Tat in den Augen des Täters verzeihlich erscheinen lassen, was Gold wert ist für ein späteres Geständnis – die ideale Munition für das, was in einem späteren Kapitel als »Thema« bezeichnet wird.[104]

Bei der Bestrafungsfrage und bei der Frage nach der zweiten Chance gibt sich der Unschuldige also in der Regel hart und kompromisslos, wohingegen der Schuldige abwägt und Verständnis für den Täter zeigt.

Abschlussfragen

Den Abschluss des Interviews bilden einige Fragen, die am Ende eines Gesprächs gut, aber nicht zwingend zum Einsatz kommen. Sie sind kurz und knapp, die Reaktionen werden in der Regel ebenso ausfallen. Ihre Aussagekraft ist aber nicht zu unterschätzen.

Die Wem-erzählt-Frage

»Wem haben Sie von unserem heutigen Gespräch erzählt?« Der Unschuldige wird das Bedürfnis gehabt haben, mit Freunden oder Familienangehörigen über das bevorstehende Gespräch zu reden – immerhin wird er einer Tat beschuldigt, die er nicht begangen hat. Der Schuldige aber möchte nicht, dass irgendjemand Wind von der Sache bekommt. Wenn überhaupt, hat er vielleicht nur seiner Lebensgefährtin/seinem Lebensgefährten davon erzählt, weil er sich nun mal zu dem Gespräch einfinden muss. Haken Sie dann nach: »Wie hat Ihre Frau reagiert?« Der Schuldige befürchtet nun, die Sorge der Frau könnte negativ auf ihn abstrahlen und als Indiz für seine Schuld gewertet werden. Daher lautet eine typische Antwort: »Sie war neugierig, aber mehr auch nicht.«[105]

Die Zusammenlegen-Frage

»Herr Müller hat jetzt jedenfalls kein Handy mehr, weil es irgendjemand geklaut hat. Der Arme. Wären Sie bereit, mit Kollegen zusammenzulegen, damit wir ihm ein neues kaufen?« Man schlägt dem Befragten also vor, dass er sich daran beteiligt, dem Bestohlenen seinen Schaden zu ersetzen.[106] Ein Unschuldiger wird kaum dazu bereit sein und würde etwa sagen: »Natürlich ist das Pech, aber was habe ich damit zu tun?!« Der Schuldige jedoch würde hin und her überlegen und sich häufig darauf einlassen: »Na gut, ich werde mich beteiligen. Auch wenn ich nichts damit zu tun habe.« Denn das scheint das kleinere Übel zu sein: Statt bestraft zu werden und den Schaden zu ersetzen, muss er jetzt nur noch zahlen.

Was aber, wenn es sich um einen Unschuldigen handelt, der einfach sehr gutmütig ist? Wie kann man diesen erkennen? Dazu kann man eine weitere Trickfrage folgen lassen: Nachdem sich der Verdächtige bereit erklärt hat, dem Opfer das Handy zu erstatten – obwohl er es ja gar nicht genommen haben will –, fragt man ihn jetzt noch, ob er auch für die 50 Euro aufkommen will, die dem Opfer angeblich zusätzlich gestohlen wurden. Wenn er auch damit einverstanden ist, haben Sie hier ein seltenes Exemplar eines wahrhaft gutmütigen Menschen vor sich. Wenn er sich jetzt aber entschieden weigert und etwa sagt »Warum sollte ich das zahlen? Damit habe ich nichts zu tun!«, dann hat er sich verraten. Denn warum sollte er bereit sein, den Ersatz des Handys mitzutragen, wenn er nichts mit dem Diebstahl zu tun hatte, aber beim Geld empört reagieren? Dann hat er wohl doch etwas mit dem Diebstahl zu tun.

Bei der zweiten Summe handelt es sich um eine Phantasiesumme, die niedriger sein muss als die Hauptsumme, damit man einen Gutmütigen dazu bringt, zuzustimmen, und die Empörung des Schuldigen umso auffälliger ist. Bei der Zusammenlegen-Frage erkundigt man sich also nach der Bereitschaft des Befragten, trotz seiner angeblichen Unschuld für das Opfer zusammenzulegen Stimmt er zu, ist das ein Indiz für seine Schuld, vor allem wenn er sich danach vehement weigert, einen weiteren Verlust zu übernehmen.

Die Gelogen-/Resultatfrage

»Haben Sie an irgendeinem Punkt des heutigen Gesprächs gelogen?« Diese Frage stellt die wohl wichtigste Frage der bereits erwähnten Scientific Content Analysis (SCAN) dar, eines linguistischen Fragesystems zum Entlarven von Lügen. Der Unschuldige verneint die Frage klar – was soll er auch noch groß sagen? Anders der Schuldige, der zögert und Symptome des Lügens zeigt. Reid berichtet überrascht davon, dass viele Schuldige sogar in etwa sagen: »Ich werde oft zu Unrecht beschuldigt und die Leute glauben, dass ich lüge. Jetzt vielleicht auch wieder.«[107]

Fällt die Reaktion sehr verhalten aus, können Sie mit der Resultatfrage nachhaken: »Was, wenn doch noch herauskommt, dass Sie gelogen haben?« Oder: »Was glauben Sie, wie das Ergebnis der Ermittlungen ausfallen wird?«

Der Unschuldige wird hier freimütig bekunden, dass er am Ende als unschuldig gelten werde. Der Schuldige aber besitzt diese Sicherheit nicht und antwortet daher zurückhaltender, etwa mit: »Das werden wir dann sehen.«

Die Was-tun-Frage

»Wenn Sie ermitteln würden, was würden Sie jetzt tun?« Mit der letzten Frage bitten Sie scheinbar um den Rat Ihres Gegenübers: Der Unschuldige würde hier konstruktive Ratschläge geben, weil es ja in seinem Interesse ist, die Sache aufzuklären: »Ich würde nachsehen, wer an diesem Tag Dienst hatte, und auch mal in der Kantine fragen, wen man dort gesehen hat.«

Der Schuldige aber wird sich hüten, dem Vernehmer auch nur im Entferntesten bei den Ermittlungen zu helfen. Er wird gar keine oder unsinnige, wenig hilfreiche Ratschläge geben. Er ist so sehr mit dem Lügen beschäftigt, dass er gar keine freien Ressourcen hat, um sich etwas Interessantes einfallen zu lassen.

Fazit

In Platons Dialog *Menon* befragt Sokrates einen jungen ungebildeten Sklaven derart geschickt, dass dieser eine komplexe geometrische Aufgabe löst, bei der es um die Seitenlänge eines Quadrats geht, das die doppelte Fläche eines bekannten Quadrats hat. Sokrates stellt Fragen, die den Sklaven schließlich zum Verständnis des Sachverhaltes führen. So zeigt er auf, wie man ein Gegenüber mit der richtigen Fragetechnik gezielt steuern kann.

Was das Fragen anbelangt, sind wir im Grunde alle Naturtalente. Als Kind fragen wir immer und immer weiter nach und nehmen nichts als gegeben hin. Eine Fähigkeit, die viele von uns im Erwachsenenalter verlernt haben. Für eine gelungene Vernehmung sind jedoch – abgesehen von der Neugierde und der Hartnäckigkeit – eine Reihe besonderer Techniken vonnöten, von denen Sie nun die effektivsten kennengelernt haben. Diese Methoden gehen weit über den reinen Informationsgewinn hinaus, indem sie verräterisches Verhalten des Befragten provozieren, um ihn zu entlarven.

Während des Interviews müssen Sie völlig neutral sein. Und das sollte nicht nur gespielt sein. Halten wir den Befragten von vornherein für schuldig – ob es ein Mitarbeiter ist, der unbefugt Daten herausgegeben haben soll, oder unser Sprössling, der womöglich eine Delle in den Wagen gefahren hat –, werden wir stets scheinbare Anzeichen seiner Schuld finden. Die bekannte Tendenz der *confirmation bias*, also die menschliche Neigung, Vorahnungen bestätigt zu sehen, führt dazu, dass wir nur Dinge sehen, die mit unserer Erwartung in Einklang sind und Entgegenstehendes ausblenden.[108]

Dazu ein paar Beispiele: Die Mitarbeiterin eines Unternehmens beschwerte sich über das Mobbing eines Kollegen. Sie bekäme Anrufe und E-Mails, an ihrem Auto klebten regelmäßig Zettel. Schon vor der ersten Befragung ging der Vernehmer davon aus, dass der Verdächtige schuldig sei. Glücklicherweise kam ein erfahrener Kollegen darauf, die Mitarbeiterin selbst näher zu befragen – und fand heraus, dass sie gelogen hatte: Sie wollte von ihrem Arbeitgeber zu einer anderen Filiale transferiert werden, in der ihr Freund arbeitete.[109]

In einem anderen Fall wurde in ein großes Kaufhaus eingebrochen und vor allem Schmuck gestohlen, wobei eine ganze Reihe Glasvitrinen zertrümmert wurden. Der Wachmann hätte den Krach hören und die Räuber stellen müssen. So wurde er zum Hauptverdächtigen. Man ging sofort davon aus, dass er es gewesen sein müsse oder zumindest Komplize war. Erst später stellte sich heraus, dass er um diese Uhrzeit jeden Abend in ein Café ging und ein Sandwich aß. Das hatten die Einbrecher herausgefunden und schlugen in dieser halben Stunde zu.[110]

In einem Bekleidungsgeschäft verschwand regelmäßig Geld aus einer Schatulle im Büro des Geschäftsführers.[111] Die zwei Schichtleiter wurden verdächtigt, weil beide einen Schlüssel zum Büro und zu der Schatulle hatten. Tatsächlich aber hatte sich ein Verkäufer den Schlüsselbund des Geschäftsführers geschnappt, als dieser einmal zum Mittagessen ging, und sich die beiden Schlüssel schnell nachmachen lassen. So stahl er den Inhalt der Box – drei Mal in zwei Monaten. Übrigens: Wenn es innerhalb eines Unternehmens zu einer Reihe von Gelddiebstählen kommt, steckt in der Regel eine einzige Person dahinter.[112] Und wenn das ganze Geld weg ist und klar ist, dass der Diebstahl auffallen wird, war es zumeist jemand, der eigentlich keinen Zugang zu dem Geld haben dürfte.

Die Moral von der Geschicht': Legen Sie sich nicht zu schnell fest und hüten Sie sich davor, alles scheinbar rational erklären zu wollen. Menschen ticken unterschiedlich und gerade Emotionen können zu den irrationalsten Handlungen führen. Die Dinge haben sich häufig anders zugetragen, als man zu Beginn denkt. Wenn Sie tatsächlich neutral sind und dies dem Gegenüber auch klar kommunizieren, sodass die Vernehmung weniger als Verhör denn als Gespräch erscheint, bekommen Sie viel wertvollere Informationen. Starten Sie dagegen mit Vorwürfen und Anschuldigungen, provozieren Sie ein Potpourri an Emotionen, das Sie kaum mehr deuten können.[113] Die Wissenschaft sieht es genauso: »Die Absicht, die Wahrheit zu ermitteln, statt um jeden Preis ein Geständnis zu erhalten, gehört unserer Ansicht nach zu den zentralen Voraussetzungen eines gelungenen investigativen Interviews.«[114] So die kanadischen Kriminologen Michel St-Yves und Nadine Deslauris-Varin.

Machen Sie sich dabei klar, dass sich die Grundeinstellung des Unschuldigen fundamental von der des Schuldigen unterscheidet. Eine gewisse Angst empfinden beide. Die Einstellung des Unschuldigen ist aber dennoch tendenziell positiv: Er betrachtet das Gespräch als Gelegenheit, seine Unschuld zu beweisen. Der Schuldige hingegen sieht im Gespräch nur eine Bedrohung. Daher artikuliert sich der Wahrhaftige auch klar und deutlich, er will schließlich verstanden werden. Der Unehrliche spricht weniger deutlich, nuschelt unter Umständen und redet leiser.[115] Dementsprechend fürchtet sich der Unschuldige eher davor, dass der Vernehmer unfähig sein könnte, während sich der Schuldige ganz im Gegenteil vor einem besonders fähigen Vernehmer fürchtet (*fear of error* vs. *hope of error*)[116] Der Stresslevel des Unschuldigen wird daher während eines fachmännisch geführten Gesprächs abnehmen, weil er zunehmend darauf vertraut, dass die Wahrheit schon ans Licht kommen wird. Der Stress des Schuldigen hingegen nimmt zu – aus den gleichen Gründen.[117]

Grundsätzlich gilt, dass Unehrliche während der Befragung ständig über Antworten nachdenken müssen; sie zögern, täuschen Hustenanfälle vor und müssen ständig auf die Toilette. Gerade in entscheidenden Momenten ist der Toilettengang nicht unüblich: Zum einen will der Befragte Zeit gewinnen, zum anderen versucht er, die scheinbar unaufhaltsame Aufdeckung der Wahrheit zu unterbrechen. Und schließlich muss er womöglich tatsächlich auf die Toilette, da die Evolution uns gelehrt hat, uns zu entleeren, wenn Gefahr droht – um daraufhin besser fliehen zu können.

Während des Interviews sollten Sie einen vergleichsweise freundlichen Gesichtsausdruck wahren. Halten Sie Blickkontakt, aber nicht zu penetrant. Bereiten Sie vor dem Gespräch eine Liste mit Fragen vor und notieren Sie die jeweilige Reaktion Ihres Gegenübers. Wahrhaftige haben kein Problem mit den kleinen Pausen und dem Schweigen zwischen einer Antwort und der nächsten Frage; Täuschende aber schon, sie reden dazwischen und korrigieren ihre vorherige Antwort – noch eine Möglichkeit, sie zu entlarven.

Wichtig ist es zudem, Menschen mit psychischen Störungen zu erkennen – ob Täter oder Opfer.[118] Opfer, die sich Vorwürfe gegen jemanden ausdenken und dann selbst daran glauben, sind nicht selten. Wie kann man sie erkennen? Fragen Sie, ob sie noch von anderen, nicht gelösten Verbrechen wissen. Wenn Sie nun eine Litanei von absurden Anschuldigungen zu hören bekommen, dann wissen Sie Bescheid. Und fragen Sie, ob sie zuvor schon einmal zu Unrecht beschuldigt wurden – eventuell sieht sich die Person ständig als Opfer.

Entdecken Sie im Rahmen des Gesprächs keine Anzeichen der Täuschung, teilen Sie Ihrem Gegenüber dies nicht gleich beim Abschied mit. Denn sollte es aus irgendwelchen Gründen doch noch zu einem weiteren Gespräch kommen, wären die Voraussetzungen denkbar schlecht. Lassen Sie daher lieber alles offen und sagen etwa: »Ich melde mich, falls es noch Unklarheiten gibt.«[119] Bei den leisesten Anzeichen der Täuschung aber sollten Sie sofort in das weitere Verhör übergehen – denn die Gesprächsatmosphäre ist bereits eingeleitet und der Befragte empfindet in der Regel große Angst, wenn er tatsächlich schuldig ist.[120]

Noch einmal zurück zum »Kofferbomber«. Es ging nicht immer so glimpflich ab wie im eingangs erwähnten Beispiel. Fünf Jahre später, 1955, setzte ein gewisser John Graham seine Mutter am Flughafen ab. Der fürsorgliche Sohn hatte ihr einige Stangen Dynamit samt Zündmechanismus in den Koffer gepackt. Wenige Minuten nach dem Start explodierte die Ladung, alle Flugzeuginsassen starben. Graham wurde verdächtigt und schließlich hingerichtet, weil beobachtet worden war, wie er voller Nervosität an einem der damals üblichen Lebensversicherungsautomaten am Flughafen hantiert hatte, um dort noch hastig mit eigens mitgebrachten Münzen Versicherungspolicen zu erwerben.

Seitdem hat sich vieles geändert, was moderne Sicherheitsvorkehrungen angeht. Absolute Sicherheit aber wird es niemals geben, solange wir nicht nackt und an allen Vieren gefesselt im Flugzeug kauern wollen. Und wahrscheinlich gäbe es selbst dann bald einen ersten Fall, bei dem der Täter ein bisher unverdächtiges Körperteil terroristisch einsetzt. Freiheit hat ihren Preis und scheinbare Sicherheit aufgrund von unsinnigen, sich ständig ändernden Maßnahmen gaukelt Sicherheit höchstens vor. Viel sinnvoller, als Passagieren unsinnige Maßnahmen aufzubürden, wie Flüssigkeiten in durchsichtigen Beuteln zu deponieren, ist es, so wie es von El Al umgesetzt wird, das Personal dahingehend zu schulen, Anzeichen von Täuschungen und Gefahren sofort zu erkennen und Verdächtige in wenigen Sekunden mit ein paar Fragen zu überprüfen. Entsprechend sagt ein hochrangiger israelischer Beamter: »Wir arbeiten nach dem Prinzip, dass es viel effektiver ist, den potenziellen Terroristen zu finden als seine Bombe.«[121]

Auf einen Blick:

DAS INTERVIEW

Eröffnung: *Wir sprechen nun über die Angelegenheit XY. Ich werde die Wahrheit herausfinden.*

→ **Unschuldiger:** entspannt – **Schuldiger:** spürt größere Angst

Zweckfrage: *Warum sprechen wir heute miteinander?*

→ **Unschuldiger:** klare Worte – **Schuldiger:** bleibt vage

Reflexfrage *Wo sind eigentlich die Druckerpatronen?*

→ **Unschuldiger:** keine Reaktion – **Schuldiger:** Verhaltensänderung

Direkter Ansatz: *Waren Sie's?*

→ **Unschuldiger:** klare Unschuldsbeteuerung – **Schuldiger:** verzögerte Antwort

Vergleichsfrage: *Haben Sie jemals etwas gestohlen?*

→ **Unschuldiger:** erlebt größten Konflikt des Interviews – **Schuldiger:** bleibt relativ entspannt

Offene Frage: *Sagen Sie mir alles, was Sie über die Sache wissen.*

→ **Unschuldiger:** improvisierte Antwort – **Schuldiger:** hat Antwort vorbereitet

Professionelles Nachhaken:

- nach Details: *Erzählen Sie mir mehr über Ihre Kollegen.*
- nach Erklärungen: *Warum waren Sie dort?*
- nach Gefühlen/Gedanken: *Was haben Sie dabei empfunden?*

→ **Unschuldiger:** bleibt entspannt – **Schuldiger:** steht ständig vor neuen Herausforderungen

Verstärkungen:

- Rapid-Fire-Methode: blitzschnelle Abfolge von Fragen
- Zickzack-Verhör: Springen in der chronologischen Abfolge
- Reihenfolge der Fragen: von der präzisen zur allgemeinen Frage

Köderfrage: *Könnte es sein, dass Sie auf den Aufnahmen zu sehen sind?*

→ **Unschuldiger:** bleibt entspannt – **Schuldiger:** entwickelt Stress

Verstärkung durch Alibi-Test-Frage: *Haben Sie die Umleitung genommen?*

Motiv- & Verdachtsfrage: *Was glauben Sie, warum jemand das Feuer gelegt hat?*

→ **Unschuldiger:** verwendet harte Worte – **Schuldiger:** bleibt vage

- *Wer könnte es gewesen sein?*

→ **Unschuldiger:** hat sich Gedanken gemacht – **Schuldiger:** hat keine Ahnung

Bestrafungsfrage & zweite Chance:

- *Was sollte Ihrer Meinung nach mit dem Täter geschehen?*
- *Sollte der Täter Ihrer Meinung nach eine zweite Chance bekommen?*

→ **Unschuldiger:** fordert harte Strafe – **Schuldiger:** zeigt Verständnis

Wem-erzählt-Frage: *Wem haben Sie von unserem heutigen Gespräch erzählt?*

→ **Unschuldiger:** nennt Freunde/Familie – **Schuldiger:** nennt niemanden

Zusammenlegen-Frage: *Würden Sie zusammenlegen, um den Schaden zu ersetzen?*

→ **Unschuldiger:** meist empört. **Schuldiger:** überlegt, stimmt oft zu.

Zusatzfrage bei Zustimmung: *Würden Sie auch für vorherigen Diebstahl zusammenlegen?*

→ **Unschuldiger:** falls sehr gutmütig, immer noch zustimmend. – **Schuldiger:** lehnt empört ab.

Gelogen- & Resultatfrage: *Haben Sie gelogen?*

→ **Unschuldiger:** verneint – **Schuldiger:** zögert

- *Was, wenn doch noch herauskommt, dass Sie gelogen haben? / Was glauben Sie, wie das Ergebnis der Ermittlungen ausfallen wird?*

→ **Unschuldiger:** klar unschuldig – **Schuldiger:** ist sich unsicher

Was-tun-Frage: *Wenn Sie ermitteln würden, was würden Sie jetzt tun?*

→ **Unschuldiger:** konstruktive Ratschläge – **Schuldiger:** keine oder unsinnige Ratschläge

DIE KONFRONTATION – ILLUSION DES ALLWISSENS

»Ich war nicht dabei, als Kennedy erschossen wurde.
Noch nicht geboren worden zu sein
ist ein ziemlich gutes Alibi.
Trotzdem: Wenn die Bullen fragen sollten,
wo ich war, sag ihnen, ich war bei Dir.«

Jarod Kintz

An einem Tag mitten im Zweiten Weltkrieg erscheint ein hoher deutscher General mit seinem Stab bei der »Auswertestelle West« in Oberursel bei Frankfurt, dem Vernehmungszentrum der deutschen Luftwaffe.[122] Die Offiziere wollen Hanns-Joachim Scharff, den berühmtesten aller Vernehmer des Dritten Reichs, bei der Arbeit sehen. Wie geht er nur vor, um an die schier unglaublichen Informationen zu gelangen, die regelmäßig aus dem Vernehmungszentrum eintreffen?

Man nimmt Platz in einem Verhörzimmer. Hereingeführt wird ein amerikanischer Air-Force-Pilot, der gerade erst nach einer Notlandung gefangen genommen wurde. Scharff begrüßt ihn höflich. Doch dem jungen Soldaten schwant nichts Gutes, als er die ordensgeschmückte Garde erblickt.

Scharff stellt ihm einige Fragen, doch der Amerikaner bleibt stur und verrät nur jene Informationen, die er laut Genfer Konvention preisgeben muss, um nicht als Spion hingerichtet zu werden, sondern als Kriegsgefangener behandelt zu werden – Scharff ist noch Jahre später erstaunt: »Mit seinen Augen auf mein rechtes Ohr fixiert, würde er seinen Namen, Dienstgrad und seine Ordnungsnummer wieder und wieder nennen. Obwohl es meinen eigenen Interessen zuwiderlief, begann ich diesen Kerl zu bewundern, der so tadellos und unbeirrbar dabei war, sich zu verteidigen.« Der Gefangene schweigt und schweigt, die Generäle verlieren allmählich das Interesse. Plötzlich steht der Amerikaner auf und beginnt zu reden, so erinnert sich Scharff: »Er sagte uns, wo er stationiert war, wann er startete, welches seine Mission war, sein Rufsignal, sein Geschwader und seine Gruppenzahl, seine Flugzeugnummer und -bauart, wie er abgeschossen wurde, wo er gefangen genommen wurde – alles. Alles kam so leicht, dass mir mein Haar fast schon zu Berge stand. Der General und seine Gefolgschaft blicken mit Staunen. Ich kann ihre Gedanken lesen: ›Was ist der geheime Trick dieses Verhörers?‹ Und schließlich sagt der General: ›Ich muss Ihnen und Ihren glänzenden und vorzüglichen Manieren gratulieren, mit denen Sie dieses Verhör führten. Bemerkenswert! Sehr bemerkenswert! Was ich über Sie gehört habe, ist wahr. Sie müssen befördert werden!‹«

Woran haben Sie instinktiv gedacht, als ich vom berühmtesten aller Nazi-Vernehmer gesprochen habe? Womöglich an Folter und Barbarei? Aber inzwischen wissen Sie ja, dass diese Mittel nicht die wirksamsten sind – was auch schon zu Zeiten des NS-Regimes galt.

Aber worin besteht dann Scharffs Geheimnis? Sehen wir uns den Mann einmal näher an. Hanns-Joachim Scharff war vor dem Krieg Zivilist und hatte ein sehr internationales Leben geführt: Mit einer Engländerin verheiratet, hatte er als Manager in Südafrika gearbeitet, ehe er bei Kriegsbeginn nach Deutschland zurückkehrte und schließlich in der sogenannten Auswertestelle West in Oberursel landete, wo mit Ausnahme der russischen alle feindlichen Piloten verhört wurden. Er erzählt von seinen Anfängen dort: »Ich wurde einmal Zeuge davon, wie einer unserer Vernehmer, Bauer, einen völlig verängstigten Kriegsgefangenen in die Ecke eines Raumes drängt mit seinem wahnsinnigen Gebrüll. Hätte ich in dem Moment nicht zu mir sagen müssen, dass ich, wenn ich jemals in der Position sein sollte, eine Befragung durchzuführen, umgekehrt handeln würde? Mein Wunsch entstammte dem Gefühl, auf der Seite des Unterlegenen zu sein, der sich weigert aufzugeben und der in soldatischer Weise an seiner Treue festhält. Viel später wurde mir klar, dass dieser Impuls, wenn er wirklich geglaubt und verfolgt wird, den härtesten und unnachgiebigsten Befragten verletzlich macht.«[123]

Und so tut Scharff, was jeder hervorragende Vernehmer tut, um andere zum Reden zu bringen: Er knüpft das »unsichtbare Band«, indem er eine Beziehung zu seinem Gegenüber herstellt: Einige der Amerikaner erwarteten Wein, Weib und Gesang – in Gesellschaft netter »Fräuleins« –, um sie gesprächig zu machen.[124] Die meisten aber erwarteten Folter und Gewalt. Zumal sie auf dem Weg nach Oberursel das Ausmaß ihrer Zerstörung vor Augen hatten. Und so wirkte Scharffs Freundlichkeit umso stärker.

»Bedienen Sie sich an einer dieser ›West Point‹-Zigaretten und bitte glauben Sie nicht, dass ich Ihnen eine präparierte Zigarette geben würde, wenn Ihnen nach den ersten paar Zügen schwindelig werden sollte. Das passiert jedem Raucher, der für eine Weile mit dem Rauchen aufgehört hat. Wir lassen diese West-Point-Marke extra für Euch Jungs in Holland herstellen, nach Eurem Geschmack, hoffen wir. Ich kann mir aber vorstellen, dass Sie Ihre eigene Marke bevorzugen würden. Leider ist es mir im Moment nicht möglich, Ihnen Ihre Lieblingssorte anzubieten, aber ich hoffe, ich kann Ihre Kriegsgefangenenration vom Amerikanischen Roten Kreuz bekommen.«[125] Als Scharff von seiner Frau einen Kuchen geschickt bekommt, packt er ihn während der Vernehmung aus und teilt ihn mit dem Verhörten. Er geht mit Kriegsgefangenen sogar im nahegelegenen Wald am Taunus spazieren: »Geben Sie mir Ihr Offiziersehrenwort, dass Sie nicht versuchen werden, während unseres Spaziergangs zu fliehen? Es erspart mir, eine Wache mitzunehmen oder eine Pistole, und ich könnte Sie sowieso nicht erschießen …Wenn wir zurück sind, steht es Ihnen frei, jegliche Flucht zu planen, weil Sie dann nicht mehr in meinem Verantwortungsbereich sind.«[126] »Und in der Folge«, so berichtet Scharff von einem besonders informativen Spaziergang, »war es ziemlich unmöglich für den Lieutenant, schweigend neben mir herzugehen. Die Manieren, die er in seinem schönen Zuhause zurück in Amerika gelernt hatte, hielten ihn von dieser Art der Verdrießlichkeit ab und so begann er, etwas von sich zu erzählen.«[127]

Was, wenn Ihr Gegenüber schweigt? Der Schlüssel ist, ihn mit völlig unwichtigen Kleinigkeiten zum Reden zu bringen – egal wie irrelevant diese sind. Ist die Zunge erst mal gelöst, wird das Gespräch leichter. Armeen verwenden dazu Ärzte, die zur Diagnose Informationen benötigen. Auf den Alltag übertragen heißt das, dass Sie einfache Fragen stellen, die nichts mit der Vernehmung zu tun haben und deren Beantwortung dem Befragten idealerweise noch etwas bringt: »Weißt Du, wie spät es ist?« oder »Hast Du Hunger?« – Hauptsache, das Schweigen ist gebrochen.

Ein Anfang war gemacht, aber die Ergebnisse waren noch nicht zufriedenstellend. Zu Anfang bekommt Scharff regelmäßig die immer gleiche Litanei zu hören – Name, Dienstrang und Ordnungsnummer. Schließlich entdeckte und perfektionierte Scharff aber die entscheidende Technik, die ihn zu der Legende machte, die er noch heute ist. Er erweckte den Eindruck, ohnehin bereits über alles Bescheid zu wissen. Dazu einen Einblick in eines seiner Verhöre:

Scharff: »Bitte sagen Sie mir das Datum Ihrer letzten Mission.«

Befragter: »Wissen Sie es oder ist das ein Spiel?«

Scharff: »Natürlich weiß ich es, aber ich möchte, dass Sie es mir sagen. Ich muss hier Kästchen ausfüllen.«

Befragter: »Woher weiß ich, dass Sie es wissen?«

Scharff: »Na ja, ich schreibe es auf diesen Zettel ... hier ... und dann sagen Sie es mir ... dann schauen wir auf das Datum, das ich geschrieben habe. In Ordnung?«

Befragter: »Das ist ein Deal!«

Scharff: »Und?«

Befragter: »Es war der zweite Mai.«

Scharff: »Schauen Sie auf das Datum. Zweiter Mai, nicht wahr?«[128]

Tatsächlich war das die einzige detaillierte Information, die Scharff hatte. Alles, was sein Gegenüber danach preisgab, war ihm völlig neu. Nach einem Verhör fragte ein Kriegsgefangener einmal, ob Scharff tatsächlich schon alles gewusst habe, was er eben über seine Einheit, die 474., erzählt hatte. Scharff griff zum Telefon und bat einen Kollegen, den Ordner der 474. Einheit zu holen. Der Kollege kam und, so berichtet Scharff, »überreichte mir einen Ordner mit der Bezeichnung 9. USAAF, 474. Kampfeinheit«. Der US-Soldat beobachtete Scharff mit großen Augen, während dieser wie folgt verfuhr: »Ich las, tief konzentriert, für ein paar Minuten ... die leeren Seiten ... ›Alles ist korrekt‹, sagte ich dann.«[129] Natürlich hatte sein Kollege den mit Altpapier gefüllten Ordner rasch beschriftet – viele der Informationen waren für Scharff völlig neu gewesen.

An dieser Stelle nun stellte Scharff – ganz beiläufig – die Frage, die ihm wirklich am Herzen lag. Einmal wollte Scharff etwa unbedingt herausfinden, warum die Amerikaner plötzlich weiße Leuchtspurmunition verwendeten. Deshalb sagte er wie nebenbei, dass den amerikanischen Fabriken wohl »die Chemikalien ausgegangen sind, rote Leuchtspurmunition herzustellen. Diese weiße, die Ihr bei Euren Nahkämpfen verwendet, müssen ja mit dem bloßen Auge schwer zu erkennen sein, weshalb Ihr immer eine ganze Kette verwendet: zehn, zwanzig und sogar fünfzig.« Zuvor hatte Scharff ihn mit seinem Detailwissen beeindruckt: »Stundenlang hatte ich ihm Dinge über mich und über ihn selbst und seine Truppe erzählt, alles sehr sachlich. Ich kannte die Wahrheit über diesen kritischen Punkt nicht, daher warf ich diese Aussage beiläufig ein und er wollte mich spontan korrigieren.« Und der Plan ging auf: »Ha! Du bist verrückt, Hanns, uns ist gar nichts ausgegangen. Weiße Leuchtspurmunition ist unsere Art, uns zu warnen. Wenn Du zehn oder irgendeine Reihe davon siehst, dann weißt du, dass Du lieber zackig nach Hause fliegst, weil Du gerade deine letzte Munition verschossen hast. Die Kanonen sind leer.« Scharff tat, als ob nichts wäre: »Ich ignorierte seine Antwort äußerlich, indem ich das Gespräch auf ein trivialeres Thema brachte, wie etwa die Zentralheizung in den USA, aber mein Verstand dachte darüber nach, wie wertvoll dieses kleine Stück Information für unsere eigenen Kampfpiloten wäre. Wenn sie diese weißen Linien sähen, würden sie nun wissen, dass das feindliche Flugzeug wehrlos war.«[130]

Diese Illusion des Allwissens hinterließ ihre Spuren bei Vernehmern aus der ganzen Welt, sodass Jahrzehnte später der US-Verhörexperte Chris Mackey dazu schreibt: »Inspiriert von den beeindruckenden Ergebnissen, die Hanns Scharff, der Meistervernehmer der Luftwaffe, im Zweiten Weltkrieg erzielt hatte, wendeten auch wir diese Taktik mit überraschendem Erfolg an, sobald unser Team ein hinreichendes Wissen über das Training, die Persönlichkeiten und die Organisation unserer Feinde erlangt hatte.«[131]

Diese Technik ist nicht nur auf Extremsituationen anwendbar, sondern funktioniert universal. Wann haben Sie als Kind Ihren Eltern etwas gestanden? Wahrscheinlich dann, wenn Sie dachten, dass die Beweise sowieso gegen Sie sprachen. Die Effektivität leuchtet dem gesunden Menschenverstand ein und wurde wissenschaftlich überprüft – zig Studien kommen zu dem Resultat, dass einer der wichtigsten Beweggründe für ein Geständnis die Stärke der Beweise ist.[132] Zum Beispiel hörten sich britische Psychologen über 1000 Polizeiverhöre an.[133] Die Ergebnisse sprachen für sich: Nur 10 Prozent gestanden, wenn sie dachten, die Beweise gegen sie seien schwach. Gingen die Verhörten allerdings von starken Beweisen aus, gestanden ganze 67 Prozent. Die isländischen Psychologen Gisli Gudjonsson und Hannes Pétursson, die geständige Häftlinge befragten, was sie zu ihrem Geständnis bewogen hatte, kamen zu einem ähnlichen Ergebnis.[134] Nach heutigem Kenntnisstand gestehen Schuldige mindestens dreimal häufiger, wenn sie glauben, es gebe eindeutige Beweise zu ihren Ungunsten.[135] Wohlgemerkt: Ausschlaggebend ist nicht die tatsächliche Stärke von Beweisen, sondern die wahrgenommene.[136]

Die Beweise

»Vor dem Verhör kommen die Ermittlungen.«[137] So lautet die Devise, mit der Sie in jeden Fall einsteigen sollten. Denn, so fasst es das Kubark-Handbuch zusammen, »ein paar Gramm Ermittlungen können mehr wert sein als ein Pfund Fragen«.

Befragen Sie dafür stets zuerst die Personen, gegen die die geringsten Verdachtsmomente vorliegen – und beginnen Sie am besten mit dem Opfer, da dieses meist keinen Grund hat, etwas zu verschweigen. Gerade Unschuldige geben viele wertvolle Informationen preis, und je mehr Sie vorab über den wahrscheinlichen Übeltäter herausbekommen, desto besser.

In einem Fall wurde ein hoher Betrag aus dem Tresor eines Restaurants entwendet. Es sah nach einem Einbruch aus; allerdings bemerkte die Polizei schnell, dass die Tür nur scheinbar aufgebrochen worden war – der Einbruch war vorgetäuscht. Entsprechend war der Täter wohl unter den Angestellten zu finden, die einen Schlüssel hatten. Und siehe da: Am nächsten Tag kündigte einer von ihnen und wurde damit prompt zum Hauptverdächtigen. Die Ermittler gingen klug vor: Zunächst befragten sie alle anderen Mitarbeiter. Dabei erfuhren sie vom Drogenkonsum des Hauptverdächtigen und auch davon, dass dieser sich regelmäßig mit einem anderen ehemaligen Angestellten traf, der wegen Autodiebstahl vorbestraft war. Mit diesem Wissen gewappnet, das geschickt in die Befragung eingestreut wurde, war es nun viel leichter, den Befragten zum Geständnis zu bewegen – obwohl keine handfesten Beweise gegen ihn vorlagen.

In einem anderen Fall brannte ein Teil eines Geschäftsgebäudes ab. Nach den Ermittlungen kam heraus, dass es sich um Brandstiftung handelte und der Ursprung des Brandes in den Büros der Buchhaltung gelegen hatte. Dort gab es aber keinerlei Spuren eines Einbruchs. Kurz darauf stellte der Sachverständige fest, dass Geschäftsberichte außerhalb eines Schranks verbrannt waren – und schließlich kam ans Licht, dass einen Tag später eine Wirtschaftsprüfung zum Audit gekommen wäre. Man hätte nun schnellstens alle Mitarbeiter der Buchhaltung vernehmen können. Doch zuvor sammelte man lieber noch einige Fakten über sie, und so stellte sich bald heraus, dass ein Buchhalter hoch verschuldet war. Nachdem man nun noch von einem früheren Arbeitgeber erfahren hatte, das bei diesem Mitarbeiter regelmäßig Geld gefehlt hatte, was er, sobald der Fehler aufgefallen war, stets bereitwillig aus eigenen Mitteln ausgeglichen hatte, besaß man genügend Anhaltspunkte. Hätte man den Buchhalter dagegen zu Beginn der Ermittlungen verhört, als man kaum mehr in der Hand hatte als einen vagen Verdacht, wäre man vermutlich nicht weit gekommen.[138]

Einige gute Anhaltspunkte zu besitzen ist schon mehr als erfreulich. Unumstößliche Beweise sind, wie in der Einführung beschrieben, selbst bei Verbrechen, bei denen ein ganzer Tross an Ermittlern und Forensikern tätig wird, überraschend selten. Schwer zu glauben? Stellen Sie sich einen typischen Raub vor: Ein Mann geht nach einer Party nach Hause, es ist dunkel und die Straßen sind menschenleer. Plötzlich spürt er einen festen Schlag auf den Kopf und sinkt bewusstlos zu Boden. Am nächsten Morgen stellt er fest, dass seine Tasche fehlt. Fingerabdrücke gibt es keine, es gibt nur fünf Verdächtige, die in der Nähe gesehen wurden – einen Sachbeweis gibt es nicht.

Kommunistische Gehirnwäsche

Wenn Folter offenbar nicht funktioniert – wie konnten kommunistische Mächte wie die Sowjetunion und China dann in ihren Umerziehungslagern eine erfolgreiche Gehirnwäsche aufziehen? Das folgende dynamische Modell erklärt es sehr gut: Ständig wirken interne und externe Faktoren auf uns ein. Interne Faktoren sind unsere Einstellungen und Werte, externe sind Erwartungen unserer Umwelt. Wir versuchen immer, intern und extern in Einklang zu bringen. Wird etwas von uns verlangt, das gegen unsere Überzeugung verstößt, spüren wir daher einen Konflikt. Um diesen aufzulösen, können wir das Ansinnen ausschlagen. In einer Verhörsituation, insbesondere in einer lang andauernden, ist dies aber nicht möglich. Einfacher ist es dann, die innere Einstellung zu ändern.

Der Prozess dieser Veränderung von inneren Einstellungen wird *Unfreezing-Changing-Refreezing* genannt: Beim *Unfreezing* wird der Widerstand geschwächt (etwa durch Schlafentzug oder durch Vortäuschen von Beweisen); beim *Changing* geht es um den eigentlichen Akt der Überzeugung, bei dem alle Register gezogen werden; beim *Refreezing* werden dem Verhörten schließlich neue Werte und Verhaltensmuster eingetrichtert.

Entscheidend ist dabei die Abschottung von der Außenwelt, da neue Werte nur angenommen werden, wenn sie von der jeweiligen Umwelt geteilt werden. Außerdem muss die Einführung des neuen Wertesystems mit lang anhaltendem psychischen Stress durch Unsicherheit, Müdigkeit, Hunger, Kälte und dem Verursachen von Schuldgefühlen kombiniert werden; dieser Stress nimmt dem Menschen die Fähigkeit zur kritischen Reflexion.

Aber selbst eine erfolgreiche Gehirnwäsche muss nicht von Dauer sein: Bei den meisten amerikanischen Gefangenen wurde beobachtet, dass der Effekt verschwand, sobald sie in ihr gewohntes Umfeld zurückgekehrt waren.

Die Konfrontationsaussage

Entscheidend ist eine klare Trennung zwischen Interview und Verhör. Hat man bislang noch scheinbar nett miteinander geplaudert, hat sich die Lage nun sichtbar verändert: Man präsentiert sich ernst und selbstbewusst. Dabei sollte man keineswegs unfreundlich auftreten, aber doch mit professioneller Distanz. Reid empfiehlt, wie ein viel beschäftigter und souveräner Arzt zu agieren, auf den der Patient mit Spannung wartet und der voll Selbstvertrauen auftritt. »Der Erfolg oder das Scheitern eines Vernehmers«, so Reid, »hängt stark von der ersten Herangehensweise ab und dem ersten Eindruck, der geschaffen wird.« Auch sollte der Vernehmer sofort seine Dominanz manifestieren: Trifft man den Befragten im Stehen an, bietet man ihm mit Bestimmtheit einen Platz an; sitzt er aber und steht erst zur Begrüßung auf, bedeutet man ihm, er solle sich wieder hinsetzen – egal, ob man einen Mitarbeiter oder sein Kind vor sich hat.

Obwohl Scharff nur Gefreiter war, hielten ihn die meisten Befragten für einen hohen Offizier. Das war kein Zufall. Nimmt der Befragte den Vernehmer als Autoritätsfigur wahr, steigen die Chancen, an die Wahrheit zu gelangen. Daher tragen Verhörer von Kriegsgefangenen keine Rangabzeichen, damit diese nicht erkennen können, dass sie selbst möglicherweise einen höheren Dienstgrad innehaben.

Dem Geständnis kommt die Rolle einer Katharsis zu – einer Befreiung.[139] Dazu aber ist es notwendig, dass man nicht vor irgendjemandem gesteht, sondern vor jemandem, den man respektiert, also vor einer Autoritätsfigur.[140] Der US-Psychologe Stanley Milgram[141] führte eines der berühmtesten psychologischen Experimente aller Zeiten durch, bei dem Versuchspersonen anderen scheinbaren Versuchspersonen, die tatsächlich eingeweihte Schauspieler waren, Elektroschocks versetzten, wenn sie Fragen falsch beantworteten – ihr schmerzerfülltes Geschrei wurde immer lauter. Wieso machten diese unbescholtenen Menschen dabei mit? Wieso fügten sie anderen auf Knopfdruck scheinbar unerträgliche Schmerzen zu? Nur weil ein Psychologe sie dazu aufforderte? Die Versuchspersonen berichteten später, dass sie den Psychologen nicht enttäuschen wollten.[142] Während der »beeinflusste« Mensch unbewusst folgt (er weiß nicht, wie ihm geschieht), ist sich der »konforme« – so wie hier – über sein Folgeleisten im Klaren und fällt die Entscheidung bewusst.[143] Typischerweise »gehorchen« Menschen dann, wenn sie anderen – wie etwa einer Autoritätsperson – gefallen wollen.[144]

Diese Beobachtung ist für das Verhör von fundamentaler Bedeutung. Auch in Verhörsituationen sollen Menschen Anweisungen befolgen, die sie eigentlich nicht befolgen wollen: Sie sollen – meist entgegen ihren eigenen Interessen – mit der ganzen Wahrheit herausrücken.[145] Damit man Ihren Anweisungen folgt, müssen Sie als Vernehmer Autorität und damit Macht ausstrahlen.[146]

Verwenden Sie keine flapsige Sprache, verhalten Sie sich während der Befragung tadellos und tragen Sie möglichst formelle Kleidung. Gerade die Rolle der Kleidung ist nicht zu unterschätzen, wenn es darum geht, Autorität auszustrahlen. Menschen gehen eher dann über eine rote

Ampel, wenn jemand im Anzug mit Krawatte es ihnen vormacht, wie ein psychologisches Experiment schon in den 1950er-Jahren gezeigt hat.[147]

Kommen wir nun zum berühmten ersten Schritt der Reid-Technik: der Konfrontation. Dabei machen Sie dem Befragten deutlich, dass absolut kein Zweifel an seiner Schuld besteht. Die Konfrontationsaussage sollte klar, aber in aller Ruhe und nicht aggressiv oder laut vorgetragen werden: »Herr Bernauer, es besteht kein Zweifel daran, dass Sie den Laptop mitgenommen haben. Unsere Untersuchungen lassen keine anderen Schlüsse zu.« Der Pluralis Majestatis des »Wir« verstärkt die Autorität noch, weil er den Anschein erweckt, eine ganze Mannschaft hätte sich in die Ermittlungen gestürzt.[148]

Weitere typische Konfrontationen sind: »Wir haben mit allen gesprochen – und Sie sind der Einzige, den wir nach unseren Ermittlungen nicht von der Verdächtigenliste streichen konnten.« Oder: »Unsere Untersuchungen haben ganz eindeutig ergeben, dass Sie bezüglich des verschwundenen Laptops nicht die Wahrheit gesagt haben.«[149] Und schließlich: »Wir wissen, was passiert ist, und wir wissen, wer es war. Das Einzige, was wir nicht wissen, ist das ›Warum‹. Daher sprechen wir heute miteinander.«

Das Prinzip der Konfrontation bleibt immer gleich, aber man sollte seine Worte der Situation und den vorliegenden Erkenntnissen anpassen. Wie im Interview gilt auch hier: Nehmen Sie Abstand von allzu wertenden und bedrohlichen Formulierungen. Sagen Sie nicht: »Sie haben es gestohlen«, sondern »Sie haben es genommen«. Nicht: »Du hast einen Betrug begangen«, sondern »Du hast hier geschummelt«. Denn Sie wollen an die Wahrheit gelangen und dazu müssen Sie es dem Befragten möglichst leicht machen, zu gestehen. Werden hingegen Assoziationen mit Schande und harter Strafe ausgelöst, wird es viel schwieriger.

Dennoch ist die Konfrontation offensiv und konkret. Daher taugt sie auch nicht dazu, Lügen zu entlarven, weil sie zwangsläufig zu diffusen Verhaltensänderungen beim Gegenüber führt.[150] Dieser Punkt ist überschritten. Es geht nicht mehr darum, das Gegenüber zu beobachten und einzuschätzen, sondern darum, ihm die Wahrheit zu entlocken. Solange man typische Fragen aus dem Interview vorbringt, wie etwa »Hast Du das Geld gestohlen?«, gibt man dem Befragten zu verstehen, dass er durchaus noch eine Chance hat, den Vernehmer zu täuschen. Mit der Konfrontation aber beschäftigen den Befragten andere Gedanken. Seine Angst steigert sich, er zögert, wägt ab. Denn wie es scheint, sind nun seine letzten Hoffnungen geplatzt, unbescholten aus der Sache herauszukommen. Jetzt stellen Sie also keine Fragen mehr, sondern machen Aussagen. Wenn Ihr achtjähriges Kind etwas beschädigt hat, sagen Sie etwa: »Es gibt keinen Zweifel, dass Du es warst. Die Frage ist nur, wie es passiert ist.«

Wenn es an der Zeit ist, den Verdächtigen mit dem Vorwurf zu konfrontieren, reden Sie nicht zu lange. Sonst verpufft der Druck, den Sie aufgebaut haben. Stattdessen lassen Sie nun eine drei- bis fünfsekündige sogenannte »Verhaltenspause« folgen. Wer lässt sich schon von einem Verkäufer überzeugen, der einen an die Wand redet? Ein Vernehmer ist ein Verhandler, der den Befragten dazu bewegen will, ihm nicht sein Geld, sondern die Wahrheit zu geben. Wie in der Verhandlung darf er sein großes Interesse nicht durchblicken lassen. Denn warum sollte er auf ein Geständnis angewiesen sein, wo die Beweislast doch angeblich so erdrückend ist? Vielmehr sollte der Eindruck erweckt werden, das Geständnis sei eine Chance. Folgende Einstellung sollte kommuniziert werden: »Mir persönlich ist es egal, ob Sie beichten oder nicht – die Beweise sprechen eine deutliche Sprache! Ich nehme mir hier nur Zeit für Sie, um Ihnen die Möglichkeit zu geben, mir zu erklären, wie es dazu kommen konnte.«[151] Wenn Sie etwa Ihre Werkstatt damit konfrontieren, dass sie Ihnen viel zu viele unnötige Reparaturen an Ihrem Auto in Aussicht gestellt hat, dann sagen Sie dem Mechaniker, dass seine Unehrlichkeit völlig offensichtlich ist und Sie ihm jetzt nur die Möglichkeit geben, den Fehler zu erläutern.

Machen Sie dem anderen also klar, dass nur noch eine einzige Frage offen ist: Die Frage nach dem ›Warum‹. Alles andere sei sowieso schon geklärt. Sie gewähren dem Beschuldigten lediglich die Chance, sein Verhalten zu begründen, etwa mit folgenden Worten: »Ich habe jetzt folgende Wahl. Ich kann einfach meinen Bericht an meine Vorgesetzten weiterleiten und fertig. Oder ich kann mich noch mal mit Ihnen hinsetzen und Ihnen eine Chance geben, mir Ihre Sicht der Dinge aufzuzeigen.«[152] Oder: »Der Grund, weshalb ich mich mit Dir hinsetzen und mit Dir darüber reden wollte, ist der, dass ich die Umstände herausfinden will. Der Grund, weshalb jemand so etwas tut, ist häufig viel wichtiger als das, was er getan hat.«[153] Die Vernehmungsspezialisten Nathan Gordon und William Fleisher empfehlen den Satz: »Mit Deinen Lügen zögerst Du nur das Unvermeidliche hinaus. Die Wahrheit wird sowieso an den Tag kommen, und je später, desto schlechter für Dich.«[154]

Das Leugnen

Auch wenn es durchaus vorkommt, dass Menschen unmittelbar nach der Konfrontation zusammenbrechen und alles gestehen, folgt doch sehr häufig das wohl beliebteste Manöver aller Ertappten: das gute, alte Leugnen – ein Schlüsselmoment jeder Vernehmung. Dazu Reid: »Die Phase des Leugnens gehört zu den kritischsten Punkten in jedem Verhör. Wird sie nicht fachmännisch bewältigt, können alle folgenden Bemühungen des Vernehmers verlorene Liebesmüh sein.«[155]

Zuerst einmal: Ein leises, gemurmeltes Leugnen sollte weitestgehend ignoriert werden – als hätte man von vornherein damit gerechnet, weshalb man nun einfach weiter im Text macht. Ignorieren sollte man es auch, wenn der Befragte aufsteht und sich Richtung Ausgang bewegt. Reden Sie weiter, als wäre nichts geschehen, und sagen Sie nur nebenbei, er solle sich bitte wieder hinsetzen. Würde man hingegen fragen, warum der Befragte aufgestanden sei, wäre dieser nun gezwungen, den Raum zu verlassen, um nicht schwach zu erscheinen. Das Prinzip ähnelt dem besten Vorgehen bei einer Drohung eines Verhandlungspartners: Ignorieren ist das beste Gegenmittel, weil kein Beteiligter sein Gesicht verliert, wenn die Drohung nicht durchgezogen wird.[156]

Was aber, wenn lautstark und aufgebracht geleugnet wird? Nun, wenn der Befragte wirklich unschuldig ist, wird er von jetzt an alles tun, um Sie von seiner Unschuld zu überzeugen, und daraufhin richtig in Fahrt kommen. Unschuldige verschwenden keine Zeit mit Höflichkeiten, sondern platzen gleich damit heraus: »Ich habe nichts damit zu tun!« Viel mehr als das oder Ähnliches wird ein Unschuldiger nicht sagen, sondern einfach stur auf seinem Leugnen beharren.[157]

Es ist sehr leicht, das Leugnen eines Unschuldigen zu erkennen, weil dieser auf Bezichtigungen mit glasklarem Leugnen reagiert:[158] Er wird wütend, schaut Ihnen direkt in die Augen und sagt etwas wie »So ein Blödsinn!« Und doch empfiehlt es sich, noch eine Weile mit der Konfrontation weiterzumachen, um jegliche Zweifel auszuräumen.

Ist er aber schuldig, so empfindet er mehr und mehr das Gefühl, keine Chance mehr zu haben, und resigniert langsam.[159] Auch das Leugnen schwächt sich ab. So wird der Schuldige vor dem Leugnen verbale oder nonverbale Signale geben, dass er nun reden möchte, wie etwa Handzeichen, das Suchen nach Augenkontakt oder das Warten auf eine Pause. Oder er fragt tatsächlich von sich aus: »Dürfte ich jetzt mal reden?« Möglicherweise leugnet er vage, vielleicht sogar mit einer Frage: »Warum sollte ich so etwas getan haben?« Oder: »Warum glaubst Du nur, dass ich es war?« Damit möchte er Zeit gewinnen und mehr Informationen in Erfahrung bringen. Er will wissen, welche Beweise gegen ihn vorliegen. Darauf darf sich der Vernehmer aber nicht einlassen; stattdessen muss er darauf hinweisen, dass nun noch nicht der Zeitpunkt ist, über dieses Thema zu sprechen, sondern dass es jetzt darum geht, herauszufinden, *warum* es zu der Tat gekommen ist.[160]

Auch wenn der Befragte bereits leugnet, bevor die Frage überhaupt beendet wurde, liegt ein Anzeichen für Schuld vor, da der Schuldige sich ja schon zu Beginn ziemlich sicher zu sein scheint, was ihm vorgeworfen wird.[161] Eine beliebte Taktik von Schuldigen ist es auch, nur einen bestimmten Aspekt des Vorwurfs zu leugnen – das sogenannte *spezifische Leugnen*. Zum Beispiel: »Ich habe die zwei Fünfziger nicht aus der Kasse genommen!« Dieser Satz wird laut und mit Inbrunst vorgetragen, ganz ähnlich dem Leugnen des Unschuldigen. Aber bei genauerer Betrachtung hat der Befragte die Tat an sich gar nicht geleugnet, sondern nur, dass er keine Fünfziger genommen hat – sondern vielleicht fünf Zwanziger![162]

Soweit zur Klassifikation des Leugnens. Doch anders als beim Interview, bei dem aufmerksames Beobachten genügt, müssen Sie hier eingreifen, sobald Sie merken, in welche Richtung sich der Befragte bewegt – Sie müssen das Leugnen so schnell wie möglich stoppen. Der Grund: Menschen ändern eine einmal erzählte Geschichte nur ungern. Jeder will ein in sich konsistentes Verhalten an den Tag legen. Gesteht man nach dem Leugnen, muss man doppelt gestehen: die Tat und die vorangegangene Lüge. Aus diesem Grund beharren viele Vernommene von Anfang bis Ende der Vernehmung hartnäckig auf ihrer Geschichte, wenn sie auch noch so haarsträubend ist und wenn man ihnen auch noch so viele eindeutige Gegenbeweise vorhält.[163] Das gilt umso mehr, wenn der Befragte nicht nur vor Ihnen, sondern vor mehreren Personen leugnet; jede zusätzliche Person im Raum erschwert das Geständnis.

Ideal wäre es natürlich, wenn der Vernommene während des Gesprächs kein einziges Mal lügen würde – aber dazu müsste er entweder schweigen oder von vornherein die Wahrheit sagen, was eine Vernehmung überflüssig machen würde. Insofern sind anfängliche Lügen unumgänglich; diese müssen im Rahmen des Interviews als Anhaltspunkte genutzt werden. Umso wichtiger ist in diesem Zusammenhang die klare Abgrenzung des Verhörs von der Konfrontation: Jetzt, so wird dem Befragten klargemacht, gilt alles, was er sagt. Und jetzt muss das Leugnen im Keim erstickt werden.

Wie das? Sobald Sie die oben erwähnten Anzeichen des Leugnens erkennen, heben Sie die Hand. Nicht etwa, um Prügel anzudrohen, sondern als reine Stopp-Geste, fast schon beiläufig. Wenden Sie sich ab, unterbrechen Sie den Augenkontakt. Ihre Körpersprache sollte Ihre Worte widerspiegeln: Sie zeigen Desinteresse an der Leugnung.[164]

Dann folgt das wohl effektivste Wort, das es gibt, um einen Befragten zum Schweigen zu bringen: sein Name. Er funktioniert wie ein Schalter, den man beim Gegenüber umlegt, von Reden auf Zuhören – und gefolgt wird er vom sogenannten *Kontrollsatz*, mit dem Sie das Gespräch wieder in die Bahn lenken, in der Sie es haben wollen: Weg von der Leugnung und hin zum Geständnis.[165] Sagen Sie dazu etwa:

»Bevor Sie jetzt noch weiterreden, erkläre ich Ihnen lieber noch einmal, wie wichtig dieses Gespräch ist.« Oder: »Die haben Ihren Namen nicht aus dem Hut gezogen. Sie müssen langsam einsehen, dass es haufenweise Beweise gegen Sie gibt, und die beste Lösung ist, alles hinter sich zu bringen, indem Sie die Wahrheit sagen.« Oder: »Hör auf, gegen das Unvermeidliche zu kämpfen. Kämpfe um das bestmögliche Ergebnis für Dich persönlich. Da solltest Du deine Energie reinstecken!«[166] Wie immer gilt: Nicht laut oder aggressiv werden, sondern entspannt und kontrolliert bleiben. Sie wollen den anderen nicht fertigmachen, sondern die Wahrheit zutage fördern. Diese Dreierkombination aus Hand heben, mit dem Namen ansprechen und Kontrollsatz können Sie während des gesamten Gesprächs anwenden, da manche immer wieder versuchen werden, zu leugnen.[167]

Was geschieht nun an diesem Punkt? Das anfängliche Verhalten des Befragten verstärkt sich: Der Unschuldige leugnet jetzt erst recht und zeigt echten Zorn. Der Schuldige hingegen wird noch ruhiger und hört noch genauer zu, da er bis ins Detail wissen möchte, was man denn über seine Tat schon weiß. Vorsicht ist allerdings geboten bei Menschen aus anderen Kulturen oder Menschen mit großem Respekt vor Autoritäten: Sie verstummen möglicherweise auch dann, wenn sie unschuldig sind.

Sollte man die Vorwürfe also einstellen, sobald man einen Unschuldigen vor sich wähnt? Nein, denn sicher kann man sich längst nicht sein. Ist man schon einmal so weit gekommen, sollte man nicht aufhören, sondern alle weiteren Register ziehen.

Hypnose und Wahrheitsdrogen

Was trieb den Hitler-Attentäter Georg Elser an? Wie kam er schon Jahre vor dem zaghaften Stauffenberg, im Jahre 1939 dazu, Hitler und fast die gesamte Führungsriege der Nazis ermorden zu wollen? Die Bombe im Münchener Bürgerbräukeller, die der Menschheit beinahe einen Zweiten Weltkrieg erspart hätte, detonierte nur wenige Minuten zu spät. Kaum war Elser gefasst, forderte Hitler laut den Erinnerungen seines Geheimdienstchefs Walter Schellenberg Folgendes: »Ich möchte wissen, um was für einen Typ es sich bei diesem Elser handelt ... wenden Sie alle Mittel an, um diesen Verbrecher zum Reden zu bringen. Lassen Sie ihn hypnotisieren, geben Sie ihm Drogen; machen Sie Gebrauch von allem, was unsere heutige Wissenschaft in dieser Richtung erprobt hat. Ich will wissen, wer die Anstifter sind, ich will wissen, wer dahintersteckt.«

Aber sind Drogen und Hypnose wirklich der richtige Weg zur Wahrheit?

Heinrich Himmler gründete das »Institut für wehrwissenschaftliche Zweckforschung«, an dem im Rahmen von barbarischen Experimenten an Häftlingen unter anderem nach einer Wahrheitsdroge gesucht wurde. Im Konzentrationslager Dachau verabreichte man Häftlingen Meskalin – und stellte schnell fest, dass es Halluzinationen hervorrief. Die gleiche Wirkung haben Barbiturate, die von verschiedenen Geheimdiensten getestet wurden; das berühmte Scopolamin, das von Vergewaltigern dazu verwendet wird, Opfer nach dem Discobesuch willenlos zu machen, führt ebenfalls zu wirren Aussagen. Doch wenn sogar der Verhörte nicht mehr zwischen Wahrheit und Lüge unterscheiden kann, sind die gewonnenen Erkenntnisse unbrauchbar. Dank WikiLeaks wissen wir nun, dass die CIA auch heute noch kein praxistaugliches Wahrheitsserum hat:[168] Sie verwendet ab und an eine Mischung aus den Barbituraten Thiopental und Amobarbital, die aber nur in läppischen 10 bis 30 Prozent der Fälle zur Wahrheit führen. In zu 95 Prozent wahrhaftigen Ausssagen resultiert dagegen laut einem streng geheimen internen CIA-Vortrag Scopolamin, wenn es ins Rückenmark gespritzt wird, was zu »absolut unglaublichen Schmerzen führt, gepaart mit wilden Krämpfen und Zuckungen«. Dies ist aber zum einen als Folter geächtet und zum anderen wenig tauglich für die tägliche Arbeit, zumal auch hier die Möglichkeit der Täuschung nicht auszuschließen ist.

Aber was ist mit Hypnose? Kann man Menschen nicht in eine Trance versetzen, in der sie einem alles erzählen, was man hören will? Dieser Frage widmete sich der US-Psychiater Martin T. Orne, dessen Arbeiten im CIA-Verhörhandbuch aufgegriffen werden. Seine Studien legen ein eindeutiges Ergebnis nahe: Nein. Um es an einem Alltagsbeispiel zu verdeutlichen: Bei einem Kinobesuch lassen Sie sich beispielsweise gerne in einen tranceartigen Zustand versetzen, Sie lassen sich in eine Geschichte entführen und glauben für zwei Stunden, die Schauspieler an der Leinwand würden tatsächlich lachen und leiden. Deshalb ist ein quatschender Sitznachbar oder eine flackernde Glühbirne neben der Leinwand so störend – Ablenkungen reißen Sie aus der Trance. Mit anderen Worten: Ihr

Bewusstsein ist nicht ausgeschaltet; Ihr Unterbewusstsein legt sich nur für die Zeit der Trance wie ein Schleier darüber. Ich selbst habe einige Zeit mit Hypnose experimentiert und festgestellt, dass Menschen dabei nichts tun, was sie nicht wollen. Der Hypnotiseur kann sich lediglich sparen, freundlich Bitte zu sagen, und stattdessen scheinbar Befehle erteilen – was eindrucksvoll wirkt, aber eine bloße Illusion ist.

Georg Elser, den Hitler als seinen persönlichen Feind betrachtete, wurde erst 1945, wenige Wochen vor der Kapitulation, auf Hitlers persönlichen Befehl hingerichtet. Bis dahin hatte Hitler gehofft, doch noch Informationen aus ihm herauszubekommen – vergeblich.

Der Einwand

Leugnen ist fast schon ein Instinkt, allerdings bei Unschuldigen wie auch bei Schuldigen – es unterscheidet sich bei beiden aber erheblich voneinander, wie oben ausgeführt. Ganz anders sieht es mit Einwänden aus. Dabei handelt es sich um eine offensive Strategie des Schuldigen, den Vernehmer von seiner Unschuld zu überzeugen. Er leugnet nicht bloß, sondern nennt Argumente, warum er denn angeblich unschuldig sei. Es ist also fast schon erfreulich, einen Einwand zu hören – Sie können sich jetzt noch sicherer sein, den Schuldigen vor sich zu haben.[169]

Anders als beim Leugnen dürfen Sie den Einwand jedoch keinesfalls abwürgen. Denn die Information, die Ihr Gegenüber damit preisgibt, kann für die Entwicklung des späteren Themas verwendet werden. Beispielsweise: »Ich kannte sie doch gar nicht!« oder »Ich arbeite hier schon seit zwanzig Jahren« oder »Jeder hier kennt mich und weiß, dass ich das nicht tun würde«. Vielleicht ist jede dieser Aussagen wahr, sie hat aber nichts mit dem konkreten Vorwurf zu tun. Wie sollte man also antworten? Greifen Sie die Beteuerungen Ihres Gegenübers auf: »Eben. Sie kannten die Frau nicht. Daher müssen Sie mir erklären, was genau geschehen ist.« Oder: »Ja, Sie arbeiten schon seit 20 Jahren hier. Daher ist es ja so wichtig, dass wir diese lästige Angelegenheit so schnell wie möglich hinter uns bringen und wieder nach vorn schauen können.«

Typisch für den Schuldigen ist auch ein *emotionaler Einwand*. Der Befragte wird scheinbar von Gefühlen ergriffen: Er weint, zeigt Zorn oder Panik. Gehen Sie in diesem Fall kurz auf seine Wallungen ein, während Sie ihm zugleich verdeutlichen, dass ihn das nicht weiterbringt: »Mir ist klar, wie sehr Sie die ganze Sache mitnehmen muss. Umso wichtiger, dass wir nun alles klären.« Oder: »Ich kann mir vorstellen, wie schwierig das für Sie ist. Aber es gibt jetzt nur einen Weg, die Sache aus der Welt zu schaffen, und das ist die Wahrheit.«

An diesem Punkt kann es durchaus sein, dass es zum vollen Geständnis kommt. Häufig ist aber auch eine ganz andere Reaktion: das Abdriften.[170] Erinnern Sie sich noch daran, wie Sie als Teenager auf Durchzug geschaltet haben, sobald Sie mit etwas konfrontiert wurden, was Ihnen nicht passte; wenn etwa Ihre Eltern Ihnen vorwarfen, zu wenig für die Schule zu tun? Genau das kann auch bei Schuldigen geschehen. Sobald der Schuldige bemerkt, dass sein Leugnen und seine Einwände nichts bringen, schaltet er ab. Er wird still, zieht sich in sich zurück und denkt schon über die Konsequenzen seiner Entlarvung nach. Die Worte des Vernehmers, so Reid, sind »bloß noch Hintergrundmusik, die zwar da ist, aber nicht unbedingt gehört wird«.[171]

Woran erkennt man dieses Abdriften? In der Regel bricht der Befragte den Augenkontakt ab, sein Blick wird matt und ausdruckslos. Sobald Sie das Abdriften bemerken, rücken Sie Ihren Stuhl direkt vor den Befragten – allerdings nicht auf bedrohliche Weise, sondern als Zeichen des Interesses –, während Sie ohne Unterbrechung weiterreden, auch ohne dabei auf den Stuhl zu schauen. Nun wird es ihrem Gegenüber ungleich schwerer fallen, einfach wegzuhören. Aber Vorsicht: Sobald er Ihnen beim Näherkommen in die Augen blickt oder gar seinen Stuhl im Gegenzug nach hinten schiebt, fühlt er sich bedroht und wird, so Reid, »in eine instinktive Kampf- oder Fluchtreaktion übergehen, was dazu führt, dass er entweder erneut leugnet (Kampf) oder die Befragung abbricht (Flucht)«.[172]

Das Nachlegen

Nach der Konfrontation, dem Abwürgen des Leugnens und dem Wegwischen von Einwänden müssen Sie nachlegen. Sie müssen gezielt den Eindruck erwecken, praktisch alles zu wissen. »Es hört sich schwieriger an, als es ist«, so das Kubark-Handbuch, »ein Subjekt allein durch psychologische Manipulation … zur Willfährigkeit zu bringen. Der Vernehmer hat dabei einen klaren Anfangsvorteil: Er weiß bereits viel mehr über die Quelle als die Quelle über ihn. Und er kann auf verschiedene Art und Weise den Eindruck der Allwissenheit erwecken und verstärken.«[173]

Beweise präsentieren

»Sobald man in das Vernehmungszimmer kommt, möchte der Vernehmer, dass der Gefangene glaubt, dass er eine endlose Anzahl von Werkzeugen zur Verfügung hat. Dass er das Schicksal des Gefangenen bestimmt. Wenn der Vernehmer eine Serie von Versprechen und impliziten Drohungen ausspricht, geht der Prozess nur voran, wenn der Gefangene glaubt, dass gute Dinge geschehen, wenn er spricht, und schlechte, wenn er nicht spricht.«[174] So fasst es der US-Vernehmer Tony Lagouranis zusammen.

Also was tun? Besitzen Sie tatsächlich viele Anhaltspunkte, ist jetzt der Moment gekommen, sie zu präsentieren. In einem Fall wurde ein höherer Betrag aus einem Hotelsafe gestohlen. Es gab viele Spuren, aber keinen einzigen Beweis dafür, dass der Befragte, ein Mitarbeiter namens Sam, schuldig war. Die Ermittler gingen folgendermaßen vor: »Hören Sie mir zu, Sam. Wir wissen, dass Sie das Schließfach mit Margies Schlüssel geöffnet, das Geld genommen und den Schlüssel dann neben die Hotelglocke gelegt haben. Das wissen wir alles schon. Wir wissen auch, dass Sie das Geld aus dem Schließfach und aus dem Umschlag genommen und den Umschlag in den Mülleimer im Gang geworfen haben – auch das wissen wir. Wir wissen nur nicht, wie Sie an den Schlüssel gekommen sind, und das ist wichtig.«[175] Diese scheinbar überwältigenden Beweise bewegten den Befragten zum Geständnis. Tatsächlich hatte man zwar Anhaltspunkte zum Tathergang, aber keinen einzigen Beweis gegen Sam persönlich.

Liegen derart viele Indizien vor, können Sie diese also jetzt nennen. Wichtig ist dabei, dass die Details korrekt sind. Denn der Schuldige weiß natürlich, was er getan hat. Stimmt irgendetwas nicht, hat man ein Problem. Sagt man etwa: »Ich weiß, dass Sie den Safe aufgebrochen haben«, während der Befragte tatsächlich einen Schlüssel benutzt hat, ist die Glaubwürdigkeit des Vernehmers dahin und die Wirkung gleich null. Auch darf man niemals zugeben, dass man keine weiteren Beweise besitzt. Nennen Sie Beweise beiläufig, als restlos geklärte Selbstverständlichkeit, und fokussieren Sie die Aufmerksamkeit immer auf das *Warum*.

Wie eingangs beschrieben, nutzte der Luftwaffe-Vernehmer Hanns-Joachim Scharff eine Methode, bei der er den Befragten davon überzeugte, die Antworten auf all seine Fragen bereits zu kennen. Dies ist immer dann möglich, wenn zumindest einige Details schon vorliegen. Das Kubark-Handbuch nennt die Technik *The All-Seeing Eye*: Zunächst stellt man Fragen, deren Antworten man bereits kennt. Zögert der Befragte kurz, gibt man die Antwort selbst, also zum Beispiel: »Wo warst Du denn gestern Abend? … Du warst bis zehn in der Pizzeria« (ein Freund hatte die befragte Ehefrau dort gesehen).

Das Army-Handbuch sagt dazu: »Durch die Wiederholung dieser Prozedur überzeugt der Vernehmer die Quelle davon, dass Widerstand zwecklos ist. Alles ist bereits bekannt.« So wie Scharff leere Ordner beschriften ließ, empfiehlt auch das Kubark-Handbuch: »Zum Beispiel kann er dem Vernommenen einen dicken Ordner zeigen, auf dem sein Name steht. Auch wenn der Ordner nur wenige oder sogar leere Seiten enthält, kann die scheinbare Vertrautheit, mit der sich der Vernehmer auf den Hintergrund des Vernommenen bezieht, einige Quellen davon überzeugen, dass alles bereits bekannt und Widerstand zwecklos ist.«[176] Während des Gesprächs sollte der Vernehmer dann immer mal wieder in der Akte blättern, eventuell auch scheinbar wahllos eine Seite aufschlagen und detaillierte Angaben vorlesen, die möglicherweise alles sind, was er hat. Hier ist das gleiche Prinzip anzuwenden wie bei der Köderfrage im Interview, allerdings nicht in Frageform, sondern als »Köderbeweis«. Reid empfiehlt dazu nicht nur Papier, sondern auch CDs, DVDs, ganze Tüten mit »Beweisen« wie Fingerabdruckkarten oder farbigen Flüssigkeiten.[177]

Was bedeutet das im Alltag? Nun, wenn Sie einen Verkäufer befragen, wie tief er wirklich gehen oder was er Ihnen noch an zusätzlichem Service anbieten kann, dann gehen Sie am besten gut bestückt in das Gespräch: Nehmen Sie Broschüren von seinem Zulieferer und einen Ordner mit, der mit der Aufschrift »Preisgestaltung« und dem Logo seiner Konkurrenz versehen ist. Nun wird er davon ausgehen, dass Sie schon gut Bescheid wissen – auch wenn in Ihrem Ordner nur Altpapier enthalten ist. Das Gleiche gilt bei einem Vorstellungsgespräch: Nehmen Sie hier einen kleinen Ordner mit dem Namen des Bewerbers mit. Sie können diese Methode bei Verhandlungen anwenden, bei denen nur der Verkäufer die Probleme und Mängel des Gegenstandes kennt, und in Gesprächen mit Maklern, die Bescheid wissen über die Interessen und die wahre Schmerzgrenze des Käufers oder Verkäufers.

Man kann sein Wissen auch sehr subtil präsentieren, wie Scharff es bei der Vernehmung eines Majors der British Air Force tat. Scharff besaß nur eine einzige Information, nämlich dass der Major dem Geschwader 321 angehörte. Beim Tee demonstrierte Scharff dem Mann einen Kartentrick, bei dem dieser drei Karten wählen und umdrehen sollte – eine 3, eine 2 und ein As: »Drei … zwei … eins! Sehen Sie nur! Haben Sie an Ihre Geschwadernummer gedacht, als Sie die Karten umgedreht haben? ›Ja, habe ich‹, erwidert er schnell und überzeugt, ›das ist sie!‹ Er packt meine Hand und schüttelt sie und ich hatte das Gefühl, dass er noch etwas skeptisch, aber auch erleichtert war. ›Was bist Du nur für ein Kerl, Hanns! Warst Du das oder ich? Egal – was für ein fabelhafter Trick! Du bist ein verdammt feiner Kerl!‹ Als ich am Abend einen langen Bericht über all die Informationen verfasste, die ich dem Major entlockt hatte, was eine Menge war, da der Kartentrick ihn just an diesem Tag zur Zusammenarbeit bewegt hatte, war ich mir allmählich zu 100 Prozent sicher, dass ich ein bemerkenswerter Kerl war. Doch ich war mir nicht zu 100 Prozent sicher, dass ich ein besonders feiner Kerl war.«[178]

Verfügen Sie nur über wenige oder gar keine Anhaltspunkte, können Sie eine Taktik anwenden, die von den Vernehmungsexperten Nathan Gordon und William Fleisher empfohlen wird: »Wenn ich Ihnen ein Foto Ihrer Mutter zeigen und Ihnen sagen würde, dass das nicht Ihre Mutter ist, würden Sie mir kein Wort glauben, oder? Egal, wie lange und wie laut ich auf Sie einreden würde, ich könnte Sie nicht überzeugen, dass das nicht Ihre Mutter ist. Stimmt doch, oder? Und wissen Sie, warum? Weil Sie wissen, wie Ihre Mutter aussieht. Ich habe mir auch ein Bild gemacht. Ein Bild aus Fakten und Beweisen. Ein Bild Ihrer Lüge. Und ich weiß, wie so ein Bild aussehen muss, weil ich das schon viele Jahre lang mache, weil ich gut ausgebildet bin und viel Erfahrung habe. Ich kenne solche Bilder. Also ganz egal, was Sie mir erzählen, Sie werden mich nie von Ihrer Unschuld überzeugen können. Sagen Sie lieber die Wahrheit. Dann kann ich Ihnen helfen, anderen zu erklären, wie es dazu kommen konnte.«[179] Auch so können Sie Ihr Gegenüber von Ihrem »Allwissen« überzeugen, ohne auf Details einzugehen.

Falsche Erinnerungen

Unser Gehirn konstruiert das Erlebte bei jedem Erinnerungsvorgang neu. Unsere Erinnerung ähnelt also nicht dem Inhalt einer Schublade, die das Gehirn öffnet, sondern eher einem Mosaik, das jedes Mal aufs Neue zusammengesetzt wird. Daher gleicht auch kaum eine Erinnerung der anderen exakt, da diese sehr leicht zu manipulieren sind. In *Durchschaut* beschrieb ich ein faszinierendes Experiment:[180] Psychologen befragten Menschen, ob sie den Film gesehen hätten, der Lady Di und Dodi al Fayed bei ihrer tödlichen Fahrt durch Paris zeigt. Ganze 45 Prozent »erinnerten« sich an den Film und gaben zum Teil sogar Details an –

obwohl es einen solchen Film nicht gibt (jedenfalls ist er nicht bekannt). So einfach lässt sich die Erinnerung also in bestimmte Bahnen lenken.

Dabei ist eine Sache entscheidend: Wir benötigen ein »Skript« für die Situation, an die wir uns erinnern sollen, das heißt, wir müssen uns die falsche Erinnerung ohne Weiteres vorstellen können. Dazu wurde ein interessantes Experiment mit einer Gruppe von Katholiken und einer Gruppe von Juden durchgeführt.[181] Beide wollte man glauben machen, sie seien bei einer bestimmten Kommunion und bei einer bestimmten Sabbatfeier anwesend gewesen. Und tatsächlich: Sieben der Katholiken glaubten, sie wären bei dieser Kommunion gewesen, aber kein Einziger der Juden. Und nur einer der Katholiken, aber drei der Juden glaubten, sie hätten an der Sabbatfeier teilgenommen. Wie ist das zu erklären? Ein Katholik war wahrscheinlich schon bei einigen Kommunionen, ein Jude bei mehr als einer Sabbatfeier; sie haben daher keine Probleme, sich ihre Anwesenheit bei einem entsprechenden Anlass vorzustellen. Anders ist es bei Veranstaltungen, mit denen sie keine Erfahrungen haben. Mit anderen Worten: Erinnerungslücken werden generell mit plausiblen Gedankenbrücken geschlossen, was vor allem dann der Fall ist, wenn Menschen für die jeweilige Situation eine Art »Skript« im Kopf haben.

Was bedeutet das nun für die Wahrheitsfindung? Nun, wenn die Aussage Ihres Gegenüber keine Anzeichen einer Lüge aufweist und sie eine typische Lebenssituation von ihm beschreibt, dann kann es durchaus sein, dass er nicht bewusst lügt: möglicherweise ist er Opfer einer falschen Erinnerung!

Allwissen anhand Dritter

Nun bietet es sich auch mehr denn je an, mehrere Befragte gegeneinander auszuspielen, was auch die Forschung immer wieder als wirkungsvoll befunden hat.[182] Bei einer Technik, die das Kubark-Handbuch *The Witness* nennt, lässt man den Befragten vor der Tür warten, während ein anderer sehr lange vernommen wird. Dann öffnet man die Tür, lässt den anderen gehen und sagt ganz nebenbei zum Bewacher des Wartenden: »Den brauchen wir jetzt nicht mehr.« Er wird wieder in seine Zelle gebracht – und wenn er zwei Tage später aus purer Gnade doch noch vernommen wird, kann er es kaum erwarten, endlich seine

Sicht der Dinge darzulegen. Immer wenn Sie mehrere Beteiligte haben, egal ob Zeugen oder Täter, können Sie derart verfahren. Sie bitten alle nacheinander in Ihr Büro und lassen den für Sie Hauptverdächtigen warten. Dann schicken Sie ihn mit einem kalten Lächeln fort mit Worten wie: »Danke, wir wissen jetzt alles, was wir wissen müssen.« Die Chance ist hoch, dass er sich jetzt äußern will und sich fast schon darauf freut, seine Perspektive darzulegen.

Das Kubark-Handbuch rät, hierbei noch einen Schritt weiter zu gehen: Beim neuerlichen Verhör gibt man sich schockiert und sagt etwa: »Und wir dachten erst, dass Sie nur Beihilfe geleistet haben, nicht aber, dass Sie es fast allein durchgezogen haben.« Daraufhin wird der Befragte protestieren und langsam schlägt man sich scheinbar auf seine Seite: »Ich glaube nicht, dass sich Ihr Partner in diesem Punkt Ihnen gegenüber wirklich fair verhalten hat. Möchten Sie mir nicht Ihre Version der Geschichte erzählen?« [183] Man gibt dem Befragten also das Gefühl, man wisse eigentlich bereits alles und er solle lediglich die Chance wahrnehmen, endlich zu reden, um seine eigene Position zu verbessern. Der US-Vernehmer Matthew Alexander erzählt, wie er einen Befragten mit diesem »Gefangenendilemma« zum Singen brachte: »Schau her, die anderen vier, die mit Dir gefangen genommen wurden, werden gerade verhört. Wer auch immer uns zuerst die Wahrheit sagt, wird einen Deal mit uns machen. Wir wissen, dass Du in dem Haus warst – das haben die anderen schon gesagt. Einer redet also schon. Du verschwendest Zeit mit der Lügerei. Hilf mir, Dir zu helfen.«[184] Und er verschärft es noch weiter: »Wenn einer von denen mit uns zusammenarbeitet, werden wir Dich nicht mehr brauchen … dann ist es zu spät.«[185]

Wieder wird dem Befragten »Allwissen« vorgegaukelt, diesmal eben anhand anderer Befragter. Natürlich benötigen Sie kein Gefängnis, um diese Technik zu verwenden. Das gleiche Ergebnis kann mit ganz einfachen Worten erzielt werden: »Wir wissen doch beide, dass in jedem Fall mit mehreren Beteiligten früher oder später einer anfängt zu reden, und in Ihrem Fall sollten Sie derjenige sein … Man glaubt immer dem, der zuerst redet. Aber später glaubt Ihnen wahrscheinlich niemand mehr, auch wenn Sie dann vielleicht die Wahrheit sagen.«[186] Oder auch: »Kooperieren Sie. Jetzt oder nie. Sie haben Glück – heute Abend bin ich auf Ihre Hilfe angewiesen. Morgen nicht mehr. Morgen ist der Zug abgefahren. Also, denken Sie eine Minute darüber nach – und dann erzählen Sie mir, was wirklich geschehen ist, denn das ist Ihre letzte Chance.«[187]

Es gibt noch einen weiteren cleveren Vernehmungstrick, den man anwenden kann, wenn zwei oder mehr Verdächtige getrennt voneinander verhört werden, die wohl beide an der Tat beteiligt waren, aber alles abstreiten.[188] Während des Gesprächs mit einem der beiden bitten Sie ihn, folgende Worte auf ein Blatt Papier zu schreiben und mit seiner Unterschrift zu versehen: »Ich habe die Wahrheit gesagt, Du solltest es auch tun.« Ein Wahrhaftiger hat damit überhaupt kein Problem, ein Lügner aber steht vor einem Dilemma: Wenn sein Komplize diesen Zettel liest, wird er wohl reden – dann kann er es auch gleich selbst tun!

Wenn Ihre zwei Kinder etwas ausgefressen haben, Sie aber nicht wissen, wer wofür verantwortlich war, und beide schweigen, können Sie die beiden getrennt voneinander befragen und ihnen einen solchen Text des jeweils anderen vorhalten. Die Chancen stehen gut, dass sie nun beide denken, der andere hätte geredet – und es dann selbst tun!

Die Übertreibung

Stellen Sie sich vor, Sie waren bei mir zu Besuch, haben sich nachts an meinen Kühlschrank geschlichen und ein Stück der Geburtstagstorte stibitzt, die für den folgenden Tag bestimmt war. Am nächsten Morgen reden wir am Frühstückstisch darüber und ich sage, dass irgendjemand letzte Nacht ein Stück Torte und eine Flasche Champagner aus der Küche geklaut habe. Was denken Sie? Sie denken sich: »Torte ja, aber mit dem Champagner habe ich nichts zu tun!« Aber weil Sie nicht erwischt werden wollen, beißen Sie sich auf die Zunge und sagen nichts.

Worauf will ich hinaus? Nun, es gibt einen ganz erheblichen Unterschied zwischen wahren Vorwürfen und Übertreibungen. Bei Übertreibungen kann der Täter es kaum erwarten, endlich zu reden. Übertreiben Sie die Summe, die gestohlen oder veruntreut wurde, machen Sie aus 2000 Euro 4000 Euro oder erfinden Sie noch einen Ring, der zusammen mit der Kette verschwunden ist.[189]

Oder Sie sind noch phantasievoller und verknüpfen die aktuelle Tat mit einer anderen: »Der Dieb wird der gleiche sein, der letztes Jahr auch das Feuer im Lager gelegt hat!« Jetzt geschieht zweierlei: Der wahre Dieb möchte reden, um die Unwahrheit zu berichtigen. Und das Reden wurde ihm auch noch erleichtert, da er nun dank des Kontrasteffektes gar nicht mehr so »böse« wirkt.[190]

Es kann auch schon genügen, vor Übertreibungen zu warnen, etwa mit folgenden Worten: »Ich möchte auf keinen Fall, dass sie anfängt, Dinge zu behaupten, die nicht stimmen, damit Du dann viel schlechter dastehst. Viele dieser Opfer wollen unbedingt Mitgefühl erschleichen und übertreiben deswegen. Das Problem ist, dass die Leute es glauben. Aber das wäre Dir gegenüber nicht fair! Sag' mir also die Wahrheit, damit ich dann sagen kann: ›Hey, das ist nicht wahr!‹«[191] Wenn es etwa um Mobbing innerhalb Ihres Unternehmens geht und Sie mit dem vermeintlichen Täter sprechen, dann sind das hervorragende Worte, um ihn zum Reden zu bringen.

Auch kann man hier das Phänomen des Ankerns verwenden, um dem Gegenüber das Geständnis zu erleichtern.[192] Wenn man etwa fragt, wie häufig ein Angestellter letztes Jahr zu spät zur Arbeit gekommen ist, wird er möglicherweise zwei bis drei Fälle einräumen. Wenn man aber sehr hoch ansetzt, wird es ihm leichter gemacht, die tatsächliche, hohe Zahl zu nennen: »Wenn wir Ihren alten Arbeitgeber fragen, wie häufig waren Sie dann wohl letztes Jahr zu spät in der Arbeit? 100, 50 oder 20 Mal?«[193]

Das Vernehmungshandbuch beschreibt auch die sogenannte Auswahlfrage, bei der man dem Verhörten eine Frage mit einigen Alternativen stellt. Allerdings ist die richtige Alternative nicht dabei.[194] Wenn Sie beispielsweise herausgefunden haben, dass sich Ihre Freundin mit ihrem Exfreund getroffen hat, dann fragen Sie: »Bist Du mit dem Bus oder mit der Bahn dorthin gefahren?«, obwohl Sie wissen, dass sie das Auto genommen hat – mit einer hohen Wahrscheinlichkeit wird sie den Fehler richtigstellen wollen und daher mit der Wahrheit herausrücken.

Richtig reagieren

Zur Illusion des Allwissens gehört auch die richtige Reaktion auf Lügen, die Sie aufdecken: Wenn Sie eine Lüge entlarvt haben, hüten Sie sich davor, Ihr Gegenüber sofort deswegen anzugehen. Reid empfiehlt: »Es ist viel besser, jede Reaktion des Ärgers oder auch nur der Überraschung zu verbergen. In der Tat ist es ein effektiverer Umgang mit der Situation, einfach nur den Eindruck zu erwecken, dass der Ermittler schon die ganze Zeit wusste, dass der Verdächtige nicht die Wahrheit sagte.«[195]

Die Folgen der Illusion des Allwissens beschreibt die US-Army als *Futility Approach*: Dem Befragten wird klar, dass er sich in einer aussichtslosen Lage befindet. Jegliches Leugnen ist sinnlos, denn früher oder später redet sowieso jeder, die Wahrheit kommt also unweigerlich ans Tageslicht. Jeder, der leugnet, muss abwägen: Er hat nur noch eine Chance – und die besteht darin, endlich zu reden. Laut Chris Mackey war dies die beliebteste Technik während des Einsatzes, zynisch sagt er: »Als wir Afghanistan verließen, hatten wir so viel Übung, dass wir den Kameraden, der in der Essensschlange vor uns stand, mit einem *Futility Approach* bearbeiten konnten, und wenn er dann losrannte, um sich umzubringen, nahmen wir seinen Platz ein.«[196]

Die Zauberraum-Methode – scheinbarer Kontrollverlust

Hypnose kann einen Menschen nicht zum willenlosen Sklaven machen, aber die Grundidee der Hypnose kann durchaus wirksam angewendet werden: Wenn jemand glaubt, er sei hypnotisiert worden, sagt er freimütiger die Wahrheit. Er hat damit praktisch eine Ausrede parat, weshalb er schwach geworden ist.

Die CIA verwendet dazu eine Technik, die sie »Zauberraum-Methode« nennt: Hier wird dem Befragten suggeriert, dass er unter Hypnose stehe. Dass seine

Hand warm werde oder die Zigarette bitter schmecke. Der Befragte spürt all dies tatsächlich. Nicht aber, weil er wirklich hypnotisiert wurde, sondern weil ein ferngesteuerter Heizkörper in seine Stuhllehne eingebaut ist oder die Zigarette mit einer Chemikalie präpariert wurde, die einen bitteren Geschmack erzeugt.

Ganz ähnlich empfielt das Handbuch eine Placebo-Methode, bei der dem Befragten vorgegaukelt wird, man habe ihm ein Wahrheitsmittel verabreicht, obwohl man ihm tatsächlich nur eine wirkungslose Zuckertablette gegeben hat. Dazu das Kubark-Handbuch:[197] »›Ich bin betäubt worden‹ ist eine der besten Entschuldigungen.«

Im Alltag kann man diese Methode mithilfe von Alkohol zur Anwendung bringen – dem Gegenüber also etwas Hochprozentiges einflößen und bald darauf etwa sagen: »Oh, Du bist ja ganz schön angetrunken.« Die Idee dahinter ist »der übermächtige Wunsch, einer Stresssituation durch Kapitulation zu entfliehen«. Falsche Betrunkenheit trägt dazu bei, »eine Person von ihrem Verantwortungsgefühl für ihre eigenen Aktionen zu befreien und sie zur Preisgabe ihrer Informationen zu bringen«. Und das, »auch wenn sie auf einer anderen Bewusstseinsebene genau weiß, dass diese Suggestion nicht stimmt. Diese Methode bietet der Quelle die von ihr benötigte rationale Erklärung.«[198]

Vielleicht haben Sie es bei einem Date selbst schon einmal erlebt: Ihre Traumfrau des Abends hat einen halben Schluck Sekt getrunken und erklärt ihr angeblich absolut untypisches Verhalten damit, dass sie ja völlig betrunken sei …

Fazit

Mit den hier beschriebenen Techniken des »Allwissens« wird das eigentliche Verhör eingeleitet, das im Gegensatz zum Interview anschuldigend und offensiv gestaltet wird. Denn, so Reid, »täuschende Verdächtige neigen nicht dazu, Geständnisse abzulegen, die gegen ihre eigenen Interessen gehen, solange sie nicht davon überzeugt sind, dass der Vernehmer sie ohne Zweifel für den Schuldigen hält«.[199]

Das Verhörhandbuch der Polizeibehörde eines großen deutschen Bundeslands spricht in Bezug auf derartige Techniken von einer »Überrumpelungstaktik« und fügt knapp hinzu: »hat sich bewährt (eindrucksvoll) – am besten in den frühen Morgenstunden. Schnell schon gesicherte Tataufklärung suggerieren (Motto: Leugnen zwecklos) und Stärke demonstrieren; souverän und selbstsicher wirken.«[200]

Warum funktioniert diese Methode so gut? Sehen wir uns ein interessantes Experiment dazu an[201]: Versuchspersonen wurden vor einen Computer gesetzt und sollten auf keinen Fall die ALT-Taste drücken. Nach dem Experiment beschuldigte man die Hälfte der Teilnehmer – unabhängig davon, ob sie die Taste wirklich gedrückt hatten –, sie hätten die verbotene Taste gedrückt, und präsentierte ihnen einen entsprechenden Ausdruck, der ihre Schuld schwarz auf weiß »beweisen« sollte. Immerhin 69 Prozent von ihnen gestanden schließlich. Wie viele wirklich ›schuldig‹ waren, spielte keine Rolle; die zentrale Erkenntnis war, dass ein Großteil erst gestand, als sie mit ausgedruckten »Beweisen« konfrontiert wurden. Frauen waren dabei weniger geständig. Je jünger die Teilnehmer waren, desto stärker neigten sie zum Gestehen. Tatsächlich gibt es zahlreiche Studien, die genau das gleiche Ergebnis brachten.[202]

Jüngeren fällt es also schwerer, dem Druck der Vernehmung standzuhalten. Eine Erkenntnis mit Folgen: Man weiß nun nicht nur, dass man Jüngere leichter zum Gestehen bringen kann – nein, darüber hinaus gesteht jeder Mensch umso leichter, je »jünger« er seiner psychischen Verfassung nach ist. Die CIA ist überzeugt, den Befragten durch dominante Vernehmungsmethoden in die »Regression« führen zu können, in einen kindlichen Zustand, in dem der Verhörte Schuld und Hilflosigkeit empfindet und seine Abwehrmechanismen zusammenbrechen. Das Kubark-Handbuch dazu: »Alle Methoden, die zur Überwindung von Widerständen im Laufe eines Verhörs angewandt werden … sind im Grunde Methoden zur Beschleunigung dieses Regressionsprozesses. Der Vernommene wird immer unreifer und fällt in ein infantileres Stadium zurück, wobei er seine erlernten oder strukturierten Persönlichkeitsmerkmale in einer umgekehrt chronologischen Reihenfolge ablegt, sodass die zuletzt erworbenen Eigenschaften – die gleichzeitig die Eigenschaften sind, auf die der Vernommene bei seiner Verteidigung zurückgreift – als Erstes verschwinden.«

Aber egal, ob man den Befragten nun tatsächlich in einen kindlichen Zustand zurückführt, er fühlt sich auf jeden Fall in seiner Freiheit eingeschränkt. Zumal er nicht weiß, wie viel der Vernehmer wirklich weiß. Es herrscht also ein Ungleichgewicht der Macht. Dies ist der laut Kubark-Handbuch entscheidende Punkt des Verhörs: »Der Beschuldigte wird schließlich so stark in die Richtung eines Geständnisses gedrängt … Er sieht das Geständnis als einzige Möglichkeit, sich aus seiner misslichen Lage zu befreien und seine Freiheit wiederzuerlangen.«[203]

Aber dabei gilt: Vorsicht vor falschen Geständnissen! Wie das oben erwähnte Beispiel mit der ALT-Taste zeigt, ist es gar nicht schwer, einen Unschuldigen zum Geständnis zu bewegen. Wie kann das sein? Meist wird dieses Phänomen auf das sogenannte *Memory Distrust Syndrome* (MDS) zurückgeführt, wonach Menschen bei Vernehmungen überzeugt werden können, etwas getan zu haben, woran sie sich nur nicht erinnern können.[204] Bei aller demonstrativen Selbstsicherheit müssen Sie daher auch für Anzeichen der Unschuld immer Augen und Ohren offen halten.

Was wurde eigentlich aus Hanns-Joachim Scharff, dem berühmtesten aller Nazi-Vernehmer? Nach dem Krieg wurde er auf Betreiben ehemaliger amerikanischer Kriegsgefangener, die er einst verhört hatte, in die USA eingeladen, um Vorträge über Vernehmungstechnik zu halten – und er blieb. Für die amerikanische Staatsbürgerschaft bürgten seine einstigen Befragten, die er regelmäßig traf, mit denen er nun sogar intensive Freundschaften pflegte. Knapp 40 Jahre nach dem Zweiten Weltkrieg erinnerte sich einer davon: »Wir sollten nichts weiter verraten als Name, Dienstrang und Ordnungsnummer, doch die allwissende Art dieses Kerls irritierte uns so sehr … einmal sagte er, er habe alle anderen Vernommenen zum Reden gebracht. Nach dem Krieg fragte ich ihn, wie viel er aus mir herausbekommen hatte. ›Nicht besonders viel!‹, antwortete er. Aber vielleicht sagte er das nur, weil er ein Gentleman war.«[205] Und ein anderer fügt hinzu: »Hanns Scharff konnte eine Nonne dazu bringen, ihre Untreue zu gestehen!«[206]

Auf einen Blick

DIE KONFRONTATION

Die Beweise: Beweise sammeln und die am wenigsten Verdächtigen zuerst befragen

Die Konfrontation: *Wir wissen, dass Du es warst.*

➔ Völlige Sicherheit vorspiegeln und Autorität demonstrieren

➔ Keine bedrohlichen Worte verwenden; langsam, nicht aggressiv oder laut sprechen

Das Leugnen:

Unschuldiger: leugnet lautstark und aufgebracht.

Schuldiger: resigniert und zögert, will Informationen; eventuell spezifisches Leugnen

➔ Ignorieren, falls möglich

➔ Ansonsten stoppen: Hand heben – Verdächtigen mit Namen ansprechen – Kontrollsatz *(Hören Sie mir erst mal richtig zu.)*

Der Einwand:

Typisch für Schuldigen (»Ich kannte sie doch gar nicht«) (oder auch **Emotionen**)

➔ Zuhören und sachlich wegwischen: *Daher müssen wir es klären.*

➔ Abdriften stoppen, indem man sich direkt ins Blickfeld des Befragten bewegt

Das Nachlegen: Illusion des Allwissens erzeugen

➔ Beweise nebenbei und selbstverständlich nennen, fokussieren auf das *Warum*

➔ Fragen stellen, deren Antwort man bereits kennt, und diese selbst beantworten

➔ »Köderbeweis«: Ordner und Sachbeweise

Mehrere Verdächtige gegeneinander ausspielen: *Wer zuerst redet, gewinnt!*

DAS THEMA – EINE GOLDENE BRÜCKE BAUEN

»Nein! Bitte! Ich sage Ihnen alles,
was Sie wissen wollen!«, schrie der Mann.
»Tatsächlich?«, sagte Vimes:
»Was ist die Umlaufgeschwindigkeit des Mondes?«
»Was?«
»Ah, Sie hätten gerne etwas Einfacheres?«

Terry Pratchett

Als ich etwa 18 Jahre alt war und noch zur Schule ging, saß ich eines Abends mit ein paar Freunden in einem Lokal. Wir aßen Burger, gönnten uns Desserts und bestellten noch den einen oder anderen Drink. Sage und schreibe zwanzig Mark – wenn nicht noch mehr – ließen wir damals pro Kopf in dem Laden, genug Geld, dachten wir, um uns noch ein kleines Souvenir mitnehmen zu dürfen. Und so verfrachteten wir eine nette blaue Pernod-Karaffe in die Handtasche einer Mitschülerin. Der Kellner kam mit der Rechnung, sah einen Moment lang auf unseren Tisch, musterte uns – er hatte wohl bemerkt, dass etwas fehlte. Als er dann verschwand, warfen wir einander einen Blick zu, der besagte: »Verdammt, er hat es gemerkt!« Wir wollten das gute Stück gerade zurück auf den Tisch stellen, da bog der Kellner auch schon wieder um die Ecke und begann eine Tirade: »Schämt Euch! Kaum dreht man sich weg, beklaut Ihr mich! Ist Euch das nicht peinlich? Erbärmlich!« Und so weiter. Was taten wir nun? Wir konnten die Karaffe nicht mehr zurückgeben, denn es war nun schlicht und einfach nicht mehr möglich, mit der Wahrheit herauszurücken, ohne unser Gesicht zu verlieren. Also leugneten wir stur und zogen schließlich von dannen – mit der Karaffe. Was blieb dem Kellner anderes übrig, als uns zähneknirschend gehen zu lassen? Doch wir fühlten uns schlecht. Wie gerne hätten wir ihm das Diebesgut ausgehändigt! Aber wir konnten einfach nicht, nach all den Beschimpfungen wäre es uns zu peinlich gewesen.
Mache ich also den Kellner dafür verantwortlich, dass wir die Karaffe gestohlen haben? Nein – aber dafür, dass wir sie behalten haben. Hätte er etwa gesagt: »Jungs, jeder nimmt gerne mal ein Souvenir mit. Ich habe selbst drei davon zu Hause stehen. Aber ich habe gerade eine Großbestellung Pernod reinbekommen und brauche die Karaffe. Wenn mal eine übrig ist, bekommt Ihr sie gerne!« Wir hätten sie ihm mit Handkuss gegeben!

In diesem Kapitel kommen wir zu einem Punkt, den man mit Fug und Recht als Kern der Reid-Technik bezeichnen kann: zur Entwicklung des *Themas*. Es geht darum, dem anderen eine »moralische Ausrede« für sein Verhalten zu geben, eine Krücke auf dem Weg zum Geständnis.[207] Entscheidend ist es, dem Täter eine Erklärung für sein Verhalten zu liefern, die ihn sein Gesicht wahren lässt. Man baut dem Befragten eine goldene Brücke, die er überqueren kann, ohne dabei in Sack und Asche zu gehen. Das Beispiel mit der Karaffe zeigt, wie wichtig eine solche Brücke sein kann, um mit der ganzen

Wahrheit herauszurücken – in diesem Fall mit dem Geständnis eines Diebstahls in Form des Diebesguts.

Denken Sie mal an Ihre letzte Lüge. Kann es sein, dass Sie ab einem gewissen Punkt nur noch an Ihrer Lüge festgehalten haben, um nicht Ihr Gesicht zu verlieren? Irgendwann verspüren wir geradezu ein Bedürfnis, zu gestehen, aber häufig können wir nicht, weil der Vernehmer sich auf eine Weise verhält, die ein Geständnis unmöglich macht. Ziel der Themenentwicklung ist daher, dem Befragten eine akzeptable Erklärung für sein Verhalten auf dem Silbertablett zu servieren. Eine Erklärung, mit der seine Freunde, seine Kollegen, seine Familie und auch er selbst leben können.

Wohlgemerkt muss das gefundene Thema keineswegs der Wahrheit entsprechen. Es kann durchaus sein, dass die Tat tatsächlich aus mehr oder minder niedrigen Beweggründen wie Gier, Rache oder Neid begangen wurde, was der Täter aber womöglich noch nicht einmal vor sich selbst eingesteht. Reid betrachtet diesen Aspekt pessimistisch, aber durchaus nicht unrealistisch: »Warum bestiehlt ein Mensch einen anderen Menschen? Weil er von Grund auf unehrlich ist. Warum missbraucht ein Mann ein Kind? Weil er sexuell pervers ist. Warum tötet ein Gangmitglied bei einem Drive-by-Shooting ein Mitglied einer anderen Gang? Weil es zu wenig soziales Bewusstsein entwickelt hat, um das Leben anderer zu respektieren.«[208] Allerdings erklären die meisten Menschen auch das niederträchtigste Verhalten mit quasi akzeptablen Gründen. Der Dieb, so Reid, »glaubt, dass er aus Verzweiflung stiehlt; der Kinderschänder hält sein Verhalten für einen Akt der Zuneigung; das Gangmitglied glaubt, dass es töten muss, um selbst zu überleben«.

In einem Kriminalfall, der leider keinem Tarantino-Film, sondern der Realität entspringt, wurde ein Krankenpfleger nach einigen Verdachtsmomenten mit einer versteckten Kamera gefilmt, wie er Geschlechtsverkehr mit einer Komapatientin hatte. Leugnen ergab keinen Sinn mehr, doch der Täter blieb bis zuletzt dabei, dass er die Tat nicht etwa zu seiner eigenen sexuellen Befriedigung begangen hatte, sondern um der Patientin zu helfen, aus dem Koma zu erwachen.[209] In einem anderen Fall fuhr ein Mann neben einem Bus voller Senioren her, zog seine Hose herunter und masturbierte. Dem Vernehmer sagte er, er hätte sich wegen eines hartnäckigen Juckreizes kratzen müssen. Und ja, es könnte schon sein, dass sein Glied dabei steif wurde.[210]

Das klingt lächerlich und überzogen? Natürlich handelt es sich um Extremfälle, die die zentrale Aussage aber gut illustrieren: Menschen bringen die absurdesten Begründungen für ihre Taten vor. Auch im Alltag ist dieses Schönreden der eigenen Taten – wenn auch nicht so extrem – kaum einem von uns fremd: Sie haben Ihrem Klienten schon mal mehr Stunden in Rechnung gestellt, als Sie tatsächlich gearbeitet haben? Nun, dafür arbeiten Sie ja auch doppelt so schnell wie ein anderer, insofern hat er sogar noch gespart. Sie haben neulich bei der Spesenabrechnung ein wenig übertrieben? Gut, aber dafür machen Sie seit einem halben Jahr die Arbeit eines Kollegen mit, insofern haben Sie es sich mehr als verdient. Ausreden zu finden fällt uns eben leichter, als uns schuldig zu fühlen.

Mein alter Jura-Dozent, ein gutmütiger Amerikaner mit Südstaaten-Akzent, fasste die Einstellung seiner zahlreichen ehemaligen Klienten gerne mit einer Cowboy-Metapher zusammen: »Everybody thinks he is wearing the white hat« – »Jeder denkt, er trägt den weißen Hut«, mit anderen Worten: Jeder hält sich für den Guten, denn nur der trägt im Western den weißen Hut. Oder wie Sokrates es schon ein paar Jahrtausende zuvor sagte: »Niemand tut freiwillig Unrecht« – zumindest sieht man es hinterher so. Der psychologische Mechanismus der Rationalisierung setzt nämlich zumeist *nach* einer Tat ein, wenn wir wieder einen klaren Kopf haben: Was auch immer wir getan haben, statten wir mit einer vermeintlich rationalen Erklärung – eben dem »Thema« – aus, um die Tat vor anderen und uns selbst zu rechtfertigen. Man nennt diesen Prozess auch »Homöostase« (zu Deutsch »Gleichstand«), da wir damit unser inneres Gleichgewicht wiederherstellen.

Seien Sie also stets offen für die abstrusesten Begründungen einer Tat. Dieses Thema beim anderen zu erkennen und darauf einzugehen – so abwegig man es auch insgeheim finden mag – hilft ungemein, um an ein Geständnis zu kommen. Denn so muss der Verhörte lediglich die physische Tat einräumen, ohne sich vollständig verantwortlich zu fühlen.[211]

Die Themenentwicklung

Das Thema ist die individuelle Erklärung, mit der der Befragte seine Tat rechtfertigt – vor anderen und auch vor sich selbst. Wie schon erwähnt, ist es unerheblich, ob das Thema der Wahrheit entspricht. Die Hauptsache ist, dass unser Gegenüber mit dieser Ausrede für seine Tat leben kann. Gute Verhörer finden dabei Ausreden, machen aber zugleich nie Versprechungen, die sie nicht halten können, wie zum Beispiel: »Ich werde dafür sorgen, dass Du nicht bestraft wirst.« Auch muss man darauf achten, dem Befragten keine juristisch relevanten Rechtfertigungsgründe wie etwa Notwehr oder andere schuldmindernde Aspekte an die Hand zu geben.

Das Kubark-Handbuch empfiehlt ganz konkret und pragmatisch:[212] »Wenn ein Vernehmer merkt, dass die Widerstandskraft des Subjekts am Schwinden ist, dass sein Wunsch, die Informationen preiszugeben, stärker wird als sein Wunsch, den Widerstand aufrechtzuerhalten, ist die Zeit gekommen, ihm eine akzeptable rationale Erklärung anzubieten: eine Erklärung oder Entschuldigung für seine Kapitulation, mit der er sein Gesicht wahren kann.« In Jahrzehnten der Vernehmungen wurden eine Reihe universaler Hauptthemen entwickelt, die auch Sie in den allermeisten Situationen verwenden können.

Thema 1: Die Umstände waren schuld!

Wann haben Sie das letzte Mal etwas gestanden? Als Sie von irgendeinem Kerl als verlogene Ratte beschimpft wurden – oder als Ihnen jemand das Gefühl gab, dass er in Ihrer Situation wohl genauso gehandelt hätte? Moralische Urteile halten uns, wie oben ausgeführt, vom Geständnis ab. Das Gefühl, dass unser Gegenüber unser Verhalten unter den gegebenen Umständen durchaus verständlich findet, erleichtert uns das Geständnis dagegen erheblich.

»In Deiner Situation hätte doch jeder genau das Gleiche getan!« Kaum etwas entspannt den Täter so sehr, wie zu hören, dass er kein seltsamer oder gar widerwärtiger Mensch ist.[213] Bei einem Fall von Fahrerflucht sagte der Vernehmer: »Ich glaube, ich weiß, wie es gelaufen ist. Ihr Wagen ist mit irgendetwas kollidiert. Sie waren sich unsicher, was es war, aber Sie hatten so Ihre Zweifel, und in Ihrer Aufregung sind Sie einfach weitergefahren … das ist eine ganz normale Reaktion. Unter denselben Umständen hätte ich mich wohl genauso verhalten.«[214]

Bei einem anderen Fall hatte der Kassierer einer Bank Geld unterschlagen. Der Vernehmer fragte nach seinem Gehalt und sagte dann: »Was für Versuchungen Sie da jeden Tag ausgesetzt sind! Tausende von Euro gehen durch Ihre Hände, und das bei Ihrem Gehalt! Und Sie sollen nicht nur davon leben, sondern sich davon auch noch edel einkleiden. Von einfachen Arbeitern wird das nicht verlangt … In der Situation hätte wahrscheinlich jeder gehandelt wie Sie.«[215]

Man gibt dem anderen also zu verstehen, dass sein Verhalten ganz und gar nachvollziehbar war: »Jeder wäre wütend gewesen und hätte überreagiert …« Oder: »Manchmal tun wir Dinge, die wir nicht kontrollieren können. Später tut es uns dann leid, aber wir konnten einfach nicht anders – es war eine Extremsituation!«

Bei Jugendlichen, die eine vermeintliche Dummheit begangen haben, würde man etwa sagen: »Wo Du wohnst, gibt es keine Sportplätze, kein Kino – einfach nichts zu tun. Man langweilt sich, und wenn dann noch der Gruppenzwang dazukommt, macht man eben Blödsinn.«[216] Oder auch: »Natürlich kann man Jugendliche wie Dich nicht mit Erwachsenen vergleichen. Ihr habt viel mehr Energie und wisst nicht, wohin damit.«[217]

Folgende Worte wären angebracht bei einem Mitarbeiter, der sich etwas genommen hat, das ihm nicht zusteht: »Lieber Herr Müller, ich habe mich wirklich lange auf unser Gespräch vorbereitet. Denn mir ist völlig klar, wie viele Jahre Sie hier gute Arbeit geleistet haben und wie sehr Sie jeder schätzt. Ich habe mich gefragt, wie es dazu kommen konnte, dass dieser Betrag verschwunden ist. Und dann habe ich mich gefragt, wie ich mich selbst an Ihrer Stelle verhalten hätte. Wenn ich ein alleinerziehender Vater wäre. Wenn ich fünf Tage die Woche erst gegen acht Uhr abends zu Hause wäre, weil ich so weit zur Arbeit pendeln muss. Wenn ich meinen Kindern gleichzeitig Vater und Mutter sein müsste. Wenn ich allen drei Kindern einen angenehmen Lebensstandard und vor allem die beste Ausbildung ermöglichen wollte. Das heißt nicht, dass ich oder dass Sie richtig gehandelt hätten. Aber das heißt, dass es verständlich ist. Für mich, für Sie, für alle in dieser Situation!«

Der Schlüssel ist bei diesem Thema, dem Befragten ein gemeinsames Wertesystem vorzugaukeln, weshalb ich diese Technik in *Durchschaut*, wo ich sie kurz angeschnitten habe, als »moralische Amnestie«, also als eine Art Vergebung in moralischer Hinsicht, bezeichnet habe. Sie ebnen den Weg für das Geständnis, indem Sie die besondere Situation Ihres Gegenübers detailliert beschreiben und dabei Ihren großen Respekt vor dem Gegenüber betonen.

Gute Vernehmer gehen hier sehr weit: Der Verhörexperte Christopher Dillingham, der jahrelang Pädophile vernahm, beschimpfte sie im Gegensatz zu seinen Kollegen nicht als widerliche Schweine. Nein, er sagte vielmehr Dinge wie: »Ja, der Sechsjährige in dem Donald-Duck-T-Shirt war schon sehr süß, gut dass ich nicht da war … Erzähl doch mal, was Du alles mit ihm gemacht hast.« Zweifelhaft? Nun, Dillingham hatte eine geradezu legendäre Aufklärungsrate. Sie müssen selbst entscheiden, wie weit Sie gehen wollen, um an die Wahrheit zu gelangen.

Thema 2: Die Schuld tragen andere!

Ein weiteres, ausgesprochen effektives Thema ist, die Schuld auf andere abzuwälzen: Schuld sei das Opfer, der Komplize oder ganz andere Personen – die Eltern, die Ehefrau, eine Randfigur.[218] So wie Kinder ihre Spielkameraden beschuldigen, wenn etwas Schlimmes passiert ist, neigen auch Erwachsene dazu, Dritten die Schuld in die Schuhe zu schieben, um eine Tat vor anderen und vor sich selbst zu rechtfertigen.[219]

Dazu ein Beispiel: Ein junger Mann hatte sich etwas angespart und wollte sich nun seinen Traum von der Selbstständigkeit als Großhändler erfüllen; er mietete ein Lager und füllte es mit vielversprechenden

Waren. Leider interessierte sich niemand dafür, das Lager blieb voll, seine Taschen aber leerten sich zusehends. Der junge Mann bekniete den Vermieter, den Mietvertrag aufzuheben, jedoch ohne Erfolg. Schließlich sah er den einzigen Ausweg darin, das Lager in Brand zu stecken, um zumindest die Versicherungssumme zu kassieren. Und so schritt er zur Tat: Er leerte einen großen Benzinkanister um das Gebäude herum aus – und bemerkte dabei nicht, wie er etwas auf sein Hemd verschüttete. Dann warf er ein entzündetes Streichholz auf den benzingetränkten Boden. Die Flammen schossen empor und entfachten sein Hemd. In Panik riss er sich den Stoff vom Leib und trug dennoch schwere Brandwunden davon. Einige Monate darauf saß ihm ein versierter Vernehmer gegenüber. Der junge Mann leugnete beständig – bis der Vernehmer den Vermieter als geeignetes Thema ausmachte. Dieser habe hartherzig am Vertrag festgehalten, während der junge Mann sich doch bloß eine Existenz aufbauen wollte! Es funktionierte: Der Täter gestand und sagte schließlich, sein Hass auf den Vermieter sei so groß gewesen, dass er zu viel Benzin verwendet habe.[220]

Die Kriminalpolizei nützt diese Methode insbesondere in Fällen, in denen es dem Täter besonders peinlich ist, zu gestehen – nämlich bei Sexualdelikten. Bei einem Fall hatte ein Erwachsener eine Zehnjährige missbraucht. Der Vernehmer gab dem Opfer die Schuld: »Das Mädchen ist schon sehr weit für sein Alter. Wahrscheinlich weiß sie schon viel über Sex, von den Jungen aus dem Viertel, aus Kinofilmen und aus dem Fernsehen; und weil sie schon so viel darüber wusste, hat sie vielleicht absichtlich versucht, Sie herauszufordern. Sie wollte wissen, wie Sie reagieren.« Das führte schließlich zum Geständnis, wobei diese Schutzbehauptung natürlich keinerlei juristische Folgen hatte.

Auch erwachsenen Missbrauchsopfern kann man – scheinbar! – die Schuld geben: »Sie hat zugelassen, dass Du sie küsst und ihre Brüste betatschst, und ihr hätte das gereicht. Aber Männer ticken eben anders. Man kann einen Mann nicht endlos reizen und antörnen, irgendwann muss es einfach mehr sein. Das muss man als Frau begreifen, und wenn eine Frau nicht weiter gehen will, muss sie viel früher aufhören als dieses Mädchen bei dir.«[222]

Was haben diese Sexualvergehen mit unserem Alltag zu tun? Nichts und doch alles. Denn wenn der Befragte selbst hier zum Reden gebracht werden kann, obwohl seine Tat nach allen erdenklichen Maßstäben widerwärtig ist und entsprechend drakonische Strafen drohen, dann funktioniert diese Technik im Alltag erst recht.

Eine Haushälterin wurde verdächtigt, einen Pelzmantel gestohlen zu haben.[223] Auf wen schob der Vernehmer die Schuld? Auf die Hausherrin: »Ihre Arbeitgeberin hat gleich mehrere Pelzmäntel und ich würde wetten, dass sie sie einfach irgendwo im Haus hinschmeißt wie die letzten Billigklamotten. Und Sie mussten sie einsammeln und aufhängen, nicht wahr? Irgendwann dachten Sie sich wahrscheinlich: Na, wenn ihr die Mäntel so egal sind, merkt sie es wohl gar nicht, wenn mal einer verschwindet.«

Wenn ein Familienvater Geld entwendet hat, kann man seine Frau oder seine Kinder zu den »Bösen« stilisieren und etwa sagen: »Du hast es nicht für dich, sondern für Deine Familie getan – für Deine unersättliche Familie!«[224] Kleinen Kindern, die sehr lange auf einer Lüge beharren, kann man ebenfalls mit diesem Thema beikommen: »Ich bin mir sicher, dass Du es zuerst gar nicht ernst gemeint und gar nicht gedacht hast, dass die Großen Dir glauben würden. Aber sie haben Dir geglaubt. Da sind sie doch selber schuld! Es war doch klar, dass Du nur Spaß gemacht hast!«

Bezüglich des passenden Sündenbocks sind Ihrer Phantasie keine Grenzen gesetzt. Es ist verblüffend, auf welchen armen Teufeln man die Schuld abladen kann: Ein Mann wurde verdächtigt, seine Frau getötet zu haben.[225] Die Schuld schob der Vernehmer jedoch den Schwiegereltern in die Schuhe, denn diese hätten sich ständig in die Beziehung eingemischt. Er ging sogar so weit, zu behaupten, dass der Täter eigentlich auch noch die Eltern hätte abknallen sollen. Verheiratete Männer, so führte der Vernehmer weiter aus, würden von ihren Frauen häufig dermaßen fertiggemacht, dass sie zur Flasche griffen und letztlich einfach abhauten – er aber habe sein Bestes gegeben, die Beziehung doch noch zu retten, bis es dann schlicht nicht mehr auszuhalten gewesen sei.

Bei Dieben schubst ein guter Vernehmer gerne die Hehler in die Rolle der »Bösen«:[226] »Gäbe es keine Hehler, kämen Männer wie Sie doch nie auf die Idee, so etwas zu machen. Männer wie Sie müssen sich für solche Kerle zum Affen machen. Sie müssen da rausgehen und Ihren Hals riskieren, um die Sache über die Bühne zu bringen, wenn Sie dabei nicht gleich erschossen werden. Und alles, was dabei rausspringt, landet bei diesen Arschlöchern, die Ihnen dann 10 Prozent des Werts geben … Sie tragen das Risiko, der Hehler kriegt das Geld.«

Bei Diebstählen innerhalb eines Unternehmers kann man den Chef, der die Tat mit seinem unfairen Verhalten selbst herausgefordert hätte, als wahren Verantwortlichen darstellen.[227] Bei einer Brandstiftung kann man die Versicherung, die das Gebäude viel zu hoch versichert und damit den Täter in Versuchung geführt hätte, zum Bösewicht erklären.[228] Auch wenig greifbare Entitäten wie Unternehmen, Behörden, die Gesetzgebung oder die Gesellschaft an sich können durchaus als Sündenbock herhalten.[229] Hat jemand Geld unterschlagen, um seine Spielsucht zu finanzieren, kann man die laschen Gesetze oder das System heranziehen: »Ich weiß, Du hast ein bisschen gespielt und dann hast Du dich daran gewöhnt, ohne dass Du wirklich was dafür konntest. Die Versuchung war einfach zu groß. Die Polizei und die Politiker sind selber schuld, wenn sie nichts dagegen tun … denn beim Spielen verliert man letztlich immer. Hätte man dem Ganzen ein Ende gesetzt, wärst Du jetzt nicht hier. Und jetzt soll das alles Deine Schuld sein? Schwachsinn!«[230] Oder man macht die Politik auf andere Weise verantwortlich: »Der Staat verschwendet unsere Steuergelder, wie er will, er gibt Milliarden an Leute, die nicht arbeiten, und an Pleitestaaten. Wenn die da oben so agieren, ist es doch kein Wunder, wenn jeder schaut, wo er bleibt.«[231]

Kurz gefasst lädt man alle moralische Schuld bei anderen ab, beim Opfer, bei völlig Unbeteiligten oder bei einem vagen Gremium, und verbrüdert sich so fast schon mit dem Befragten. Denn was ist befreiender, als sich gemeinsam mit dem ursprünglichen Ankläger über die wahren Verantwortlichen zu empören – und ganz nebenbei zu gestehen?

Thema 3: Alle tun es!

Menschen haben kein Problem damit, wie andere Menschen zu sein. Sogar dann, wenn sich diese anderen ganz offensichtlich falsch verhalten. Der berühmte Fall der Kitty Genovese veranschaulicht dieses Phänomen, das Psychologen »soziale Bewährtheit« *(social proof)* nennen: Im Jahr 1964 wurde mitten in New York, im Stadtteil Queens, eine junge Frau namens Kitty Genovese vor ihrer Haustür angegriffen und erstochen – was im New York dieser Tage bedauerlicherweise nicht allzu ungewöhnlich war. Dennoch gab es eine Besonderheit: Die arme Frau wurde nicht etwa mit einem Stich niedergestreckt. Ihr Todeskampf zog sich über eine halbe Stunde hin. Sie floh immer wieder schreiend und weinend vor dem Täter, der sie sage und schreibe drei Mal attackierte – und insgesamt 38 Nachbarn beobachteten das Treiben und blieben untätig. Eine entsetzliche Tat und 38 fast ebenso entsetzliche Untaten. Wie konnte das sein? Sind Menschen wirklich so kalt und gleichgültig? Die beiden jungen New Yorker Psychologen John Darley und Bibb Latané waren fassungslos und beschäftigten sich intensiv mit diesem Fall.[232] Ihre Schlussfolgerung wurde als »Zuschauereffekt« oder auch »Genovese-Syndrom« weltberühmt: Augenzeugen eines Übergriffs schreiten selten ein, wenn andere Menschen anwesend sind, die ebenfalls nicht helfen. Sie sehen die anderen und schließen daraus, dass es dann wohl in Ordnung sei, ebenfalls nichts zu tun. Und das, obwohl sie es eigentlich besser wissen.

Dieses Phänomen zeigt sich auch in vollkommen anderen Zusammenhängen. Der Petrified-Forest-Nationalpark von Arizona etwa hatte das Problem, dass viele Besucher Stücke des versteinerten Holzes, für das der Park berühmt ist, als Souvenir mit nach Hause nahmen.[233] Man versuchte es mit einem Schild: »In der Vergangenheit haben viele Besucher versteinertes Holz aus dem Park entwendet, was den natürlichen Zustand des Petrified Forest verändert hat.« Das Ergebnis? Der Diebstahl verdreifachte sich. Klar, wenn es alle machen, wird es schon nicht so schlimm sein.

Es nützt nichts, sich über die Dummheit von uns Menschen zu ärgern oder einen aussichtslosen Kampf dagegen zu führen. Besser ist es, die Umstände zu akzeptieren und das eigene Vorgehen daran auszurichten. Geben Sie dem Befragten also zu verstehen, dass er kein einzelnes mieses Subjekt ist, sondern sich in bester Gesellschaft befindet. Vermitteln Sie ihm das Gefühl, dass zwar vielleicht nicht alle, aber doch viele Menschen handeln wie er: »Egal, was Sie jetzt sagen werden – es gibt nichts, was wir nicht schon gehört hätten.«

Sie können auch von vergleichbaren Vergehen reden, die Sie oder ein anderer schon begangen hat. Einem suspekten Stellenbewerber könnte man etwa sagen: »Jeder übertreibt doch in seinem Lebenslauf hier und da – anders kommt man heutzutage doch an gar nichts mehr!« In anderen Fällen präsentieren Sie eindrucksvolle Zahlen, die belegen, wie häufig Angestellte am Arbeitsplatz etwas mitgehen lassen oder wie typisch es ist, bei seinen Spesen ungenau zu sein: »Was auch immer es ist, man wird es lösen können. Denn Sie sind weder der Erste noch der Letzte, der so etwas getan hat.«

Gerade wenn es um beschämende Taten geht, ist es wichtig, dem Befragten seine Scheu zu nehmen: In einem Mitarbeitergespräch mit einem Rastalockenträger mit Hanf-Shirt dürfte es problematisch sein, den Gesprächspartner mit der charmanten Frage »Kiffen Sie?« zu empfangen. Aber man könnte beispielsweise erwähnen, dass man sich selbst sein halbes Studium weggebraten hat – das dürfte die Sache bereits erleichtern, da ein Gefühl der Gegenseitigkeit, des gegenseitigen Einverständnisses entsteht. Bei dem Vorwurf sexueller Belästigung sagen Sie Folgendes: »Wir Menschen denken immer, wir wären so viel weiter entwickelt als Tiere, aber da machen wir uns was vor. In Sachen Sex sind wir den meisten Tieren immer noch sehr nahe. Also denken Sie bloß nicht, Sie wären das einzige – oder eines von sehr wenigen – menschliche Wesen, das so etwas getan hat. Da gibt es noch viele andere, so etwas passiert jeden Tag zahlreichen Menschen und daran wird sich noch viele, viele Jahre lang nichts ändern.« In diesem Kontext ist es zudem hilfreich, dem Befragten zu versichern, dass man von anderen schon viel schlimmere Sachen gehört hat.[234]

Sehr wirkungsvoll ist es auch, dem Befragten eine Art Geschichte zu erzählen, eine Geschichte über einen Menschen in einer ganz ähnlichen Situation: »Alex, Du erinnerst mich an einen Kollegen, den ich vor vielen Jahren mal hier bei der Bank hatte: Ben. Er war intelligent, ehrgeizig und einfach ein netter Kerl. Nach nur knapp zwei Jahren wurde er Abteilungsleiter. Er hatte eine Frau, zwei Kinder und nahm einen Kredit für ein schönes Haus auf. Dann bemerkte er einmal, dass sein Mitarbeiter am Schalter eine Einzahlung nicht verbucht hatte. Er nahm das Geld an sich. Du erinnerst mich an ihn: Du hast ebenfalls eine vielversprechende Zukunft vor Dir, hast eine tolle Familie und Du hast wahrscheinlich ähnliche finanzielle Verpflichtungen. Du warst immer für die Firma da und hast eine einzige schlechte Entscheidung getroffen – aus dem Moment heraus.«[235] Dadurch kann sich der Befragte zum einen in guter, sympathischer Gesellschaft wähnen; zum anderen wird ihm das Thema nicht direkt, sondern indirekt vorgesetzt, was den Widerstand mindert.

Thema 4: Die moralisch akzeptable Ausrede

Sollte keines der bisher genannten Themen zur jeweiligen Situation passen, kann das Universalthema der moralisch akzeptablen Ausrede weiterhelfen: Sie werden kreativ und überlegen sich, wie man die mutmaßliche Tat Ihres Gegenüber so erklären könnte, dass sie nicht gar so verwerflich klingt. Dem diebischen Kollegen sagen Sie: »Du wolltest das Geld doch nicht behalten, sondern hast es Dir nur aus der Kaffeekasse geliehen, weil Du gerade Geld für die Autoreparatur brauchtest. Selbstverständlich hättest Du es zurückgegeben.« Oder: »Natürlich hast Du es nicht für Dich genommen, sondern für Deine Frau und Deine Kinder. Sie brauchen es und es gibt doch nichts Wichtigeres als die Familie.«

Alkohol ist die universelle Ausrede schlechthin: »Du warst nicht Herr deiner Sinne und hast Dinge getan, die Du nüchtern nie getan hättest.« Natürlich fällt es Menschen leichter, ihr Fehlverhalten zuzugeben, wenn sie – angeblich? – betrunken waren.

Reid erstellte eine Liste der wirksamsten moralisch akzeptablen Themen, die sich Menschen zurechtlegen. Es handelt sich hierbei um die Themen von Kriminellen, aber sie illustrieren das Prinzip der Themenbildung sehr gut, das man in fast jeder Alltagssituation anwenden kann:[236]

Brandstiftung

- Wir haben nur aus Spaß Feuer gemacht.
- Wir haben Feuer gelegt, um zu zeigen, wie groß die Brandgefahr in der Wohnung ist.

Autodiebstahl

- Auf dem Wagen stand »Zu verkaufen« und ich wollte nur wissen, in welchem Zustand der Motor ist, bevor ich das Auto kaufe.
- Ich musste ganz dringend zur Arbeit, weil sie mich sonst gefeuert hätten.

Bestechung

- Ich habe das Geld angenommen, weil ich eigene Ermittlungen durchgeführt habe und mich nicht unglaubwürdig machen wollte.

Kindesmissbrauch

- Ich wollte dem Kind bloß meine Liebe und Zuneigung zeigen.
- Ich musste ihr beibringen, wie Sex funktioniert, denn ihre Eltern hatten es ihr ja nicht beigebracht.
- Nicht ich, sondern das Kind hat den sexuellen Kontakt herbeigeführt.
- Ich wurde selbst als Kind missbraucht und bin daher in dem Glauben aufgewachsen, das wäre ganz normal.

Fahrerflucht

- Ich dachte, dem Opfer geht's gut – im Rückspiegel sah es so aus, als würde es sich bewegen.
- Ich bin weitergefahren, um die Polizei zu holen, aber dann ist mir klar geworden, dass ich Probleme kriegen könnte, weil ich nicht dort geblieben bin.

Mord

- Ich wollte dem Opfer nur Angst einjagen.
- Ich dachte, das Feuer würde sich auf die Küche beschränken.
- Wenn ich sie umgebracht habe, dann nur, weil ich sie so sehr geliebt habe.

Exhibitionismus

- Die Kinder haben mich nur beim Pinkeln erwischt.
- Ich dachte, dass keiner sieht, dass ich masturbiere.
- Ich hab mich nur am Penis gekratzt und da ist er hart geworden.

Versicherungsbetrug

- Ich habe den Diebstahl nur übertrieben, um den Eigenanteil bezahlen zu können.
- Der Unfall war gestellt, aber beim Sturz habe ich mich dann doch ziemlich verletzt. Von daher war es dann schon ein Unfall.

Vergewaltigung/Missbrauch

- Ich hatte das Messer (während des Geschlechtsverkehrs) in der Hand, denn wenn es noch auf dem Bett gelegen hätte, hätte sie sich womöglich daran geschnitten.
- Die meisten Frauen mögen spontanen und ein bisschen gewaltsamen Sex.

Diebstahl

- Ich habe das Geld genommen, um meine Familie zu unterstützen.
- Ich habe das Geld genommen, um Rechnungen zu bezahlen.
- Ich wollte denen nur zeigen, wie leicht man sie beklauen kann.
- Der Typ hat mir Geld geschuldet. Ich habe mir nur genommen, was mir zusteht.

Das richtige Thema finden

Man liefert dem Gegenüber also eine Ausrede für sein Verhalten, die ihm selbst akzeptabel erscheint – seien es die Umstände oder andere Personen, die ihn dazu getrieben hätten. Die Findung des passenden Themas ist dabei nicht immer leicht, aber das vorangehende Interview bietet eine gute Gelegenheit, Anhaltspunkte zu finden. Hier einige im Interview empfohlene Fragen und die daraus ersichtlich gewordenen Themen:[237]

Frage: »Jeder hat einen Grund, mal gegen die Regeln zu verstoßen. Unter welchen Umständen könnten Sie sich denn vorstellen, Geld aus der Kaffeekasse zu nehmen?«
Antwort: »Wenn jemand aus meiner Familie Geld bräuchte.«
➔ *Thema: Ich wollte doch nur meinen Liebsten helfen (die Umstände sind schuld).*

Frage: »Ist denn schon mal jemand auf Sie zugekommen und hat versucht, Sie dazu zu überreden, etwas aus dem Lager mitgehen zu lassen?«
Antwort: »Ja, ab und zu schon.«
➔ *Thema: Nicht ich bin schuld, sondern die Anstifter (die anderen sind schuld).*

Frage: »Was glauben Sie denn, weshalb jemand das Netzwerk angegriffen hat?«

Antwort: »Vielleicht um der IT-Abteilung zu zeigen, dass sie endlich mal das System updaten sollten!«

➔ *Thema: Ich will doch nur das Beste für das Unternehmen (moralisch akzeptabel).*

Achten Sie dabei auf die Reaktion Ihres Gegenübers. Wenn Sie ein Thema einführen, bei dem es teilnahmslos bleibt, war es wohl das falsche. Auch wenn es immer ablehnender reagiert, sollten Sie umgehend das Thema wechseln, bis Sie eine Ausrede finden, die Ihrem Gegenüber behagt. Der Schuldige hört im Verlauf dieser Themenentwicklung genau zu, der Unschuldige aber wird umso deutlicher leugnen. Sobald Sie das passende Thema getroffen haben, folgt endlich der letzte Schritt – die Alternativfrage.

Die Alternativfrage

Manchen Vernehmern ergeht es wie so vielen Verkäufern, die scheinbar alles richtig machen, aber einfach nicht zum Abschluss kommen. Sie fangen vielversprechend an, sie finden sogar das passende Thema – aber sie verpatzen diesen letzten, alles entscheidenden Teil.

Die *Alternativfrage* ist die Zusammenfassung des Themas in wenigen Worten, gepaart mit einer völlig abwegigen Alternative. Wenn es zum Beispiel im Thema darum ging, dass die unglücklichen Umstände fast zwangsläufig zur Veruntreuung von Geldern geführt hätten, würde man fragen: »Sind Sie ein einziges Mal schwach geworden und haben es dann bereut *oder haben Sie regelmäßig gestohlen*?« Wurden im Thema andere Personen als die eigentlichen Übeltäter enttarnt, könnte die Alternativfrage lauten: »Hat Max Dich dazu überredet *oder hast Du es allein von langer Hand geplant*?«[238] Plötzlich steht der Befragte vor der Wahl zwischen seinem Thema oder einer Erklärung, die ihn als Bösewicht darstellt.

Natürlich muss man zuvor unbedingt das richtige Thema getroffen haben. Denn war das Thema falsch, wird die Alternativfrage nicht funktionieren. Es kann durchaus sein, dass man nach der Alternativfrage das Thema noch einmal detaillierter ausführen muss, um dem Befragten die letzte Motivation zum Geständnis zu geben: »Haben Sie das Geld genommen, um ein Luxusleben zu führen, oder um die Studiengebühren Ihrer Kinder zu zahlen?«

Es muss dem Befragten möglichst leichtfallen, sich für das Geständnis zu entscheiden.[239] Noch ein Beispiel: »Meiner Erfahrung nach gibt es zwei Arten von Menschen, die Geld von anderen Leuten nehmen. Die ersten sind die gewöhnlichen Kriminellen, die gierig sind und sich keine Gedanken über ihre Taten machen. Sie handeln impulsiv, weil sie sich nur um sich selbst kümmern. Die zweite Art der Menschen, die so etwas tun, sind im Grunde ehrliche Leute, die aber aus der Rolle fallen, weil sie in ihrem Leben unter großem Druck stehen. Diese Leute handeln häufig spontan, aus dem Moment heraus, und hinterher haben sie ein sehr schlechtes Gewissen. Also, ich bin mir absolut sicher, dass Sie es waren. Aber jetzt will ich von Ihnen hören, was für ein Mensch Sie sind.«[240]

Mit anderen Worten: Die Frage »Warst Du's oder warst Du's nicht?« genügt nicht. Sie müssen noch eine Alternative hinzufügen: »Hast Du immer wieder solche Situationen ausgenutzt oder bist Du nur dieses eine Mal schwach geworden?«

Wie die Alternativfrage funktioniert

Die Alternativfrage ist eine Suggestivfrage. Wie bei einer gut geführten Verhandlung bietet man dem Gegenpart schließlich etwas an, das er nur noch abnicken muss. Dieses Vorgehen, das ich in *Durchschaut* kurz als »Gut oder Böse« skizziert habe, vermittelt dem Befragten den Eindruck, er könne jetzt sofort all den Stress loswerden, wenn er nur den Weg der Wahrheit geht.

In dieser späten Phase der Vernehmung, nachdem schon so viel Druck aufgebaut wurde, verspürt der Befragte einen starken Drang, zu gestehen – aber die Konsequenzen halten ihn ab. Mit der Alternativfrage bewirkt der Vernehmer dreierlei. Erstens den erwähnten Kontrasteffekt, denn neben der »bösen« Alternative wirkt die Wahrheit geradezu harmlos.

Zweitens macht man dem Befragten deutlich, dass man ihn und seine Motive – also sein Thema – versteht. Bei dieser Art der Befragung scheint es dem Vernehmer gar nicht so sehr um das Geständnis zu gehen als vielmehr um den Befragten als Menschen: um seine Motive, seine Ängste und Sorgen.[241] Man gibt ihm zu verstehen, dass man sich für ihn persönlich, für sein Fühlen und Denken interessiert, statt ihn für einen Unmenschen zu halten.

Drittens will der Befragte unbedingt vermeiden, dass man die »böse« Alternative als wahr erachtet; und angesichts der immer wieder demonstrierten Selbstsicherheit des Vernehmers muss dem Befragten klar sein, dass reines Leugnen keinen Sinn mehr hat. Die Alternativfrage ersetzt die Wahl zwischen Leugnen und Gestehen durch die Wahl zwischen einem besseren und einem schlechteren Geständnis. Menschen wägen stets ab und wählen das für sie selbst Günstigste oder – in einer solchen Vernehmungssituation – das für sie scheinbar am wenigsten Ungünstige.[242] Sie gestehen immer dann, wenn sie glauben, dass die Konsequenzen eines Geständnisses vorteilhafter sind als die des Schweigens. Dem Gegenüber wird verdeutlicht, dass sein Schweigen nur dazu führen würde, dass man ihm noch Schlimmeres in die Schuhe schiebt, als er wirklich getan hat.

Der US-Verhörexperte Chris Mackey berichtet in diesem Zusammenhang von einer Kollegin, die einem Verhörten Angst einjagen wollte, indem sie ihm prophezeite, er würde wohl niemals wieder das Tageslicht erblicken. Ein fundamentaler Fehler, denn »es gehört zu den Grundregeln, den Weg zur Rettung nie vollständig abzuschneiden. Man muss ihm ein Licht am Ende des Tunnels zeigen, einen Grund, an eine Zukunft außerhalb des Stacheldrahts zu glauben, einen gangbaren Weg zur Zusammenarbeit mit den Ermittlern.«[243]

Im Leitfaden für Vernehmungen einer Mordkommission ist Folgendes zu lesen: »Auch hier will der Täter seine Lage verbessern. Nur die

Ausgangslage hat sich geändert. Aber das Ziel, nämlich Schaden von sich und/oder von anderen abzuwenden oder zu verringern, ist identisch. Nur muss er eben seinen ›Kurs neu berechnen‹ und sieht seinen Vorteil nicht mehr im Bestreiten, sondern im Eingeständnis. Es geht also um ›Schadensbegrenzung‹.«[244]

Reid fasst die Wirkung der Alternativfrage zusammen – eine Kombination aus »der grundlegenden Sehnsucht, zu gestehen, ohne das Gesicht zu verlieren, im Verbund mit dem Bedürfnis, die psychologischen Implikationen der negativen Alternative abzuwehren.«[245]

Zur Illustration noch ein realer Fall, in dem ein Lagerhaus in Brand gesteckt wurde. Der Brandstifter hatte zuvor die Warnmelder ausgeschaltet, sodass das Feuer relativ weit fortschreiten konnte, bevor es unter Kontrolle gebracht wurde. Der Hauptverdächtige war ein 17-jähriger Angestellter, der Sohn eines leitenden Managers des Unternehmens, der wohl ein problematisches Verhältnis zu seinem Vater hatte. Der Vernehmer nutzte das Thema der schwierigen Beziehung zu den Eltern: »Dein Vater hat sich immer nur um das Geschäft gekümmert und dieses mangelnde Interesse hat Dich verletzt. Du hast ihn wirklich geliebt, aber Du hast einfach keinen anderen Weg gesehen, seine Aufmerksamkeit zu erregen, als ihn unterbewusst zu verletzen. Du darfst nicht zulassen, dass dieser Vorfall das Verhältnis zu Deiner Familie zerstört, indem Du weiter eine Lüge lebst.«[246]

Der Befragte fing an zu weinen – der Vernehmer hatte also ins Schwarze getroffen und stellte nun die entscheidende Frage, die Alternativfrage: »Hast Du es aus reiner Boshaftigkeit getan, wolltest Du jemanden umbringen? Oder hast Du es aus Liebe zu deinen Eltern getan, um ihren Respekt zu erlangen?« Der Junge antwortete: »Aus Liebe.«[247]

Einen Menschen zum Reden zu bringen verlangt nach einer Manipulation seiner Entscheidungsfindung. Nach einer Manipulation, die trotz der Risiken eines Geständnisses Erfolg hat. Jeder, der etwas weiß, was ihm schaden kann, muss sich folgende Fragen stellen: Soll ich schweigen oder reden? Wird es mir nützen, wenn ich rede? Und wenn ich rede, soll ich lügen? Die Alternativfrage zielt auf dieses rationale

Abwägen. Die letzten Zweifel, endlich reinen Tisch zu machen, werden damit aus dem Weg geräumt.

Breaking Point – der richtige Moment

Das US-Army-Verhörhandbuch betont, wie wichtig es ist, den *Breaking Point* des Befragten zu erkennen, also den Punkt, an dem er kurz vor dem Geständnis steht. An genau diesem Punkt muss die Alternativfrage gestellt werden. Nachdem man das zutreffende Thema ausgiebig und präzise ausgeführt hat, kann man nun in der Regel eine Verhaltensänderung des Befragten beobachten: Er wird ruhig, er wirkt niedergeschlagen. Er senkt sein Haupt, beugt sich nach vorn und blickt resigniert auf den Fußboden; möglicherweise werden seine Augen feucht, er wischt sich eine Träne weg, man hört ihn schluchzen. Wenn er nun sogar anfängt zu weinen, darf man ihn auf keinen Fall allein lassen. So hart es klingt: Man muss den emotionalen Moment ausnutzen. Gerade bei Männern kommt das Weinen fast schon einem Geständnis gleich.[248] Natürlich können Tränen auch Taktik sein, dies aber eher zu einem früheren Zeitpunkt im Verhör, zumeist beim Leugnen.

Nun wird die Nähe des Vernehmers nicht mehr als bedrohlich wahrgenommen, sondern als tröstlich. Sie müssen all Ihre Wut auf den Befragten vergessen und sich ihm emotional und auch physisch annähern. Ändern Sie an diesem Punkt die Tonlage, sprechen Sie leiser und langsamer, um Ihre Aufrichtigkeit und Ihr Mitgefühl zu zeigen. Wenn Sie nun die »böse« Alternative beschreiben, reden Sie mit tiefer Stimme und blicken Sie finster drein. Bei der »guten« Alternative klingen und blicken Sie dagegen positiv, ja beinahe optimistisch.[249] In diesen letzten Sekunden ist es wichtig, alle Kanäle des Gegenübers anzusprechen.

Angenommen, Sie wollen Ihren Mitarbeiter fragen, ob er den Firmenwagen vom Hof über das Wochenende zu einer Spritztour ausgeführt hat: »Herr Müller, hatten Sie von langer Hand geplant, das Auto zu entwenden *(ernster Blick, tiefe Stimme)*, oder haben Sie sich einfach spontan gedacht ›Warum denn nicht‹? Haben Sie einfach das Wochenende genossen, ohne dabei viel nachzudenken *(freundlicher Gesichtsausdruck und optimistische Stimme)*?«

Von großer Bedeutung ist es auch, bei der »guten« Alternative harte Worte, die nach schweren Konsequenzen klingen, zu vermeiden. Also nicht: »Hast Du es gestohlen, weil Du es für dich selbst haben wolltest, oder hast Du den Diebstahl begangen, um Deine Familie zu ernähren?« Da es bei der Alternativfrage ja gerade darum geht, den letzten Widerstand gegen das Geständnis auszuhebeln, darf man keine Begriffe verwenden, die die Alarmglocken für eine hohe Strafe schrillen lassen, sondern sollte vage bleiben und beispielsweise lieber von »der Angelegenheit« als von »dem Missbrauch« sprechen. Bei der »bösen« Alternative bietet es sich aber an, betont harte Worte zu verwenden. Zum Beispiel: »Haben Sie den Typen ausgeraubt, damit Sie sich groß und stark fühlen? Finden Sie es toll, anderen Leuten Angst einzujagen – oder ist Ihnen das nur passiert, weil Sie dringend Geld brauchten?«[250] So kommt der Kontrasteffekt noch stärker zur Geltung.

In den Folterkellern der Nazis und Sowjets – der Mann, der beide überlebte

Alexander Agafonow war ein junger sowjetischer Offiziersanwärter, der im Zweiten Weltkrieg von den Deutschen gefangen genommen wurde.[251] Er landete aber nicht in der Auswertestelle West, sondern wurde von der Gestapo verhört, die völlig andere Vernehmungsmethoden verwendete. Agafonow erinnert sich: »Die Leute von der Gestapo begannen das Verhör mit leiser und ruhiger Stimme, dann wurden sie immer lauter und schließlich brüllten sie schrecklich, wobei ihnen der Speichel aus dem Mund spritzte.« Die Gestapo benutzte geradezu mittelalterliche Methoden: »Sie haben mir Brandwunden zugefügt, mich mit einem Ochsenziemer geschlagen, den Kopf mit einer Zwinge zusammengedrückt, den Körper mit einer Zange gekniffen, mir an den Unterarmen Schnittverletzungen beigebracht wie mit einer Säge, meine Handgelenke durch die Handschellen zerschnitten, mich mit Nadeln malträtiert.« Gebracht hat all das allerdings wenig.

Agafonow überstand auch die anschließende Kriegsgefangenschaft und kehrte in die Sowjetunion zurück. Wie so viele der knapp 2,5 Millionen Rückkehrer wurde er von den Sowjets jedoch für einen Spion gehalten – wie sonst hätte er beim Feind überleben können, so die zynische Argumentation Stalins. Dieser hatte von seinen Soldaten verlangt, stets eine Patrone für sich selbst aufzubewahren: für den Fall der Gefangennahme.

Agafonow verbrachte acht Jahre in einem sowjetischen Gulag, einem Arbeitslager, in dem er wiederum regelmäßig verhört wurde. Was die Verhörmethoden der Sowjets angeht, erinnert er sich, dass sie nicht nur darauf aus waren, ihm Angst einzujagen, sondern ihm deutlich zu machen, dass er, wie er sich auch dreht und wendet, verloren ist, dass nichts und niemand ihn retten kann. Die Sowjets griffen also eher auf psychologische Erkenntnisse zurück, die nicht zuletzt auf der Forschung Iwan Pawlows beruhten.

Alexander Agafonow überlebte auch diese langen Jahre und zählte damit zu den wenigen bedauernswerten Menschen, die die extremen Verhörmethoden der zwei großen Verbrecherregimes der Neuzeit am eigenen Leib erfuhren.

Fear Up! und Supporting Statements

Der Aufbau der Alternativfrage ist, wie oben schon beschrieben, nicht weiter kompliziert: Man stellt den Befragten im richtigen Moment vor zwei klar abgegrenzte Wahlmöglichkeiten; eine davon ist die vermeintliche Wahrheit, nett in das Thema verpackt, die andere eine deutlich negativere Alternative. Rückt der Befragte nun aber immer noch nicht mit der ganzen Wahrheit heraus, gibt es Methoden, um die Wirkung der Alternativfrage zu verstärken. Ein schwereres Geschütz als die »normale« Alternativfrage ist die mit einer Drohung kombinierte Version: »Wenn Sie es ganz spontan getan haben, aus Wut auf Ihren Arbeitgeber, kann ich Sie wegen Sachbeschädigung anzeigen, das wäre nicht so schlimm. Aber wenn Sie mir das Leben schwer machen und weiter stumm bleiben, soll mir das auch recht sein. Denn dann zeige ich Sie eben wegen besonders schwerer Brandstiftung an und dafür kriegen Sie fünfzehn Jahre. Also, was soll es sein? Sachbeschädigung oder besonders schwere Brandstiftung? Sie haben die Wahl.« [252]

Diese Drohung, der wohl am weitesten verbreiteten Technik unter Army-Vernehmern, ist als *Fear up!* bekannt oder – in der heftigen Variante – als *Fear Up harsh!*. Hier tritt man dem Befragten laut und aggressiv entgegen. Das Army-Verhörhandbuch dazu[253]: »Ziel der Methode ist, die Quelle zu überzeugen, dass sie tatsächlich etwas zu befürchten hat; dass sie keine andere Wahl hat, als zu kooperieren. Ein guter Vernehmer muss eine klare Ansage im Hirn des Befragten verankern: Nicht vor dem Vernehmer selbst muss er Angst haben; der Vernehmer selbst ist vielmehr ein möglicher Ausweg aus der Falle.« Damit ist die Rolle des Vernehmers klar benannt: Er ist der Retter in der Not. Am wirksamsten sind vage Drohungen, weil hier die Phantasie des Befragten auf Hochtouren läuft und man auch sein Gesicht nicht verliert, wenn man eine spezifische Drohung hinterher nicht umsetzen kann. Ein wichtiger Punkt ist bei jeder Drohung auch, dass dem Verhörten zu verstehen gegeben wird, dass es seine Schuld ist. »Sie lassen mir keine Wahl«, empfiehlt das Kubark-Handbuch als Universalsatz an dieser Stelle.[254]

Allerdings zerbricht man mit dieser extremen Technik viel Porzellan, weshalb man schlecht eine andere folgen lassen kann – sie sollte also nur das wirklich allerletzte Mittel darstellen. Klüger ist es, *Fear Up mild* anzuwenden: Auch hierbei handelt es sich um eine Drohung, die aber freundlich vorgebracht wird. In sachlichem, durchaus wohlwollendem Ton zeigt man all die negativen Konsequenzen auf, die dem Befragten drohen, wenn er weiterhin schweigen sollte. Dazu ein Beispiel von einem meiner Seminarteilnehmer, dem Personalchef eines Großunternehmens, der einen Vertriebsmitarbeiter verdächtigte, Kundenfragebögen gefälscht zu haben. Wie sollte er vorgehen? Er bat den Mitarbeiter zum Gespräch und stellte ihm eine Alternativfrage der Variante *Fear Up mild*: »Es gibt nun zwei Möglichkeiten: Entweder wir schicken die Fragebögen zur Handschriftenanalyse. Sollte dabei herauskommen, dass Sie sie ausgefüllt haben, zahlen Sie die Tausende Euro für die Analyse, wir schicken sie zur Staatsanwaltschaft, Sie werden wegen Urkundenfälschung und Betrug angezeigt, fliegen hier achtkantig und ohne Zeugnis raus – oder Sie geben zu, dass Sie schwach geworden sind, und legen mir Ihre Kündigung bis morgen neun Uhr auf meinen Schreibtisch.« Harte Worte? Ja, der Personalchef zog wirklich alle Register, zumal er sich in Wahrheit niemals freiwillig die Staatsanwaltschaft ins Haus geholt hätte und auch wusste, dass er mit dem Vorwurf der Urkundenfälschung oder gar des Betrugs einen – gelinde gesagt – schweren Stand vor Gericht gehabt hätte. Was die Strafprozessordnung angeht, darf man übrigens durchaus mit rechtsstaatlichen Mitteln wie einer Anzeige drohen – egal, ob es zur Verurteilung kommt oder nicht. Und wie ging es aus? Schon um 8:30 Uhr lag die Kündigung auf seinem Schreibtisch.

Wie weit Sie gehen, bleibt wie immer Ihnen überlassen, aber sicherlich legt die Struktur der Alternativfrage eine kluge Anwendung des Prinzips *Fear Up!* nahe.

Wenn es zur Situation passt, können Sie zudem sogenannte *Supporting Statements* anbringen, also »unterstützende Aussagen«:[255] Sie verdammen die »böse« Alternative mit markigen Worten: »Das wäre wirklich enttäuschend und widerlich von Dir.« (Negatives Supporting Statement) Dann preisen Sie die »gute« Alternative enthusiastisch: »Das wäre natürlich ein Grund, den jeder nachvollziehen könnte.« (Positives Supporting Statement) Darauf folgt eine »führende Frage«, die nur eine Ein-Wort-Antwort oder ein Nicken erfordert. Demonstriert der Vernehmer dabei sein Verständnis, klopft er dem Befragten vielleicht sogar auf die Schulter – umso besser, solange es der Situation entspricht.

Hier noch einmal der chronologische Ablauf:

- *Alternativfrage*: »Haben Sie die Kundenfragebögen mit dem Feedback verändert, weil Sie dem Unternehmen schaden wollten, oder hatten Sie einfach Angst, nach den zwei früheren Abmahnungen auf der Straße zu stehen?«
- *Negatives Supporting Statement*: »Das wäre eine wirklich feige Art, der Firma zu schaden.«
- *Positives Supporting Statement*: »Aus Angst machen Menschen die verrücktesten Dinge, die ihnen hinterher leidtun.«

- *Führende Frage*: »Sie haben es aus Angst getan, oder?«

Mit dieser Abfolge wird die Wirkung der Alternativfrage gesteigert und vor allem der Kontrasteffekt verstärkt.

Zum Reden bringen

In Filmen spielt sich häufig folgende Szene ab: Der Befragte hat die Tat endlich gestanden – und der Polizist lehnt sich genüsslich zurück und sagt: »Jetzt packen Sie mal aus!«, woraufhin der Verdächtige alle Details seiner Tat preisgibt. Das ist leider ein Mythos. Denn das Problem ist, dass der Befragte während des gesamten Gesprächs wenig geredet hat, dass er sich also an die Rolle des Zuhörers gewöhnt hat. Selbst wenn er die »wahre« Alternative eingeräumt hat, müssen Sie ihn nun explizit dazu bringen, selbst zu reden.[256] Die folgenden Techniken eignen sich am besten, um auch noch diesen allerletzten Schritt zu gehen.

Zuerst müssen Sie richtig reagieren: In dem Moment, in dem der Befragte die »gute« Alternative gesteht, muss der souveräne Vernehmer den Eindruck erwecken, dass er ohnehin schon alles wusste: »Das dachte ich mir schon.« Bohren Sie nicht weiter nach, sondern springen Sie zum nächsten wichtigen Punkt, der Sie interessiert. Gesteht der Befragte auch hier, gehen Sie wiederum zur nächsten Angelegenheit über. Erst wenn alle Situationen abgegrast sind, fassen Sie nach und fragen nach Details. Fangen Sie dabei aber nicht von vorn an, sondern beginnen Sie mit der Angelegenheit, die der Befragte als Letztes gestanden hat. Häufig handelt es sich hierbei nämlich um den wichtigsten Aspekt. Arbeiten Sie sich also von hinten zurück an den Anfang.

Es ist klüger, erst einmal ein Geständnis über eine Kleinigkeit hervorzulocken, auch wenn sie scheinbar nichts oder nicht sehr viel mit dem Vorwurf zu tun hat – die alte Staubsaugervertretermethode, der sprichwörtliche »Fuß in der Tür«. Ist die rein physische Tat gestanden, ist man schon mal einen Schritt weiter. So wird es leichter, später ein vollständiges Geständnis zu erhalten.

Der Befragte gewöhnt sich ans Reden und wird auch noch dafür »belohnt«, sodass er sich immer besser fühlt. Erst nach und nach sollte man immer offenere Fragen stellen, um ein komplettes Geständnis herauszukitzeln: »Und dann? Was ist dann passiert?«

Bedanken Sie sich für jedes bisschen Information, das Sie bekommen. Sie müssen Ihr Gegenüber so konditionieren, dass es sich bei jeder Preisgabe gut fühlt. Die Vernehmerin eines deutschen Militärgeheimdienstes erzählte mir, wie sie die Befragten für jedes Stück Informationen belohnt: Mal bekommen sie etwas zu lesen, mal dürfen sie sich duschen. Auf den Alltag übertragen, kann schon ein simples »Danke!« viel bewirken. Auch wenn es nicht besonders wertvoll erscheint, so konditioniert man damit dennoch sein Gegenüber. Dieser Dank klingt ja auch plausibel – die Wahrheit ist das scheinbar einzig Richtige und genauso kann man es formulieren: »Du hast das Richtige getan.« Hier geht es darum, jedes einzelne Geständnis positiv zu verstärken und niemals negatives Feedback zu geben. Beschimpft man das Gegenüber dagegen als Weichei, wird es wieder dichthalten. Also bitte niemals sagen: »Als Du das Geld geklaut hast, hast Du doch auch nicht geflennt!«[257] Geben Sie auch dann positives Feedback, wenn vorherige Aussagen abgeändert werden. Sagen Sie nie »Endlich, Du verlogener Hund!«, sondern eher »Schön, dass das nun geklärt ist« oder »Kommen Sie her, ich möchte die Hand eines aufrichtigen Menschen schütteln«.

Ein Polizeiratgeber hebt hervor, was bei diesem letzten Schritt des Verhörs besonders bedeutsam ist: »Besser ist, die Motivlage in den Vordergrund und Mittelpunkt zu rücken und dem Beschuldigten auseinanderzusetzen, dass er jetzt und hier die Chance habe, ›seine Wahrheit‹ zu sagen und Entlastendes vorbringen zu können.«[258] Das Wichtigste, so teilen Sie dem Befragten mit, ist jetzt nicht, herauszufinden, *wie* etwas passiert ist, sondern *warum* es geschehen konnte. Mit anderen Worten: »Du warst immer ein vernünftiger Junge. Und ich weiß, dass das eine verrückte Situation war. Jetzt geht es nur darum, Dein Verhalten zu erklären. Warum ist es dazu gekommen?«

An diesem Punkt kommt es auch vor, dass der Schuldige meint, er wolle zwar gestehen, aber erst später/morgen/nächste Woche. Oder dass er es dem Opfer persönlich sagen möchte. Oder dass er vorher noch mit seiner Frau/Freundin/Tante sprechen möchte. Lassen Sie sich auf keinen Fall darauf ein – schon in der nächsten Minute könnten die guten Vorsätze verpufft sein und alles war umsonst. Ein gutes Verhör besteht aus einer Kombination der hier beschriebenen psychologischen Techniken, die schon nach kurzer Zeit ihre Wirkung verlieren.

Machen Sie Ihrem Gegenüber immer und immer wieder klar, dass der Pfad der Wahrheit der einzig richtige ist. Hier einige bewährte Sätze aus der Praxis, die Sie je nach Situation und Typ anpassen können – ich nenne sie »Beichtsätze«:[259]

- Weißt Du, das Problem ist, dass sich Männer heutzutage viel zu sehr schämen, um zu weinen. Sie fressen alles in sich hinein, sie wollen es nicht rauslassen. Deswegen liegt die Gefahr von Herzinfarkten bei Männern so viel höher als bei Frauen. Ich freue mich über Deine Tränen, weil sie mir zeigen, dass Dir die Sache zu Herzen geht und dass Du es unbedingt in Ordnung bringen willst.
- Ich würde Ihnen genau denselben Rat geben, wenn Sie mein eigener Bruder wären. Sagen Sie die Wahrheit, reden Sie es sich von der Seele. Das ist das einzig Richtige.
- Stell Dir vor, Dein Leben wäre ein neues Paar Schuhe – und Du bist gerade in einen Misthaufen getreten. Du hast jetzt zwei Möglichkeiten: Entweder wirfst Du Deine neuen Schuhe weg oder Du wischst den ganzen Dreck ab und fängst von vorn an. Das ist vielleicht ein bisschen unappetitlich, aber später wirst Du froh sein. Willst Du Dein Leben wegwerfen oder willst Du einen sauberen Neuanfang machen?
- Hast Du Angst vor der Strafe? Weißt Du noch, wie es war, als Du klein warst und irgendwas Schlimmes getan hattest? Wenn Du die Wahrheit gesagt hast, wurdest Du bestraft. Aber wurdest Du nicht viel härter bestraft, wenn Du gelogen hast?

- Denken Sie etwa, Sie wären der erste Mensch der Welt, der einen Fehler begangen hat? Nein, Sie sind nicht der Erste. Aber jetzt haben Sie die Chance, den Fehler in Ordnung zu bringen und neu anzufangen – oder es noch schlimmer zu machen. Es ist Ihre Entscheidung. Sagen Sie mir die Wahrheit?
- Ich wette, seit der Tat fühlst Du dich, als hättest Du einen Stein im Magen. Wann immer Du einen Streifenwagen siehst, klopft Dein Herz wie wild, weil Du denkst, dass es um Dich geht. Aber jetzt kannst Du die Angst hinter Dir lassen. Jetzt kannst Du Dich von dem Stein in deinem Magen befreien. Jetzt musst Du mir die Wahrheit sagen.
- Egal, was Sie jetzt sagen, es wird mich nicht besonders schockieren. Menschen tun die schlimmsten Dinge, aber all das kann man verstehen. Nur eines würde mich wirklich enttäuschen – wenn Sie mich anlügen würden. Dann wäre es mir lieber, Sie halten gleich den Mund.
- Wir haben alle Dinge getan, auf die wir nicht stolz sind. Dinge, von denen unsere Familie nie erfahren soll. Na und? Sagen Sie mir die Wahrheit, dann helfe ich Ihnen. Es kommt doch darauf an, was Sie von jetzt an mit Ihrem Leben anfangen.
- Du bist ein Mensch, der einen Fehler gemacht hat, nicht mehr und nicht weniger, und könntest Du die Zeit zurückdrehen, um es ungeschehen zu machen, würdest Du es auf der Stelle tun. Nicht wahr? Aber man kann die Zeit nicht zurückdrehen. Also bitte hilf mir, Deine Fehler geradezurücken, denn damit hilfst Du auch Dir selbst. Sag die Wahrheit.
- Nur Feiglinge verstecken sich hinter Lügen. Aber Du bist doch ein Mann. Bitte hilf mir, Dir zu helfen. Zeig mir, dass ich recht habe. Dass Du Manns genug bist, die Wahrheit zu sagen.
- Angenommen, Sie sind Physiklehrer und haben Ihre Klasse einen Test schreiben lassen. Dabei erwischen Sie zwei Schüler beim Spicken. Sie sehen es mit eigenen Augen, es gibt keinen Zweifel. Also holen Sie sich den ersten Schüler her und fragen ihn: »Hast Du beim

Test geschummelt?« Und er erklärt Ihnen, dass sein Vater gedroht hat, ihm Hausarrest zu verpassen, wenn er keine besseren Physiknoten nach Hause bringt – deshalb habe er geschummelt. Dann holen Sie sich den zweiten Schüler her und fragen ihn: »Hast Du beim Test geschummelt?« Und er blickt Ihnen in die Augen und sagt: »Ich soll geschummelt haben? Das müssen Sie mir erst mal beweisen!« Und? Wer wäre Ihnen sympathischer?
- Natürlich tut es Ihnen leid. Aber Sie haben sich für den Weg der Wahrheit entschieden, Sie tun jetzt das einzig Richtige.

Wie schon häufig erwähnt, handeln Menschen meist rational: Sie gestehen dann, wenn es ihnen günstiger erscheint, als zu schweigen. Genau hier setzen die oben aufgeführten Sätze an. Man skizziert die Wahrheit als einzig sinnvolle Entscheidung, die zudem den ehrlichen, den guten Pfad repräsentiert. Es kommt zu einer Wahl zwischen Himmel und Hölle, wobei die »gute« Alternative nur durch den Kontrast zur Hölle zum vermeintlichen Himmel wird. Selbst hartgesottene Kriminelle träumen davon, auf den rechten Weg zurückzukehren. Die Gefängnisse sind voll von Leuten, die dachten, sie würden im Himmel landen – und tatsächlich wären die wenigsten gelandet, wo sie sind, wenn sie nur geschwiegen *hätten*. Denn die Beweise allein reichen nur in den seltensten Fällen für eine Verurteilung.

Fazit

Wie fühlt es sich an, wenn Sie sich schämen? Sie wollen nur noch weg, sich irgendwo verkriechen. Und bei Schuldgefühlen? Hier verspüren Sie das Bedürfnis, es wiedergutzumachen.

Die Wissenschaft unterscheidet zwischen Schuldgefühlen und Scham.[259] Schuldgefühle rühren von unserem Gewissen her und sind damit etwas Privates, Intimes. Scham ist eine Entblößung vor anderen, eine Empfindung, die man gerade dann spürt, wenn andere anwesend sind – also etwas Öffentliches. Für die Vernehmung hat diese Unterscheidung Folgen: Scham führt dazu, dass man sich verstecken möchte, man schweigt, weicht aus und meidet jegliches Geständnis. Die öffentliche Bloßstellung führt dazu, dass manche Menschen selbst nach einer Verurteilung für relative Lappalien wie eine Trunkenheitsfahrt oder Ladendiebstahl depressiv werden und sogar an Selbstmord denken. Schuldgefühle bringen uns hingegen dazu, aus uns herauszugehen, um diese Gefühle abzulegen – durch ein Geständnis oder sogar durch Wiedergutmachung.

Was bedeutet das nun konkret für die Vernehmung? Es bedeutet, dass man Scham stets in Schuldgefühle verwandeln muss. Genau hier greift das Thema: Man vermittelt dem Befragten, dass sein Verhalten verständlich sei. Damit sagt man nicht, dass er völlig unschuldig wäre, aber man nimmt ihm die Scham, die dem Geständnis so sehr im Wege steht. Was bleibt, ist die Schuld. Diese ist sehr wirkungsvoll, denn es gibt wohl kaum eine andere Emotion, die häufiger zu einem Geständnis führt.[261] »Wachsende Schuldgefühle«, so das Kubark-Handbuch, »verstärken in der Regel sowohl die Angst einer Person als auch ihren Drang nach Kooperation als einzigem Ausweg.«[262]

Der Eichmann-Verhörer Avner Less, dem wir uns im nächsten Kapitel widmen, fasst seine außerordentlich wirkungsvolle Verhörtechnik zusammen: »Ein Verhör ist ein Mosaik, das langsam Form gewinnt; Stein wird an Stein gefügt. Die schiere Persönlichkeit des Verhörers steuert den Befragten dahin, von sich aus den Wunsch zu hegen und das innere Bedürfnis zu verspüren, sich hier auszusprechen und zu rechtfertigen.«[263] Dann muss man ihm nur noch das Ventil liefern, über das er sich rechtfertigen kann.[264]

Liefern Sie also Ihrem Gegenüber ein Thema, mit dem er sein Verhalten vor Ihnen, sich selbst und der Welt rechtfertigen kann, ohne sein Gesicht zu verlieren. Eines der hier erklärten Themen – die Umstände waren schuld/andere waren schuld/alle tun es – passt meistens. Falls nicht, passt das Universalthema der moralisch akzeptablen Ausrede. Es folgt die Alternativfrage, mit der Sie das passende Thema kurz zusammenfassen und eine niederträchtige Alternative hinzufügen – »A oder B«? Dazu warten Sie auf den *Breaking Point,* drohen mit Fingerspitzengefühl und unterstützen den Prozess mit Bestärkungen.

Schließlich bringen Sie Ihr Gegenüber zum Reden, indem Sie niemals Überraschung zeigen, zuerst oberflächliche Geständnisse zu allen Punkten sammeln und ihn für jegliche Preisgabe belohnen. Sie schließen ab mit dem Beichtsatz der Ihrem Gegenüber den letzten Schub gibt.

Diese auf den ersten Blick komplizierte Methode kann durch eine wundervolle Anekdote illustriert werden, die dem Staatsmann Winston Churchill zugeschrieben wird. Bei einem Dinner der Queen Mum soll diese einmal aufgebracht zu Churchill gekommen sein, weil einer der Gäste eine der geerbten Silbergabeln in seine Tasche gesteckt habe: »Was soll ich machen?«, fragte die Queen Mum, »damit er sie auch wirklich zurückgibt und ich ihn nicht bloßstelle und er leugnet?« Churchill kümmerte sich darum: Er steckte Messer und Gabel in sein Jackett, schlenderte zu dem vermeintlichen Übeltäter, schaute verstohlen nach rechts und links, sagte »Ich glaube, man hat uns gesehen«, zog das Besteck aus seiner Tasche, legte es vor sein Gegenüber auf den Tisch – und ging. Leichter konnte man es dem Strolch kaum machen, sein Gesicht zu wahren, und zugleich blieb das kostbare Besteck der Queen Mum komplett.

Noch einmal zum Ausgangsbeispiel: die Pernod-Karaffe. Einige Monate später wollte ich die Karaffe zurückbringen, was aber nicht mehr möglich war. Das Café war pleitegegangen ... hoffentlich nicht wegen der fehlenden Karaffe. Was ist also aus dem guten Stück geworden? Ich habe die Karaffe immer noch, fast zwanzig Jahre nach unserem Diebstahl. Nie habe ich seitdem zu Hause Pernod getrunken, und als Vase ist sie auch nicht zu gebrauchen, da sie schlicht zu klein ist. Doch vor einiger Zeit habe ich ein Foto von ihr geschossen, das ich nun bei meinen Vorträgen als warnendes Beispiel für das Fehlen einer goldenen Brücke zeige.

Auf einen Blick

DAS THEMA

Entwicklung eines Themas: Die moralische Ausrede Ihres Gegenübers

- ➔ Thema 1: Die Umstände waren schuld! (Versuchung/Zwang etc.)
- ➔ Thema 2: Die Schuld tragen andere! (Chef/Frau/Kind/Gesetze/Gesellschaft)
- ➔ Thema 3: Alle tun es!
- ➔ Thema 4: Die moralisch akzeptable Ausrede

Alternativfrage: Zusammenfassung des Themas in wenigen Worten, gepaart mit einer völlig abwegigen Alternative

- ➔ Breaking Point – den richtigen Moment finden
- ➔ Fear Up! Drohen – sachlich alle negativen Konsequenzen aufzeigen!
- ➔ Unterstützende Aussagen: positive wie negative
- ➔ Führende Frage stellen: nochmal die »gute« Alternative abfragen

Finale: Zum Reden bringen

- ➔ Richtig reagieren: Erneut Allwissen vorgaukeln (»Das dachte ich mir schon.«)
- ➔ Zuerst oberflächliche Geständnisse zu allen Punkten sammeln, dann erst nachhaken
- ➔ Konditionieren: Das Gegenüber für sein Reden belohnen
- ➔ Beichtsatz: zurück zum rechten Weg!

DIE VERBINDUNG – DAS UNSICHTBARE BAND

»…weil Liebe eine unaufhörliche Befragung ist.
Jawohl, ich kenne keine bessere Definition von Liebe.«

Milan Kundera

Das Böse hat viele Gesichter. Eines der bekanntesten des vergangenen Jahrhunderts ist sicherlich das dürre, blutleere Gesicht Adolf Eichmanns. Als Leiter des *Referats IV B 4 (Juden- und Räumungsangelegenheiten)* war er direkt verantwortlich für die Deportationen und den Massenmord an knapp sechs Millionen Menschen. Man erzählte sich damals, er wäre in Sarona bei Tel Aviv geboren, als Kind einer christlichen Tempelgemeinschaft, er spräche fließend Jiddisch und Hebräisch und wäre mit jüdischen Riten bestens vertraut.[265]

Die Wahrheit war weniger interessant: Eichmann wurde in Solingen geboren als Sohn eines Buchhalters der dortigen Straßenbahngesellschaft. Er sprach weder Jiddisch noch Hebräisch, streute aber bewusst entsprechende Mythen, um seine Karriere als Experte für sein »Fachgebiet« voranzutreiben.

Nach der deutschen Kapitulation schlug sich der gelernte Mechaniker unter falschem Namen als Geflügelzüchter und Gelegenheitsarbeiter durch. Als er genug Geld gespart hatte, floh er 1950 über die sogenannte »Rattenlinie«, die bevorzugte Fluchtroute der NS-Kriegsverbrecher, nach Argentinien. Unter dem Namen Riccardo Klement fand er in Buenos Aires eine Anstellung als Elektriker bei Daimler-Benz.

Schließlich wurde er von einem ehemaligen KZ-Häftling erkannt, der dem deutschen Generalstaatsanwalt Fritz Bauer einen Brief schrieb. Dieser wiederum alarmierte den israelischen Auslandsgeheimdienst Mossad. Just zu dieser Zeit hielten sich anlässlich einer Konferenz ohnehin Mossad-Agenten in Argentinien auf; einer davon schlich sich in Eichmanns Wohnung in der Calle Chacabuco. Er meldete seiner Zentrale jedoch, dass es sich um einen Irrtum handeln müsse, da ein so hochrangiger Nazi niemals in derart ärmlichen Verhältnissen leben könne.

Nach einigem Hin und Her war der Mossad schließlich doch überzeugt, dass es sich bei der Person um Eichmann handelte, und schritt zur Tat: Als Eichmann am Mittwoch, dem 11. Mai 1960, um 20:05 Uhr aus dem Bus stieg, wurde er von drei Agenten in ein Auto gezerrt und ein paar Tage später mit einem Flugzeug der El Al nach Israel verfrachtet. Dort wurde ihm der Prozess gemacht – begleitet von großem öffentlichen Interesse.

Abgesehen von der völkerrechtswidrigen Ergreifung Eichmanns – die zu diplomatischen Verstimmungen mit Argentinien führte – bemühte sich der junge

Staat Israel sehr um ein faires Verfahren. Dabei ging es nicht so sehr um Rache, man sah in Eichmann vielmehr eine unschätzbare Quelle an Erkenntnissen über das NS-Regime. Doch wie sollte man ihm die Informationen entlocken?

Der beste Mann der israelischen Polizei wurde zum Vernehmer Eichmanns auserkoren, ein Mann, den ich hier schon einige Male erwähnt habe: Avner Less, seines Zeichens Experte für organisierte Kriminalität. Sicher keine schlechte Expertise, um die Verbrechen des NS-Regimes zu untersuchen.

Geboren 1916 in Berlin als Werner Less, gelernter Damenfriseur, sollte es der hochintelligente Less einmal bis zum israelischen Konsul in Paris und New York bringen. Nun saß er diesem Mann gegenüber, der die Mitverantwortung für Less' Immigration und für den Tod vieler seiner engsten Familienangehörigen trug. Wie trat er Eichmann entgegen? Mit Gewalt, mit Verachtung? Nein, denn sein Motiv war nicht Rache, sondern das jedes guten Vernehmers: die Wahrheitsfindung.

Less erinnert sich an die Verhöre: »Ich rauchte damals auch, und wann immer ich mir während der Verhöre eine Zigarette anzündete, gab ich Eichmann eine. Ganz ehrlich gesagt war dies nicht nur eine humanitäre Geste meinerseits, sondern auch eine recht wohlbedachte. ... Und da ich Eichmann sozusagen nicht unsympathisch war, hatte das sicherlich seine Folgen auf sein gesamtes Verhalten während des langen Verhörs.«[266] Less' Kollegen waren schockiert, einer klagte: »Ich war ein Hund bei denen, und Du sagst zu ihm ›Herr‹.«[267]

Aber die Strategie funktionierte. Less verbrachte ganze 275 Stunden, insgesamt acht Monate, mit Eichmann im Gefängnis Mechane Iyar in Haifa. Er beschreibt die Gespräche wie folgt: »Während langer Stunden saßen wir uns gegenüber und sprachen im Plauderton über die erschütterndsten Ereignisse unserer Zeitgeschichte. Das systematische Ausrotten von Millionen Menschen mit den perfidesten und grausamsten Methoden, die sich ein menschliches Hirn ausdenken konnte.«[268] Dass kam nicht von ungefähr, sondern war von Less mühevoll erarbeitet worden bei seinen Begegnungen mit Eichmann. Less notiert in sein Tagebuch: »Wenn ich zurückdenke, was für ein Nervenbündel er gewesen war, als ich ihn zum ersten Mal sah, so ist es erstaunlich, mit welcher Begeisterung er heutzutage zum Verhör kommt. Die Wachleute erzählen uns, E. warte richtig mit Ungeduld, täglich von mir zum Verhör gerufen zu werden, und wenn er dann erfährt, dass es an diesem Tage ausfällt, wirkt er ziemlich niedergeschlagen und enttäuscht.«[269]

Die Less-Biographin Bettina Stangneth äußert sich bewundernd über Less' Methode: »Noch heute staunt jeder, der sich die Tonbandaufnahmen aus dem Verhörraum anhört, über diese unfassbar ruhige und sanfte Stimme, der man die wahren Gefühle nur anmerkt, wenn man weiß, dass den Verhörer außer Verständnis noch ganz andere Gefühle beschäftigten.«[270] Schließlich hätte Eichmann auch schweigen können, aber er tat es nicht. Warum nur? Weil Less eine Technik verwendete, die Eichmann das Gefühl gab, dass es ihm nützen würde, wenn er redete.

Der Mythos

Verhörtechniken, also Methoden, an die Wahrheit zu gelangen, werden als dunkle, fast schon mysteriöse Kunst wahrgenommen. Aber gar so geheimnisvoll ist es nicht: Die Prinzipien eines guten Verhörs sind einfach und klar – und die Basis eines jeden guten Verhörs ist das unsichtbare Band, das zwischen Vernehmer und Befragtem hergestellt werden muss.

Ob man Studien akademischer Psychologen, Verhörhandbücher der Armeen wälzt oder mit Vertretern von Geheimdiensten zusammensitzt, eine Erkenntnis bleibt immer gleich: Ohne eine gute Beziehung zum Gegenüber aufzubauen, geht gar nichts – sogar dann, wenn der Vernehmer, wie im Falle Less, den Mörder seiner Eltern befragt!

In einer Studie gaben 100 britische Polizisten an, dass in 42 Prozent der Fälle eine mangelnde Beziehung zwischen Vernehmer und Befragtem zum Leugnen der Tat führte. Als diese Beziehung aber hergestellt war, redeten die Beschuldigten.[271]

Der CIA-Verhörer Glenn Carle bemerkt, dass es überhaupt kein Problem sei, »einen Menschen physisch und psychisch unter Druck zu setzen«.[272] Allerdings, fügt er hinzu, könne man »kein produktives, langwieriges Verhör mit einer Beziehung führen, die auf dem Erleiden von Schmerz und dem Einflößen von Angst basiert«. Vielmehr ist es laut Carle so, dass »jedes Verhör auf einer menschlichen Beziehung basieren muss, eine Beziehung, die ich natürlich ausnützen würde, aber die dennoch als eine echte und gegenseitige psychologische Verbindung existieren muss«.

Ein US-Kriegsgefangener berichtete nach einer Vernehmung durch einen feindlichen Geheimdienst Folgendes:[273] »Ich ging also da rein und dort saß ein Mann, ein Agent … Er bat mich, Platz zu nehmen, und war sehr freundlich … Es war großartig. Ich habe mich fast so gefühlt, als ob ich einem Freund gegenübersitzen würde … Ich musste mich selbst immer wieder ermahnen, mir klarzumachen, dass dieser Mann kein Freund von mir war … Das war viel schwieriger für mich, weil ich ihm gegenüber fast die gleiche Verantwortung spürte, zu reden und Gründe und Rechtfertigungen vorzulegen, wie ich sie Ihnen gegenüber verspüre.«

Ob wir nun Kriegsverbrecher vernehmen oder unseren kleinen Sohn darüber befragen, ob er die Schokolade stibitzt hat – so seltsam es klingen mag: Die Methoden sind exakt dieselben. Und gerade hier können Methoden aus Extremsituationen als wichtige Hilfeleistungen dienen. Denn mit den Methoden, mit denen Less eine Beziehung zu Eichmann herstellte oder mit denen ein CIA-Verhörer ein gutes Verhältnis zu einem vermeintlichen Taliban aufbaut, können Sie umso leichter ein Band zwischen Ihnen und Ihrem Mitarbeiter, Ihrem Geschäftspartner oder einer anderen Person aus Ihrem Umfeld knüpfen. Darum geht es in diesem Kapitel. Und was in Extremsituationen funktioniert, ist im Alltag geradezu ein Kinderspiel. Nach der Lektüre dieses Kapitels werden Sie überzeugt sein: Wenn die das können, kann ich es erst recht!

Der Rahmen

In was für einer Situation haben Sie das letzte Mal eine Verfehlung eingestanden? Vor einer Gruppe von Menschen oder einem einzelnen? Jeder erfahrene Verhörer weiß, dass ein Befragter bereits zögerlicher antwortet, wenn auch nur eine weitere Person anwesend ist. William Heirens, ein 17-Jähriger, der wohl drei Menschen ermordet und mindestens 29 Einbrüche begangen hatte, wollte ursprünglich ein volles Geständnis ablegen, besann sich aber anders, als knapp 30 Polizisten dem Ereignis beiwohnten.[274] Auch Aufnahmen durch Kameras oder auch nur das Anfertigen von Notizen stören das Gefühl der Vertrautheit des Gesprächs und machen ein Geständnis unwahrscheinlicher.

Was den Schauplatz des Verhörs angeht, sind sich alle Handbücher einig: einfache Räume ohne Ablenkungen. Exemplarisch empfiehlt das Kubark-Handbuch: »Der Raum, in dem die Vernehmung durchgeführt wird, darf keinerlei Ablenkung bieten. Die Farben der Wände, Decken, Teppiche und Möbel müssen gedeckt sein. Bilder sind zu vermeiden oder müssen ganz unauffällig sein.«

Die grelle Lampe, die direkt ins Gesicht des Verhörten scheint, ist ein bloßer Mythos. Am günstigsten ist diffuses Licht. Zwischen Verhörer und Befragtem sollte kein Tisch stehen, da eine solche Barriere einer Art Sicherheitsabstand entspricht, die den Stress des Schuldigen reduziert.[275] Nicht mal ein Kugelschreiber sollte herumliegen, damit der Verhörte nichts zur Hand hat, womit er herumspielen kann, um seinen Stress wiederum zu mindern. Die ideale Distanz zwischen Vernehmer und Vernommenem beträgt 1,20 bis 1,50 Meter. Keine Drehstühle. Stühle mit gerader Lehne, sodass sich keiner zu sehr entspannt. Eine frontal ausgerichtete, aber nicht nach vorn gebeugte Haltung, damit der Verhörer nicht bedrohlich wirkt.[276]

Schließlich muss man unbedingt ungestört bleiben, denn, so schreibt das Kubark-Handbuch, »es kann verheerende Auswirkungen haben, wenn jemand auf der Suche nach seinem Stift oder mit einer Einladung zum Mittagessen hereinplatzt. Aus dem gleichen Grund sollte sich in dem Raum kein Telefon befinden, da es höchstwahrscheinlich genau im falschen Moment klingeln würde.«

All das können Sie ohne Weiteres auf den Alltag übertragen: Führen Sie das Gespräch allein, in einem möglichst schlichten Raum, und gehen Sie sicher, dass Sie ungestört bleiben. Schalten Sie auch das Handy aus!

Die Alternative sind Verhöre an öffentlichen Orten, bei denen der Befragte gar nicht merkt, dass er gerade vernommen wird: etwa in einem Café, in einer Bar oder bei einem Spaziergang. Eine Agentin eines militärischen Geheimdiensts, die ich für dieses Buch befragt habe, bestätigte dieses Vorgehen: Ein richtig gutes Verhör, sagt sie, werde vom Verhörten gar nicht als solches wahrgenommen. Wie verträgt sich dieser Ratschlag mit dem möglichst neutralen, schmucklosen Rahmen, zu dem weiter oben geraten wird? Nun, es sind zwei grundlegend verschiedene Strategien, die beide in bestimmten Fällen effektiv sein können: einerseits der neutrale Rahmen, der dem Verhörten (der weiß, dass er verhört wird) keine Ablenkungen bietet, mit denen er seinen Stress reduzieren könnte; andererseits das Verhör im Café oder am Frühstückstisch, wo es natürlich Ablenkungen genug gibt – wodurch der Verhörte gar nicht erst begreift, dass er verhört wird, und sich daher womöglich leichter verrät.

Auf den Alltag übertragen bedeutet das: Wenn möglich, führen Sie die Vernehmung in einem Rahmen durch, in dem sie gar nicht als Vernehmung erscheint. Das ist ja auch der Normalfall. Dort finden die Verhöre des Alltags eben statt und es ist ein durchaus effektiver Rahmen. Falls es sich aber um eine formellere Situation handelt, wie etwa ein Mitarbeitergespräch, eine Verkaufsverhandlung oder aber ein tatsächliches Verhör, dann wählen Sie einen möglichst störungsfreien, schmucklosen Raum.

Kinder befragen

Wenn Sie Kinder dazu bringen wollen, Ihnen die Wahrheit zu sagen, sollten Sie bei der Befragung einige Dinge beachten:

- Stellen Sie unbedingt eine Verbindung her: Erzählen Sie von Ihrer eigenen Kindheit, etwa was sie damals für »Dummheiten« gemacht haben. (»Als ich klein war, hab ich immer alle Schränke durchsucht und alle Süßigkeiten aufgegessen.«)
- Werden Konzepte wie Raum (z. B. weit vs. nah), Zeit (z. B. kurz vs. lang) oder Zahlen (Alter, Gewicht, Zeit, Datum) behandelt, müssen diese dem Kind erklärt werden.[277] Das ist deshalb wichtig, weil Kinder häufig glauben, sie hätten eine Frage richtig verstanden, auch wenn dies nicht der Fall ist.[278]
- Erklären Sie, was eine Lüge überhaupt ist: »Kennst Du denn den Unterschied zwischen Wahrheit und Lüge? Wenn ich sage, meine Schuhe sind blau, ist das dann wahr oder gelogen? ... Genau, das wäre eine Lüge, weil meine Schuhe ja in Wirklichkeit braun sind. Was, wenn ich sagen würde, dass Du ein Kind bist, ist das die Wahrheit oder eine Lüge? ... Ja genau, das ist die Wahrheit. Du kennst also den Unterschied zwischen Wahrheit und Lüge. Es ist jetzt ganz wichtig, dass Du mir nur die Wahrheit sagst.«
- Machen Sie dem Kind klar, dass es den Befragenden korrigieren kann, wenn er etwas Unrichtiges sagt. »Wenn ich was sage, was falsch ist, dann sag' mir das. Wenn ich zum Beispiel sage, dass Du lange blonde Haare hast (zu einem brünetten Kind), was würdest Du dann sagen? ... Genau!«
- Stellen Sie offene Fragen wie: »Was hast Du gestern gemacht?« Fragt man dagegen sehr spezifisch, etwa »Hast Du gestern Eis zum Nachtisch gegessen?«, risikiert man eine falsche Antwort, weil Kinder leicht beeinflussbar sind und oft davon ausgehen, dass der Fragende genau das hören will. »Was hast Du gestern nach der Schule gemacht?« führt daher eher zu einer wahrhaftigen Antwort als: »Hast Du gestern nach der Schule deine Hausaufgaben gemacht?«[279]
- Stellen Sie einfache und klare Fragen. Fragen an Kinder dürfen nicht negativ formuliert oder verschachtelt sein:[280] »Du hast doch nicht etwa die Schokolade gegessen?« wäre beispielsweise unglücklich formuliert. Auch schnelle Themenwechsel verwirren Kinder.[281] Kinder neigen dazu, sogar Fragen zu beantworten, die keinen Sinn ergeben, vor allem wenn es sich um Ja-Nein-Fragen handelt: »Ist ein Stein langsamer als ein Ohr?«[282] Sie haken auch nicht nach, wenn sie etwas nicht verstanden haben.[283] Einfachheit ist der Schlüssel!

- Erläutern Sie dem Kind, dass es nicht die Antwort auf alle Fragen parat haben muss. »Ich weiß ja selbst auch nicht alles. Wenn Du mich fragst, wie viele Eissorten es auf der Welt gibt, dann habe ich keine Ahnung. Wenn Du etwas nicht weißt, dann ist das auch okay. ›Ich weiß es nicht‹ zu sagen ist besser, als zu raten, einverstanden?«[284]

Fear Down – das »Vaterunser des Vernehmers«

Der US-Army Verhörer Chris Mackey erinnert sich an eine besonders wichtige Vernehmung in Afghanistan: Einer seiner Kollegen, Fitzgerald, hatte Wochen damit verbracht, eine Beziehung zu dem Gefangenen Al-Aimi aufzubauen. Doch plötzlich traf eine Mitarbeiterin eines US-Geheimdienstes ein, den Mackey nur als OGA bezeichnet (Other Government Agency), höchstwahrscheinlich eine CIA-Agentin, und übernahm die Verhöre; sehr zum Verdruss von Fitzgerald, der kaum fassen konnte, was diese OGA-Frau alles wusste: Details zu den Vorwürfen, zum Vorleben des Gefangenen – Informationen, von denen er selbst keine Ahnung hatte und die die CIA üblicherweise mit niemandem teilt, auch nicht mit der US-Army.

Fitzgerald und Mackey durften nur noch brav danebensitzen und beobachten. Und was Mackey beobachtete, ist ihm in Erinnerung geblieben: »In gewisser Weise beeindruckte mich der Auftritt, den die OGA-Analystin hinlegte, ein Auftritt voller Feindseligkeit, verhüllter Drohungen und böser Blicke. Und sie hatte sich mit Informationen gerüstet, für die Fitzgerald getötet hätte …« Doch so hervorragend die Voraussetzungen auch waren, so ernüchtert war Mackey bald: »Das Problem war nur – es funktionierte nicht. Al-Aimi leugnete und blockte ab, und je länger es sich hinzog, je hartnäckiger die Analystin nachbohrte, desto tiefer grub er sich ein.«[285] Es war traurig zu beobachten: »Fitzgerald starrte während des Verhörs zumeist auf seine Schuhe. Ein ganzer Monat seines Lebens ging in Rauch auf. Die Beziehung, die er zu einem extrem komplizierten Gefangenen aufgebaut hatte, wurde binnen einer halben Stunde von einer OGA-Analystin zunichtegemacht, die nicht mal begriff, was sie da tat …«

Derartige Fehler sind beileibe kein Einzelfall: Bei einem seiner ersten Fälle im Irak wurde der US-Army-Verhörer Tony Lagouranis mit dem Fall eines Einheimischen betraut; Lagouranis' Vorgesetzte meinten, der Mann sei Mitglied von Saddam Husseins Mukhabarat (Geheimdienst) gewesen. Lagouranis berichtet: »Er war schlecht genährt, knochig und seine geschwollenen Hände und Füße verrieten ein Leben körperlicher Arbeit und barfüßiger Feldarbeit. Er sagte, er sei Bauer. Ich aber beharrte darauf, dass wir wussten, dass er ein ehemaliger Geheimdienstler war. Es dauerte nicht lang, bis ich zu *Fear Up Harsh!* überging – ihn auf Arabisch anschreiend, meine Faust schmetternd, mit dem Finger fuchtelnd, und allgemein mein Bestes gab, ihn zu Tode zu erschrecken, ohne ihm direkt zu drohen. *Fear Up Harsh!* war alles, was ich hatte.«[286]

Wie im Rahmen der Alternativfrage besprochen, geht es bei dieser Methode darum, dem Befragten ohne Gewalt Angst einzujagen. Allerdings brachte es rein gar nichts – Lagouranis weiter: »Bald fing er an zu weinen. Es war schwer zu sagen, ob er weinte, weil mein Theater so gut war oder weil er zur Schlussfolgerung kam, als er da saß, dass er seine Familie nie wiedersehen würde. Ich stürmte raus und schrieb einen Bericht. Gefangener weigert sich zu kooperieren. Empfehle Transfer nach Abu Ghuraib für weitere Verhöre.« So kam es auch und von dem armen Teufel verlor sich jede Spur. In diesem Stil ging es wochenlang weiter. Abu Ghuraib füllte sich mit möglicherweise Unschuldigen, die dort zum Teil jahrelang schmoren mussten, bis sich jemand ihres Falles annahm. Was veranlasste die US-Army zu diesem Vorgehen? Lagouranis lakonisch: »Es sah nach Fortschritt aus.«[287]

Aber es ist typisch für Vernehmer, zu denken, Mitleid stünde bei der Wahrheitsfindung nur im Weg. So erinnert sich Lagouranis: »Ich wollte so weit gehen, wie ich konnte. Wenn wir die Freiheit hätten, würden wir den Gefangenen sicherlich brechen, dachte ich.«[288]

So denken die meisten Anfänger – und scheitern daraufhin kläglich. Aber früher oder später bemerken sie in der Regel ihren schweren Irrtum und erkennen, dass vermeintlich »weiche« psychologische Techniken ungleich effektiver sind. Entsprechend berichtet der US-Verhörer Matthew Alexander von dem größten Coup seiner Karriere: In einem Verhörzelt irgendwo im Irak saß ihm ein vermeintlich dicker Fisch gegenüber. Die bisherigen Verhörer, allesamt »harte Hunde«, die den Beschuldigten monatelang angebrüllt und eingeschüchtert hatten, bissen sich die Zähne an ihm aus – er schwieg beständig. Außer bei Alexander, bei ihm packte er aus. Warum? Statt ihm zu drohen, sprach Alexander mit ihm über Saladins Erfolge gegen die Kreuzritter. Schließlich erhielt er Informationen über Abu Ayyub al-Masri, einen der höchsten Al-Qaida-Führer. Alexanders Vorgesetzte und Kollegen waren verblüfft. Auf ihre Frage nach dem Grund seines Erfolgs meinte er nur: »Vielleicht, weil ich ihm etwas Respekt gezeigt habe.«[289]

Auf den Alltag übertragen bedeutet dies: Tun Sie nichts, was Sie potenziell schlecht aussehen lässt, schreien Sie niemanden an, und wenn Sie Raucher sind, verkneifen Sie sich die Zigarette während des Gesprächs. Denn der Schuldige sucht absichtlich nach unsympathischen Charaktereigenschaften des Vernehmers. Warum? Nun, es ist einfach leichter, jemanden zu belügen, den man weder respektiert noch mag.[290] Bleiben Sie daher freundlich und vor allem: Erwidern Sie keine Feindseligkeiten. Drohungen sollten Sie ignorieren, was zu Schuldgefühlen beim Gegenüber führt. Gehen Sie dagegen auf Drohungen ein, fühlt er Befriedigung.

Wenn Ihr Mitarbeiter Ihnen scheinbar beleidigt entgegentritt, reagieren Sie nicht mit Vorwürfen oder werden gar ebenfalls emotional. Lassen Sie sich nicht aus dem Konzept bringen, sondern fahren Sie einfach mit den hier angegebenen Techniken fort.

Jede gute Vernehmung beginnt im Kopf. Sie müssen sich Ihr Ziel klar vor Augen führen. Sie wollen sich keine Feinde schaffen, sondern die Wahrheit ermitteln. Sie wollen keine ehemaligen Angestellten, die vor das Arbeitsgericht ziehen, schlecht über Ihr Unternehmen reden – oder gar mit einer Waffe im Büro auftauchen und Amok laufen. Sie wollen keinen jahrelang währenden Rosenkrieg, sondern eine einigermaßen freundschaftliche Trennung.

Die Polizei eines großen deutschen Bundeslandes betrachtet die innere Einstellung des Verhörers als Schlüssel zu einer erfolgreichen Vernehmung. Die diesbezüglichen Anweisungen an den Vernehmer bezeichnet sie sogar als *Vaterunser des Vernehmers:*[291]

»Sei ruhig, sachlich, freundlich bestimmt, aber nicht schleimig. Schreie nicht, drohe nicht, sei nicht aggressiv und lasse Dich nicht provozieren. Gib Dich nicht arrogant, herablassend oder hochnäsig. Sei nicht spöttisch, zynisch oder hämisch-schadenfroh. Spiele nicht den Moralapostel oder ›Oberlehrer‹. Gib Dich nicht erschüttert oder entsetzt. Vermeide Befehlston und Amtsmiene. Zeige keinen Über- oder Belastungsseifer. Hüte Dich vor Vorurteilen oder verächtlichen Äußerungen. Zeige Souveränität und Toleranz. Sei geduldig und gelassen. Lasse aber keine Zweifel an Deiner Entschlossenheit aufkommen, die Wahrheit herausfinden zu wollen. Zeige Zuversicht hinsichtlich dieses Gelingens und baue Druck ggf. dann auf, wenn es taktisch klug und angezeigt ist.«

Dieser Text ist zwar für Polizisten geschrieben, kann aber eins zu eins auf jede Vernehmungssituation übertragen werden: Egal, wie emotional das Thema auch ist – ob Sie ein langjähriger Geschäftspartner möglicherweise übervorteilt hat, der Handwerker Ihnen viel zu viel in Rechnung gestellt hat oder Ihr Kind Ihr Vertrauen missbraucht hat – bleiben Sie souverän und gelassen. Ihr Ziel ist die Wahrheitsfindung, nicht die Bestrafung anderer Menschen – die kann folgen, wenn Sie alle Fakten auf dem Tisch haben.

Manchmal sind wir wütend, verletzt oder auch schockiert von den Taten, die wir anderen zuschreiben. Aber Wut führt zu nichts. Auch Polizisten, die bei brutalen Vergewaltigungen oder Kindermorden ermitteln, müssen eine Beziehung zum vermeintlichen Täter aufbauen. Das Gegenüber muss spüren, dass das Interesse real ist. Der Vernehmer muss sich und die Situation stets kontrollieren.

Jedem Vernehmer muss klar sein, dass für den Vernommenen eine Welt zusammenbricht, wenn er gesteht – der Angestellte steht auf einmal als Dieb da und muss um seinen Job fürchten, der Teenager hat seine Eltern bitter enttäuscht und bekommt den Wagen nie wieder. Der Befragte ist daher in aller Regel nervös. Umso wichtiger ist es, ihm entspannt gegenüberzutreten. Denn die Wissenschaft hat gezeigt: Je wohler sich der Befragte fühlt, desto mehr wird er preisgeben.[292] Die US-Army nennt die Methode, dem Befragten seine Angst zu nehmen, *Fear Down* (Angst senken). Dabei wird der Verhörte beruhigt, man bietet ihm eine Zigarette oder einen Kaffee an und macht ihm Mut. Hier geht es eben nicht darum, ihn zu zermürben, sondern ihn durch Nettigkeiten aus seinem Schutzpanzer herauszulocken: »So kann rasch eine persönliche Verbindung und Kommunikationsgrundlage aufgebaut werden, da die Quelle positiv auf Freundlichkeit reagiert.« Der britische Verhörexperte Roy Giles etwa setzte bei seinen unzähligen Verhören auf Höflichkeit – und eine Flasche Whiskey, denn »meiner Ansicht nach war das sehr gut. Und ich bin dabeigeblieben.«[293]

Nehmen Sie daher eine legere Position ein und sprechen Sie mit ruhiger Stimme. Damit bringen Sie zum Ausdruck, dass Sie entspannt sind und dass es daher auch für Ihr Gegenüber keinen Grund gibt, nicht ebenfalls entspannt zu sein.[294]

All das gilt genauso für kritische Gesprächssituationen im Alltag. Schenken Sie Ihrem Gegenüber Ihre ungeteilte Aufmerksamkeit.[295] Auch eine kleine Plauderei vor Beginn des eigentlichen Verhörs ist für jeden guten Vernehmer selbstverständlich. Aber es ist absolut notwendig, dass dieser Small Talk in irgendeiner Verbindung zum Zweck des Gesprächs steht, um nicht aufgesetzt zu wirken und dadurch für umso größere Anspannung zu sorgen – weil zusammenhanglose Fragen, so Reid, »Nervosität oder Misstrauen sogar erhöhen. Beispiele für diese Art der Fragen sind: ›Was sind Ihre Hobbys?‹, ›Welchen Film haben Sie als Letztes gesehen?‹. Wenn irrelevante Konversation bemüht wird, um Rapport herzustellen, sollte es eine zeitliche Relevanz haben, so wie ein Gespräch über das Wetter, das Abschneiden einer regionalen Sportmannschaft oder ein nationales Nachrichtenthema.«[296] Hier können Sie auch den Ton für das folgende Gespräch vorgeben: Wer fragt und wer die Fragen stellt – nämlich Sie!

Gerade wenn man mit arroganten Menschen zu tun hat, ist es hilfreich, sich nicht auf Statusspiele einzulassen, sondern ganz im Gegenteil harmlos zu erscheinen und sich beeindruckt zu zeigen vom Wissen und von den Anekdoten des Gegenübers. Insbesondere junge, scheinbar naive Frauen können diese bei der US-Army als *Befuddled Interrogator* bekannte Technik effektiv bei Männern anwenden.

Einer der erfolgreichen Vernehmer im Irak, der bereits erwähnte Fitzgerald, wollte am liebsten sofort das Land verlassen: »Er würde den Gefangenen sagen, dass er und sie etwas gemeinsam hätten: Beide wollen unbedingt hier raus und zurück nach Hause und der einzige Weg, wie es möglich sei, wäre jetzt hier so lange weiterzumachen, bis sie die US-Army zufriendenstellen könnten, damit sie sie beide gehen lässt. … Die Gefangenen, die sich darauf einließen, fühlten wohl irgendwie die zugrunde liegende Ehrlichkeit von dem, was Fitzgerald sagte. Vielleicht war er deshalb so außergewöhnlich erfolgreich.«[297]

Die USA – der Buhmann der Welt

Ja, die USA verhörten dilettantisch: Ihre Vernehmer benötigten zum Beispiel ganze sechs Wochen, um herauszufinden, dass der 89-jährige Afghane Mohammed Sadiq, der an Depression, Arthritis und Altersdemenz litt, kein Al-Qaida-Mitglied war. Ganze weitere vier Monate dauerte es, bis der alte Mann endlich freikam. Den USA unterliefen erhebliche Fehler: Vor dem Irakkrieg konnte jeder Schüler ergoogeln, dass die einzigen Fundamentalisten in Saddam Husseins Irak im Gefängnis saßen; dessen Vizepräsident war sogar Christ. Die vermeintliche Verbindung zwischen Saddam und dem Phantasiegebilde »Al Qaida«, in dem sich Terroristen aller Nationen per Handy koordinieren sollten, war Unsinn. Dennoch wurden US-Soldaten bei ihrer Ankunft im Irak Videos des 11. September gezeigt, untermalt mit einem Potpourri aus dramatischer Musik, weinenden Menschen und wehenden Flaggen. Aber anders als in zahlreichen anderen Ländern der Erde wird in den USA offen über solche Themen debattiert und es gibt laute Gegenstimmen.

Das ist mitnichten selbstverständlich: Was geschieht in den Gefängnissen Chinas oder vieler arabischer Staaten? Dank WikiLeaks besitzen wir zumindest

Informationen über Verhöre der indischen Polizei im Kaschmirkonflikt.[298] Es wird von knapp 500 Verhörten berichtet, die mit elektrischem Strom malträtiert wurden, knapp 200 wurden mit Gewalt in einen Spagat gezwungen, hinzu kommen knapp 300 »sexuelle« Fälle. Wohlgemerkt geht es hier nicht um Strafen (Rebellen werden zumeist gleich exekutiert), sondern um »Verhörtechniken«.

Man erkennt deutlich, dass Staaten, die insgesamt eher auf der Verliererseite der Geschichte stehen – was Entwicklungen bezüglich der Wirtschaft, der Infrastruktur und Bildung angeht –, auch in Sachen Justiz und Verhörtechnik versagen. Unfreie Staaten sind auch immer Folterregimes: von den sozialistischen Ländern einschließlich dem sogenannten Dritten Reich bis hin zu afrikanischen Diktaturen – allesamt gescheiterte Nationen.

Aber auch andere westliche Länder haben sich nicht mit Ruhm bekleckert, wobei es hier zumindest halbwegs offene Diskussionen gibt: Seit 1967 wurden in Israel jedes Jahr knapp 5000 Palästinenser verhört, wobei es zahlreiche Foltervorwürfe gab.[299] Dazu setzte Israel die Landau-Kommission ein, die feststellte, dass israelische Agenten tatsächlich folterten ... woraus man dann die absurde Konsequenz zog, die Folter zu legalisieren.[300] Erst über 30 Jahre später untersagte das oberste Gericht Israels die Verwendung dieser Techniken.[301]

Auch manche Europäer, genauer gesagt Briten, sind den Amerikanern in Sachen »Folter light« einige Schritte voraus, da sie entsprechende Techniken bereits in den Siebziger- und Achtzigerjahren an IRA-Gefangenen in Nordirland ausprobierten.

Deutschland hat sich ebenfalls einiges vorzuwerfen: Wir wissen, dass auch deutsche Staatsbürger, wie Murat Kurnaz, in Guantanamo gefoltert wurden. Die USA wollten diesen schon vier Jahre vor seiner tatsächlichen Rückkehr freilassen, doch der damalige Geheimdienstkoordinator und heutige Bundesaußenminister Frank-Walter Steinmeier verweigerte ihm die Einreise und ließ Kurnaz noch jahrelang in einem Foltergefängnis versauern – ohne jegliches rechtsstaatliches Verfahren. Das ist kein Einzelfall: In knapp 54 Ländern wurden Menschen von der CIA gekidnappt und anschließend verhört.[302] Warum gibt es hierzu keinerlei Untersuchungen? Dank WikiLeaks kennen wir die Antwort:[303] Obamas engste Vertraute haben ihren »Verbündeten« wie Großbritannien ganz konkret damit gedroht, im Falle einer Untersuchung die Zusammenarbeit der

Geheimdienste zu beenden und bei einem konkreten Terrorverdacht in deren Land von einer Warnung abzusehen.

Die USA stehen mit ihren zahlreichen Verfehlungen also keineswegs alleine da – kaum ein Staat ist frei von Schuld.

Pride Up

Der Hamburger Bankier Eric M. Warburg verließ Deutschland 1938, kehrte aber später als US-Offizier in seine Heimat zurück.[304] In dieser Funktion verhörte er im Mai 1945, direkt nach der deutschen Kapitulation, einen der obersten Funktionäre der Nationalsozialisten: Reichsfeldmarschall Hermann Göring.

Warburg erinnert sich: »Während der späteren Vernehmungen trug er seine graue Marschallsuniform mit gewaltigen Epauletten, die aus reinem Gold waren, wie uns deutsche Offiziere erzählten.« Einem US-Soldaten ließ Göring zum Dank für einen Haarschnitt eine goldene Uhr zur Erinnerung an den »Herrn Reichsmarschall« übergeben. Indizien, die sich mit dem Verhalten im Verhör deckten, wie Warburg schildert: »Er war fraglos intelligent oder vielmehr bauernschlau … Allerdings wurde seine Intelligenz von einer zweifellos pathologischen Eitelkeit überschattet. Sie war so unverblümt, dass sie in fast jeder seiner Antworten durchschien.« Göring beklagte sich auch über eine dem Reichsmarschall unangemessene Unterbringung: »Natürlich möchte ich mich nicht beschweren, denn ich bekomme genug zu essen, aber ich muss diese kleine Wohnung mit drei anderen Kriegsgefangenen teilen, die lediglich Generäle sind.« Diese Beobachtungen zu Görings Charakter konnte Warburg sich zunutze machen. »Titel«, so berichtet er, »bedeuteten ihm so viel, dass ich bald herausfand, dass er recht gut gelaunt und viel williger die Fragen beantwortete, wenn ich ihn mit ›Herr Reichsmarschall‹ ansprach. Während der Verhöre war er mehr als bemüht, mit detaillierten Antworten gefällig zu sein.«

Diese Methode nennt die US-Army *Pride Up* (Stolz steigern). Hier geht es darum, dem Ego des Befragten zu schmeicheln, um ihm eine Art Stütze für die schwierige Situation des Verhörs zu geben. Der CIA-Agent Glenn Carle erklärt es so: »Wenn einem jede Würde geraubt, das Vertrauen zerstört und die Beziehung ins Gegenteil verkehrt wird, dann bleibt der Person, die verhört wird (oder gezwungen wird, einen Verrat zu begehen), nichts, mit der sie ihren Stolz und ihr Selbstgefühl schützen kann.«[305] Wie hilfreich es sein kann, dem Selbstwert eines Beschuldigten in einer solchen Situation auf die Beine zu helfen, zeigt das folgende Beispiel.

Die Besitzerin einer Pension wurde verdächtigt, einen ihrer Gäste, mit dem sie wohl eine Affäre hatte, ermordet zu haben. Der Polizist brachte sie in den Vernehmungsraum und sagte: »Geh hier rein, Du alte Hure – dieser Mann will mit Dir sprechen!« Der Vernehmer, der diese Szene mitbekam, behandelte die zunächst durch und durch ablehnende Frau mit ausgesuchter Höflichkeit, nannte sie »Misses«, ließ ihr Kaffee und ein Sandwich bringen – und bekam schließlich ein umfassendes Geständnis zu hören.[306] Also egal, ob Sie den Befragten für schuldig halten oder nicht: Bringen Sie ihm stets Respekt entgegen, denn sonst werden Sie kaum etwas aus ihm herausbekommen. Ein Sexualstraftäter meinte nach seinem Geständnis: »Ich hätte es den Polizisten schon viel früher gesagt, wenn sie mich nur mit etwas Anstand und Respekt behandelt hätten.«[307]

Gerade wenn ein Mensch am Boden zerstört ist oder sich schämt, weil er versagt hat, ist es sinnvoll, ihm zu schmeicheln. Anerkennung und Lob sind für jedermann wichtig. Und Menschen, die etwas Verbotenes getan haben – vor allem wenn sie Alleintäter sind –, erfahren davon nur sehr wenig, weil sie kaum jemandem von ihren Taten erzählen können. Dieser ungestillte Durst nach Anerkennung kann sinnvoll genutzt werden. Reid rät dazu: »Dem Verdächtigen Komplimente zu machen trägt auch dazu bei, die natürliche Feindschaft zwischen Verhörer und Verhörtem zu entschärfen. Jeder Verkäufer kann Ihnen sagen, dass es kaum möglich ist, einen Menschen abzulehnen, der einem ein aufrichtiges Kompliment macht. So kann die natürliche Tendenz des Schuldigen, den Ermittler als Feind wahrzunehmen, reduziert werden.«[308]

Aber wie soll man einem potenziellen Verbrecher Komplimente machen? Man könnte etwa bewundern, wie ruhig der Befragte bei der Tat geblieben ist, wie gut er sie vorbereitet hat, wie professionell er vorgegangen ist: »Also ich muss schon sagen, so clever hat sich wohl noch niemand aus einer Kaffeekasse bedient – das war ja fast schon wie bei James Bond.«

Reid ist außerdem überzeugt, dass sich besonders effektive Schmeicheleien auf jugendliches Aussehen, Stil, Familie, guten Ruf und Selbstlosigkeit beziehen. Je niedriger Menschen in der Hackordnung stehen, desto stärker springen sie auf Lobhudelei an.[309]

Jedoch warnt Reid davor, dass auch der Befragte versuchen könnte, dem Vernehmer zu schmeicheln. Manch einer nennt einen Doktor »Herr Professor« und einen Major »Herr General«. Laut Reid sollte man sein Gegenüber in solchen Fällen umgehend korrigieren, damit es nicht glaubt, den Vernehmer manipulieren zu können.[310]

Jugendliche befragen

Wollen Sie aus einem Jugendlichen die Wahrheit herausbekommen, gibt es ein paar Aspekte zu beachten, um Ihre Chancen deutlich zu erhöhen: Jugendliche geben häufig vor, zwar nicht der Täter zu sein, diesen aber zu kennen. Sie sagen also, dass sie genau wüssten, wer es getan hätte, den Schuldigen aber nicht verraten wollen.[311] Anstatt Ihr Gegenüber nun gleich damit zu konfrontieren, dass er es ja wohl selbst gewesen sei, lassen Sie ihn erst einmal ausführlich von der Tat erzählen. Danach erst stellen Sie ihm detaillierte Fragen zu diesem »Freund«. Haken Sie immer weiter nach, bis klar wird, um wen es sich tatsächlich handelt.

Ein weiterer taktisch kluger Schachzug: Sprechen Sie zunächst mit den Eltern des vermeintlichen Übeltäters. Das bietet sich an, weil sich Jugendliche, auch wenn sie es kaum zugeben würden, stark von ihren Eltern beeinflussen lassen und diese unter Umständen bei der späteren Befragung anwesend sind. Geben Sie den Eltern bei diesem ersten Gespräch drei Dinge zu verstehen:[312]

1. Sie tragen keine Verantwortung für das, was passiert ist. Die Tat hatte nichts mit Erziehung oder Vernachlässigung zu tun.
2. Jeder Jugendliche macht mal Dummheiten – das ist Teil des Erwachsenwerdens. Wir alle haben das schon hinter uns!
3. Sie möchten nur die Wahrheit erfahren und versuchen keineswegs, ihr geliebtes Kind in die Pfanne zu hauen – natürlich könne es auch unschuldig sein. Aber selbst wenn nicht, möchten Sie ihm bloß helfen. Und langfristig haben Sie nur das Beste für das Kind im Auge.

Zorn

Der US-Verhörer Matthew Alexander erzählt von einem Fall im Irak, bei dem er gemeinsam mit seinem Kollegen Bobby über Monate hinweg ein gutes Verhältnis zu Abu Ali aufgebaut hatte, einem vermeintlichen Terroristen.[313] Schließlich gab dieser entscheidende Informationen zum Aufenthaltsort eines anderen Verdächtigen preis, der noch dazu sein bester Freund war.

Wenige Tage nach diesem Ermittlungserfolg brachte man Abu Ali in ein Verhörzimmer, klappte einen Laptop auf und zeigte ihm ein Video, auf dem das Haus seines besten Freundes zu erkennen war: Die Sonne scheint über einem Haus mit Flachdach, davor parkt ein Auto. Zwanzig Sekunden lang passiert nichts. Plötzlich explodiert das Haus, es zerbirst regelrecht, die Detonation erfasst auch den Wagen. Eine Rauchwolke. Als sich der Rauch verzieht, wird klar: Das Haus ist nicht mehr da. »Jepp. Richtig gesehen. So wird die Zukunft des Irak aussehen, wenn wir nicht ordentlich zusammenarbeiten«, sagt Bobby. Dabei beobachtet Alexander den Befragten: »Zwanzig Sekunden lang ist sein Gesicht steif wie eine Maske. Keine Gefühlsregung. Doch auf einmal beugt er sich vornüber, als hätte man ihm einen Tritt in die Magengrube verpasst. Er starrt auf den Boden und ich sehe die Spritzer auf dem Beton. Tränen. Er schluchzt … eine Minute später richtet er sich auf seinem Stuhl auf, die Wangen nass von Tränen. Verstörte, hasserfüllte Augen. Die Maske ist gefallen. Eine Verwandlung, die Bobby aufschrecken lässt: ›Abu Ali? Was ist los?‹« Und das war's. Man zeigte ihm, wie sein bester Freund durch seinen Verrat getötet wurde, und von diesem Moment an sagte Abu Ali nichts mehr, nicht mal unter Androhung des Todes. Bobby, der miserable Vernehmer, versuchte es noch einmal: »Die anderen kannst Du noch retten. Wenn Du mitmachst.« Abu Ali antwortete: »Niemals.« Und schwieg.[314]

Nichts ist hinderlicher für eine gute Kooperation als Zorn und sich daran anschließendes Misstrauen.[315] Das führt dazu, dass der Befragte »dichtmacht« und jetzt erst recht stillhält.[316] Wird das Gegenüber wütend, kann man die Unterhaltung praktisch gleich abbrechen. Interessanterweise muss die Wut – anders als das Misstrauen – sich nicht einmal gegen den Verhörer selbst richten. Daher ist es unerlässlich, nicht nur von Anfang an für eine gute Beziehung zu sorgen, sondern auch während des Verhörs alles zu unterlassen, was beim Gegenüber Zorn auslösen könnte, und gleichzeitig vorhandenen Zorn umgehend abzubauen.

Deswegen empfiehlt Reid, den Zorn anzusprechen, sobald er im Gespräch entsteht. »Ein Verdächtiger, der aufgebracht oder aus der Fassung ist, seinen Zorn aber nicht offen ausdrückt, sollte gefragt werden, ›Wie fühlen Sie sich dabei, mit mir über diese Angelegenheit zu sprechen?‹ Diese Frage gibt dem Verdächtigen eine Möglichkeit, seine Gefühle auszudrücken und Dampf abzulassen. Der Vernehmer sollte angemessen mit der Zielperson sympathisieren und versuchen, den Zorn mittels Erklärungen zu lösen. Manchmal kann es genügen, der Zielperson zu versichern, dass er einer von vielen ist, der in dieser Angelegenheit befragt wird.«[317]

Aber Vorsicht: Trickser täuschen Zorn häufig nur vor. Sie verbergen ihren Stress hinter falschem Zorn. Wie kann man echten Zorn von falschem unterscheiden? Falscher lässt sich leichter besänftigen.[318] Reid schreibt dazu: »Während eines Interviews können täuschende Zielpersonen den Ermittler herausfordern oder verärgern, um eine feindliche Beziehung herzustellen. Wenn der Ermittler auf diese Herausforderung reagiert, indem er seine Autorität ausübt oder Drohungen ausspricht, hat der Verdächtige sein Ziel erreicht. ... Wenn der Ermittler die Einladung des Verdächtigen zum Kampf nicht akzeptiert, löst sich der Zorn schnell wieder auf.«[319] Wenn Sie Ihren Partner darüber befragen, wo er so lange gewesen ist, und er Sie dann als »paranoiden Psycho« beschimpft, ignorieren Sie es.

Ein weiterer, ganz simpler Tipp: Leise sprechen. Gerade beim Vorbringen von Anschuldigungen ist es wichtig, nicht allzu bedrohlich zu wirken. Die Folge wäre sonst, dass das Gegenüber wütend wird oder – genauso ungünstig – vollständig abschaltet.

Der »Freund«

Ein klassisches Verhör ist ein Rollenspiel: Auf der einen Seite gibt es den, der etwas Böses getan hat, auf der anderen Seite denjenigen, der ihm auf die Schliche kommen will. Ziel des »Bösen« ist, der Bestrafung durch List und Lüge zu entgehen. Der Vernehmende hat dabei scheinbar die Macht, den »Bösen« zu bestrafen – ihn zu feuern, ihm Geld abzuknöpfen oder ihn gar ins Gefängnis zu stecken. Ein Dualismus, der nicht unbedingt zu reibungsloser Kooperation führt. Doch man kann ihm effektiv entgegenwirken, indem man sich gerade nicht als strafende Instanz darstellt, nicht als letzte Entscheidungsinstanz, sondern als Mittler zwischen dem Verhörten und dem »Strafenden«, wer auch immer das sein mag: die Justiz, der Chef, die Lehrer oder die Klassenkameraden. So verebben die feindlichen Gefühle, im günstigsten Fall wird der Vernehmer sogar als Partner wahrgenommen.

Der britische Journalist Dominic Streatfeild, der jahrelang über Gehirnwäsche recherchierte, äußert sich wie folgt: »Im Idealfall soll diese Beziehung der ›Übertragung‹ entsprechen, die zwischen Psychoanalytikern und ihren Patienten stattfindet. Ausreichend schwerem Stress ausgesetzt, fängt ein Opfer nämlich an, in seinem Häscher eine Vaterfigur zu sehen, den einzigen Menschen, der sein Leid beenden könnte. Wenn das geschieht, versucht es verzweifelt, den Vernehmer zufriedenzustellen. In dem CIA-Dokument heißt dieses Phänomen ›Regression‹. Wenn dieser Zustand erreicht ist, kann sich zwischen Vernehmer und Verhörtem sogar eine starke Zuneigung entwickeln.«[320]

Wie kann man dem anderen am besten verdeutlichen, dass man sein bester Freund ist? Indem man ihm klarmacht, dass alle anderen gegen ihn sind. Die US-Army nennt diese unglaublich wirksame Methode *Hate of Comrades/Emotional Hate.* Sie basiert darauf, den Verhörten glauben zu machen, seine Kameraden hätten ihn verraten (»Weil Du Türke/Deutscher/Brillenträger bist«). Egal, weshalb, man stellt die eigenen Freunde als illoyal hin. Deswegen sei man selbst der letzte verbliebene »Freund«.

Kriegsgefangenen erzählt man, man würde ihre Briefe weiterleiten, aber von den angeblichen Freunden käme keine Antwort. Im Alltag fragt man den Vernommenen, wo denn seine Mittäter jetzt seien: »Wo ist eigentlich Dein Kumpel? Ich dachte, er wäre Dein Freund? Aber plötzlich ist er auf und davon und schert sich einen Dreck um Dich und nur Du sitzt hier?« Verfügt man bereits über einige Informationen, macht man dem Verhörten bewusst, dass die Hinweise von seinen »Freunden« stammen, und fragt etwa: »Was glaubst Du, wie Du wohl in diese Situation gekommen bist?« Um dann damit abzuschließen: »Du schuldest den Typen gar nichts!«

Das Prinzip der Gegenseitigkeit

Nett zum Befragten zu sein führt noch nicht zur Wahrheit. Daher ist nun noch die nächste Stufe zu erklimmen. Der geschickte Vernehmer muss ausnutzen, dass sich der gut behandelte Vernommene ihm gegenüber verpflichtet fühlt. Damit verfährt man nach einem Prinzip, das für jede Verhandlung, ja für jede Form der Kommunikation gilt: nach dem Prinzip der Gegenseitigkeit. Ich lade Sie zu meiner Geburtstagsfeier ein – und prompt spüren Sie den Zwang, mich auch zu Ihrer nächsten Party einzuladen. Es ist ein ganz universales Prinzip: Sobald uns Freundlichkeit entgegengebracht wird, stehen wir gefühlt in der Schuld der freundlichen Person. Der interessanteste Punkt ist nun, dass es hierbei nicht unbedingt darauf ankommt, Gleiches gegen Gleiches zu tauschen. Vielmehr geht es um ein allgemeines Gefühl der Verpflichtung.

So erzählt der US-Vernehmer Matthew Alexander, wie er dem Verhörten Abu Gamal zusicherte, einen Liebesbrief an dessen Frau zustellen zu lassen, und danach ohne jegliche Umschweife eine Gegenforderung stellte: »Ich habe etwas für Dich getan. Jetzt musst Du etwas für mich tun.« Es funktionierte: Abu Gamal redete endlich. Alexanders freundschaftliche Geste war dabei noch nicht einmal real, kaltblütig erzählt er später, was er mit dem Brief anstellte: »Und mit Abu Gamals letzter Hoffnung füttere ich den Aktenvernichter. Die Fetzen rieseln in den Mülleimer, namenlos und bald vergessen.«[321]

Was bedeutet das für den Alltag? Nun, Sie geben selbst Dinge über sich preis, was dazu führt, dass Ihr Gegenüber das auch tut. Wenn Sie wissen möchten, was der andere über Sie denkt, dann sagen Sie ihm, dass Sie ihn erst für sehr verschlossen gehalten haben und erst langsam verstehen, wie er tickt. Die Chance ist hoch, dass er nun auch etwas über seine Gedanken verrät.

Bei Vernehmungen eher am Rande einsetzbar, ist die folgende Anwendung des Prinzips der Gegenseitigkeit von größter Bedeutung. Es geht um den Klassiker *Mutt & Jeff*, hierzulande besser bekannt als »Guter Bulle, böser Bulle«.

Das Kubark-Handbuch liefert ein genaues Drehbuch für zwei Vernehmer: »Der bedrohliche Vernehmer spricht von Anfang an sehr laut, und wenn der Vernommene nicht ganz deutlich seine Bereitschaft zu erkennen gibt, nun seine Geschichte zu erzählen, brüllt der bedrohliche Vernehmer seine Antworten heraus und schneidet ihm das Wort ab. Er schlägt mit der Faust auf den Tisch. Der ruhige Vernehmer sollte diesem Auftritt nicht unbewegt zugucken, sondern durch kaum merkliche Anzeichen deutlich machen, dass auch er sich etwas vor seinem

Kollegen fürchtet. Der verärgerte Vernehmer beschuldigt das Subjekt anderer Vergehen. Dabei handelt es sich um beliebige Verbrechen, insbesondere um abscheuliche und erniedrigende Taten. Der Vernehmer lässt keinen Zweifel daran, dass er persönlich den Vernommenen für die mieseste Person der Welt hält. Während dieser Tirade wird er von dem ruhigen Vernehmer mit den Worten unterbrochen ›Warte doch einen Moment, Jim. Reg dich nicht auf.‹ Der verärgerte Vernehmer brüllt zurück: ›Halt die Klappe! Das ist mein Fall. Ich habe schon mehr harte Nüsse geknackt, und ich werde auch diesen so weit kriegen, dass er auspackt.‹«

Nun verlässt der »Böse« wutentbrannt den Raum und das Kubark-Handbuch führt weiter aus: »Sobald die Tür hinter ihm zugefallen ist, sagt der zweite Vernehmer dem Subjekt, wie leid es ihm tue und wie sehr er die Zusammenarbeit mit so einem Menschen hasse, dass er aber keine andere Wahl habe, und wie viel besser es wäre, wenn solche Scheusale mal ruhig sein und einem Menschen die Chance geben könnten, seine Version der Geschichte zu schildern, und so weiter.« Der Verhörte fühlt sich daraufhin dem so überaus freundlichen Verhörer verpflichtet, nicht zuletzt, weil dieser für ihn die Beziehung zu seinem Partner riskiert.

Auch im Alltag ist diese Technik wunderbar einsetzbar, etwa als Geschäftsführer mit dem Personalchef im Schlepptau: Einer ist der »Böse«, der nach einer wilden Tirade wutentbrannt das Zimmer verlässt und dem »Guten« so die perfekte Bühne liefert, nun den besten Freund des Vernommenen zu mimen. Oder als Elternpaar: Wenn Ihre halbwüchsige Tochter Ihnen beispielsweise erzählt hat, dass sie den Tag bei einer Freundin verbringt, Sie aber diese Freundin plötzlich mit anderen Freundinnen in der Stadt sehen und nun am Abend Ihre Tochter vor sich haben, können Sie sie mit Ihrer Frau oder Ihrem Mann nach dieser Methode befragen. Ihr Mann wird laut, brüllt Ihre Tochter an und sagt etwa: »Was für eine Enttäuschung, das ist wirklich das Allerletzte!«. Sie beruhigen ihn: »Wir waren doch alle mal jung und haben Fehler gemacht«, aber er stürmt wutenbrannt aus dem Raum und knallt die Tür zu. Sie widmen sich Ihrer Tochter und sagen: »Der ist wirklich sauer, aber er übertreibt. Jetzt, da er weg ist, können wir ja offen reden …« Manipulativ? Ja, aber effektiv.

Diese Technik kann auch etwas subtiler angewendet werden: Der »Bös« kann durchaus freundlich auftreten, allerdings eindeutig gespielt freundlich, garniert mit einigen offenkundigen Fangfragen. Jetzt kommt der »Gute« ins Spiel, der laut Kubark-Handbuch in etwa sagt: »Wir sind nicht hier, um jemanden in die Falle zu locken, sondern um die Wahrheit zu erfahren. Ich schlage vor, dass Sie nun gehen. Ich übernehme diesen Fall.« Das Prinzip ist das gleiche, nur brüllt der »Böse« nicht herum, sondern gibt den hinterhältigen Manipulator. Beim obigen Beispiel zum Familienleben würde etwa der »böse« Vater nicht herumbrüllen, sondern eine offensichtliche Fangfrage stellen, etwa: »Na, wo warst Du mit Deiner Freundin denn heute Mittag zwischen 13:30 und 14 Uhr?« Die »gute« Mutter würde daraufhin etwa sagen: »Hör' doch auf mit solchen Fangfragen, sondern gib' ihr einfach eine faire Chance!«

Man kann die Methode auch allein anwenden, doch dann müssen guter wie böser Bulle in einer Person vereint werden, sozusagen als »Dr. Jekyll und Mr. Hyde«. Wie das? Urplötzlich mutiert der ruppige Verhörer zum netten Kerl, bietet eine bequeme Sitzgelegenheit, Zigaretten und Kaffee an. Dazu das Kubark-Handbuch: »Der Vernehmer bittet das Subjekt, Platz zu nehmen, und drückt sein Bedauern darüber aus, dass die vorherige Halsstarrigkeit der Quelle den Vernehmer zur Anwendung solcher Methoden gezwungen habe. Von nun an sei jedoch alles anders. Der Vernehmer wolle nun ein Gespräch von Mann zu Mann führen.« Mit einem Mal ist er wie verwandelt, freundlich und zuvorkommend. Hier wirkt vor allem die Angst, der Verhörer könnte wieder zum Bösewicht werden. Diese Methode ist am einfachsten umzusetzen, indem man seinem Gegenüber erst wutentbrannt gegenübertritt und plötzlich lammfromm wird.

Fazit

»Perverserweise«, so schreibt Glenn Carle, »basieren Vernehmung und Verrat genau wie Liebe auf persönlichen Bindungen und Vertrauen.«[322] Denn während der gesamten Befragung müssen Sie ein »unsichtbares Band« herstellen. Dazu führen Sie diese entweder unverfänglich in einem öffentlichen Rahmen durch oder aber ungestört – ohne Zuhörer und ohne Ablenkung. Unter *Fear Down* versteht man, dass Sie während des gesamten Gesprächs freundlich bleiben und mögliche Feindseligkeiten keinesfalls erwidern. Im Gegenteil: Besser ist es, dem Ego des Befragten zu schmeicheln (*Pride Up*), da gerade der Schuldige bisher keinerlei Anerkennung für seine – möglicherweise durchaus clevere Tat – bekommen hat. Dazu gehört auch, darauf zu achten, während der gesamten Vernehmung keinen Zorn aufkommen zu lassen. Statt zum Feind werden Sie zum »Freund« und scheinbaren Verbündeten des Befragten. Sollte es einen weiteren Vernehmer geben, können Sie das beliebte Spiel »Guter Bulle, böser Bulle« aufführen, wodurch sich der Befragte schließlich dem »Guten« verpflichtet fühlt. Sollten Sie allein sein, können Sie als »Böser« beginnen, sodass sich der Befragte plötzlich einem »Guten« gegenübersieht, dem er sich wiederum verpflichtet fühlt. Welche Technik man auch immer anwendet, Sie begründen damit die Kontrolle des Verhörers über den Verhörten und knüpfen eine Beziehung zwischen den beiden Parteien.

Ein guter Verhörer muss das Kunststück zuwege bringen, eine vertraute Verbindung herzustellen und zugleich innerlich Distanz zu wahren. So schreibt das Kubark-Handbuch: »Mit Beginn der Befragung muss der Vernehmer auf zwei Ebenen funktionieren. Er muss versuchen, zwei scheinbar widersprüchliche Dinge gleichzeitig auszuführen: ein Vertrauensverhältnis mit dem Subjekt aufbauen, dabei aber gleichzeitig ein im Grunde unbeteiligter Beobachter bleiben.« Das eigene Auftreten darf aber nicht gekünstelt wirken: »Sympathie oder Wut muss echt sein, um zu überzeugen. Um nützlich zu sein, dürfen diese Gefühle jedoch nicht mit der tieferen Ebene der präzisen und unbeeinflussten Beobachtung kollidieren. Ein Funktionieren auf zwei Ebenen ist weder schwierig noch unüblich. Die meisten Menschen agieren gelegentlich gleichzeitig als aktive Handelnde und als Beobachter. Dies kann nur dann nicht funktionieren, wenn sie emotional so stark in die Situation verstrickt sind, dass die Kritikfähigkeit außer Kraft gesetzt ist.« Bleiben Sie geduldig und denken Sie daran, dass es nicht nur dumme Fragen gibt, sondern auch sehr dumme Antworten. Ein besonderes Beispiel einer dummen Antwort geistert in Vernehmerkreisen herum: Eine Touristin fragte eine Einheimische nach dem Weg zum Rathaus, die ihr unter anderem sagte, dass sie rechts abbiegen müsse, »wo früher der Spielplatz war«.

Zurück zu den beiden ungleichen »Freunden« Avner Less und Adolf Eichmann: Erst am Ende des Verhörs wird Eichmann bewusst, dass er sich niemals hätte in Sicherheit wiegen dürfen – als er Less nach dem Schicksal seiner Familie fragt und die traurige Wahrheit erfährt, nämlich dass Less' Vater einer der Berliner Juden war, die auf den letzten Transport nach Auschwitz kamen. Eichmann bringt nur noch ein: »Aber das ist ja entsetzlich, Herr Hauptmann!« heraus. Er erkennt zu spät, dass das scheinbare Band zwischen ihm und Less nur eine Illusion war. Nein, Eichmann wurde nicht bei Tel Aviv geboren – aber er sollte dort sterben.

Auf einen Blick

DIE VERBINDUNG

Der Rahmen

Kein Zuhörer, keine Ablenkung – oder aber unverfänglich an öffentlichen Orten

Fear Down – das »Vaterunser des Vernehmers«

Bleiben Sie freundlich und erwidern Sie keine Feindseligkeiten

Pride Up

Schmeicheln Sie dem Ego des Befragten

Zorn

Bauen Sie während der gesamten Vernehmung den Zorn des Gegenübers ab

Der »Freund«

Werden Sie zum besten Freund des Befragten

Das Prinzip der Gegenseitigkeit

Nutzen Sie die Tatsache, dass sich Ihr Gegenüber Ihnen verpflichtet fühlt

»Guter Bulle, böser Bulle« (mit einem Kollegen) oder »Dr. Jekyll & Mr. Hyde« (Sie spielen beide Rollen)

DIE VERHÖR-TECHNIKEN IN DER PRAXIS

»Verhöre haben diese Aura des Mysteriösen.
Die Uneingeweihten glauben häufig,
dass es ein Prozess ist, um den besten Pfad
durch ein Labyrinth der Täuschung um den Geist
eines Gefangenen zu entdecken
oder einen Schlüssel zu finden,
um die Geheimnisse zu erschließen.«

Tony Lagouranis

Es war ein sonniger Tag in Berlin. Anders als üblich, war ich zu früh dran. Aber meine Verabredung war ungewöhnlicher Art. Ich hatte sie bei einem Picknick kennengelernt, wir spielten ein Fragespiel, aber sie war äußerst verschlossen. Eine blonde Mittzwanzigerin, hübsch, selbstbewusst und irgendwie anders. Meine Neugierde war geweckt. Doch so hartnäckig ich auch war, sie verriet mir nur eines: dass sie für den Staat arbeite und dass die Wahrheitsfindung ihr Metier sei. Was ich auch sagte – mehr erfuhr ich nicht. Jedoch gelang es mir, eine Verabredung ein paar Tage später auszuhandeln, bei der wir über Ihre ungewöhnliche Arbeit sprechen wollten. Und so saß ich in einem kleinen Café in Berlin-Friedrichshain und wartete. Da kam sie nun, leuchtendes Haar, sommerlich gebräunte Haut – die Sache wurde immer interessanter.

Wie lautete ihre Geschichte? Über den Umweg einer Sportlerinnenkarriere und nach verschiedensten Jobs hatte sie bei der Bundeswehr angeheuert und sich schon bald in deren Nachrichtendienst wiedergefunden. Sie ist Spezialistin für Vernehmungen, mit den exotischsten Einsatzorten. Sie erzählt mir vom AMK, vom Amt für Militärkunde, einer Behörde, über die man so gut wie nichts weiß, außer dass sie die Dienststelle von Soldaten ist, die beim Bundesnachrichtendienst (BND) eingesetzt werden. »Folter ist *old school*«, erklärt sie mir, würde aber bei NATO-Partnern durchaus nicht selten stattfinden. Besonders Briten und Niederländer seien sehr grob. Denn ob es einem gefällt oder nicht: Beim Militär werden Methoden verwendet, die vor normalen Gerichten keinen Bestand hätten.[323]

Die für meine Bekanntschaft wirksamsten Methoden seien jedoch zwei: »Bluffen« und »Zuckerbrot und Peitsche«. Natürlich will ich genauer wissen, was sie damit meint. Mit Bluffen ist das Vorgaukeln von Beweisen gemeint, mit ›Zuckerbrot und Peitsche‹ ein beständiges Schwanken zwischen Freundlichkeit und Drohungen. Die Konfrontation mit vermeintlichen Beweisen? Das ist nichts anderes als die beschriebene strategische Konfrontation mit Beweisen, die es gar nicht gibt, also dem Köderbeweis. Ein Wechselspiel zwischen Freundlichkeit und Drohungen ist die Alternativfrage, bei der man dem Befragten eine »gute« und eine »böse« Alternative bietet. Mit anderen Worten: Die wirksamsten Methoden des deutschen militärischen Nachrichtendienstes sind keine anderen als die, die ich in meinen Recherchen als effektivste Methoden ermittelt hatte, nämlich – so drückt es die Wissenschaft aus[324] – »Maximierung« und »Minimierung«: Beweise werden maximiert, wie im Kapitel zur Konfrontation geschildert, die Schuld aber minimiert wie beim Thema und der Alternativfrage.

Das freute mich doch sehr. Denn anders als bei den Themenkomplexen, die ich in meinen vorhergehenden Büchern behandelt habe, gibt es hier relativ dünne wissenschaftliche Erkenntnisse, auf die ich zurückgreifen konnte. Wie auch? Reale Verhörsituationen sind in einem Experiment kaum nachzustellen. Man bräuchte dazu zwei Gruppen von Personen, deren »Wahrheit« man mit absoluter Sicherheit kennt – ein Ding der Unmöglichkeit. Zudem kann man auch bei den schönsten Experimenten die wirkliche Motivation eines Menschen, eine Tat zu leugnen, nicht nachstellen: Gier, Angst oder Rachsucht. Umso erfreulicher war es da, dass die Experten, deren berufliche Existenz unmittelbar von der effektiven Ermittlung der Wahrheit abhängt, genau die hier beschriebenen Techniken anwenden.

Die vielleicht repräsentativsten Zahlen zur Effektivität von Vernehmungsmethoden liefert die Polizei, weil dort mehr verhört wird als irgendwo sonst – und dazu noch relativ transparent. Auch der US-amerikanische Psychologe Richard Leo wollte wissen, welche Methoden tatsächlich Ergebnisse liefern.[325] Er analysierte Polizeiverhöre von knapp 182 Verdächtigen; bei den meisten saß er mit in den Verhörräumen der Polizei, von einigen hörte er sich die Tonbänder an und dabei notierte er sich die Vernehmungstechniken und ihre jeweilige Wirkung. Und siehe da, bald schon kristallisierten sich klare Techniken heraus (in Klammern die jeweilige Erfolgsrate):

1. Appell an das Gewissen (97 Prozent)
2. Unstimmigkeiten aufdecken (91 Prozent)
3. Lob und Schmeichelei (91 Prozent)

4. Moralische/psychologische Ausreden anbieten (90 Prozent)

Mit Blick auf diese Techniken stellt Leo fest, dass sich die Polizei der Reid-Techniken bedient und diese ganz offensichtlich von Erfolg gekrönt sind. Denn ändert man die Reihenfolge etwas ab, gelangt man tatsächlich zu den drei Verhör-Kapiteln dieses Buches: Unstimmigkeiten aufdecken = die Konfrontation, Appell an das Gewissen und moralische Ausreden = Themenentwicklung mit Alternativfrage und schließlich Lob und Schmeichelei = Beziehungsaufbau.

Diese Methoden leuchten ein, sie sind absolut stringent und logisch. Bei allen hier beschriebenen Techniken geht es darum, dem Befragten klarzumachen, dass es in seinem ureigenen Interesse ist, die Wahrheit zu sagen. Menschen tun immer das, was für sie am besten ist – aber sie handeln nicht unbedingt rational. Daher muss das Geständnis nicht wirklich das für sie Beste sein, es muss ihnen nur in diesem Augenblick so erscheinen. Wie im Kapitel über das *Thema* geschildert, gibt es grob gesagt drei wichtige »Argumente« für das Geständnis:[326]

1. Um das gerade aufgebaute Schuldgefühl verschwinden zu lassen.
2. Damit die Welt die ganze Wahrheit erfährt und keine Schauermärchen glaubt.
3. Damit der Befragte nun neu anfangen kann.

Genau diese Argumente bedient die hier beschriebene Methode, die zu einem großen Teil auf der Reid-Technik basiert. Warum aber wird die Reid-Technik in weiten Teilen der Wissenschaftswelt geradezu gehasst? Weil die Methode so überzeugend ist, dass regelmäßig sogar Unschuldige gestehen. Wie kann es sein, dass Menschen etwas gestehen, das sie nicht getan haben? Dazu gibt es eine Reihe von Gründen:[327] Manche empfinden Schuldgefühle wegen etwas völlig anderem oder auch ohne jeglichen Grund und möchten sich durch eine Strafe »reinwaschen«. Wieder andere können die Wahrheit nicht von der Realität unterscheiden, was auf pathologische Gründe wie Schizophrenie oder Drogenkonsum zurückzuführen ist. Oder sie versuchen, jemand anderen zu schützen. Es gibt auch geschlechtsspezifische Unterschiede:[328] Frauen legen häufiger falsche Geständnisse ab, um andere vor Unheil zu bewahren – zumeist ihre Partner. Männer legen dagegen meist falsche Geständnisse ab, um selbst dem Polizeigewahrsam zu entgehen. Die Männer, die andere schützen, schützen in der Regel einen Freund und nicht ihre Partnerin.

Andere falsche Geständnisse werden aber tatsächlich allein durch die Verhörmethode hervorgerufen: Den Verhörten wird glauben gemacht, er hätte seine Tat lediglich vergessen oder es wäre so oder so besser für ihn, einfach zu gestehen.[329] Zu derartigen Ergebnissen kann die Reid-Technik durchaus führen – besonders wenn Polizisten ihren Erfolg an der Anzahl der Geständnisse bemessen, wie es leider nicht unüblich ist. Allerdings wird oft übersehen, dass im Gegensatz zu ihrem US-amerikanischen Pendant die kanadische Polizei, die ebenfalls fast ausschließlich Reid-Techniken verwendet, ausgesprochen wenige falsche Geständnisse produziert.[330]

Es wird also das Kind mit dem Bade ausgeschüttet: Die Wissenschaft beschäftigt sich größtenteils bloß mit der Gefahr der Beschwörung falscher Geständnisse. Zur Ermittlung der effektivsten Techniken der Wahrheitsfindung wird dadurch kaum beigetragen, weshalb sich weder Polizei noch Geheimdienste oder Armeen besonders für die Arbeit der akademischen Psychologie interessieren.

Dabei bestreitet niemand, dass die Reid-Technik bei Schuldigen funktioniert. Dennoch werden die Auswirkungen dieser Methode auf tatsächlich Schuldige sträflich vernachlässigt.[331] Und diese Effekte sind, das kann man ohne Übertreibung sagen, schlicht phänomenal. Nicht nur für professionelle Verhöre, sondern auch für den Alltag.

Wenn Sie die hier beschriebenen Techniken anwenden, werden Sie bald lernen, die Verhaltensmuster Schuldiger von denen Unschuldiger zu unterscheiden. Der Unschuldige wird sich auf keine Diskussionen über angebliche Beweise und schon gar nicht auf die Themenentwicklung einlassen, sein Widerstand wird stärker und stärker werden. Der Schuldige aber hört zu und wägt immer wieder neu ab, ob er leugnen oder gestehen soll. Typisch für Schuldige, gerade wenn die Beweise erdrückend sind, ist auch das Verfallen in Lethargie.[332]

Zeigen Sie dabei niemals Ungeduld. Denn sobald der Befragte diese Ungeduld spürt, glaubt er, dass er nur noch ein Weilchen dichthalten muss, bis Sie entnervt aufgeben.[333] Wie in einer Verhandlung dürfen Sie nie durchblicken lassen, dass Sie unter Zeitdruck stehen; wie in einer Verhandlung ist Hartnäckigkeit der Schlüssel zum Erfolg. Wenn Sie an einen Punkt gelangen, an dem Ihnen wirklich nichts mehr einfällt, verlassen Sie einfach kurz den Raum. Aber gerade wenn man glaubt, man drehe sich nur im Kreis, lohnt es sich, weiterzumachen, wenn auch nur für ein paar Minuten. Denn nicht selten hat der Befragte genau das gleiche Gefühl und ist kurz davor, seinen Widerstand aufzugeben.[334]

Jeder, der sich freiwillig befragen lässt, ist grundsätzlich auch bereit, zu gestehen, so wie jeder Teilnehmer an einem Date grundsätzlich bereit ist, sich auf das Gegenüber einzulassen. Aber eben nur dann, wenn man die richtigen Knöpfe drückt. Es ist gefährlich, planlos herumzuprobieren, bis mal eine Technik funktioniert. Das Kubark-Handbuch meint dazu: »Die Anwendung von nicht erfolgreichen Maßnahmen wird den Willen und die Widerstandsfähigkeit des Vernommenen nur noch verstärken.«[335] Daher sollten Sie ab sofort niemanden mehr befragen, ohne von Beginn an die richtigen Techniken anzuwenden. Aber auch dann werden Ihre Bemühungen nicht *immer* Erfolg haben: Eine Geständnisrate von 80 Prozent ist schon sehr gut.[336]

Wie lange sollte ein Verhör dauern? Die zwei Psychologen John Pearse und Gisli Gudjonsson[337] analysierten Tonaufzeichnungen von Polizeiverhören und kamen zu folgendem Ergebnis: Fast alle, nämlich 95 Prozent der Verhöre, wurden in weniger als einer Stunde abgeschlossen; 80 Prozent dauerten weniger als 30 Minuten.[338] Das heißt nicht, dass die allermeisten Befragten sofort von sich aus reden, sondern nur, dass man die vielen Techniken in kurzer Zeit unterbringen kann. Klar wurde auch: Je mehr Techniken in dieser Zeitspanne zur Anwendung kommen, desto erfolgreicher ist das Verhör.[339]

Übrigens ist es gar nicht schlecht, wenn ein Verdächtiger nicht sofort wie aus der Pistole geschossen gesteht. Es geschieht nämlich häufig, dass ein Befragter nur deshalb sofort auspackt, um von einer anderen, größeren Sache abzulenken. Ein zögerliches Geständnis, das erst am Ende der Verhörtechniken einsetzt, ist daher viel mehr wert.[340]

Wie an anderer Stelle bereits erwähnt, stehen die Chancen auf ein Geständnis deutlich besser, wenn man mit dem Befragten allein ist. Niemand gesteht gerne vor mehreren Personen. Bei gravierenden Angelegenheiten, bei denen möglicherweise noch Rechtsfolgen drohen, besteht aber die Gefahr, dass der Befragte sein Geständnis später widerruft. Daher ist es sinnvoll, nach dem ersten Geständnis so schnell wie möglich eine zweite Person hinzuzuholen.[341] In diesem Fall ist jedoch einiges zu beachten, damit es sich der Befragte nicht gleich wieder anders überlegt: Der zusätzliche Zeuge darf kein Wort sagen und er sollte eher den Vernehmer anblicken als den Befragten. Nun wiederholen Sie die wesentlichen Teile des Geständnisses: »Herr Mayer hat davon berichtet, dass er die Geldscheine aus der Kasse genommen hat. Dass er es nicht von langer Hand geplant hatte, sondern einfach schwach wurde, weil kein Mensch weit und breit in der Nähe war und er seit Wochen unbezahlte Überstunden gemacht hatte.« Sie geben die Tat inklusive Thema wieder und stellen sie dadurch als verständlich dar, damit der Befragte das Geständnis nicht doch noch platzen lässt. Abschließend fragt man nach einigen nebensächlichen Details, damit auch der Geständige selbst noch etwas sagt, etwa: »Hatten Sie anderen davon erzählt?«

Ein guter Vernehmer verabschiedet sich nicht unmittelbar nach dem Geständnis. Nein, in diesem Moment besteht noch ein gewaltiges Potenzial, Informationen zu gewinnen. Gerade nach dem Geständnis verspüren viele den Drang, noch weiterzureden. Jetzt ist es an der Zeit für das sogenannte *Post-Confession Interview*, einem einfachen Gespräch nach dem Geständnis, bei dem man fragt, was zum Geständnis geführt hat. Dabei kann man aus erster Hand vieles für zukünftige Vernehmungen mitnehmen. Wie eingangs erwähnt, besuchte John

Reid Gefängnisse und sprach mit Geständigen in ihren Todeszellen, um zu erfahren, was sie zum Geständnis bewogen hatte. Viele der hier beschriebenen Techniken wurden durch solche *Post-Confession Interviews* entwickelt, die, so sagt Reid selbst, von unschätzbarem Wert seien, um »Einblicke in die menschliche Natur zu gewinnen, die man nur auf diese Weise und nur von dieser Quelle erhalten kann … Nach einer gewissen Zeit wird sich die Einstellung des Vernehmers dahingehend entwickeln, dass er nie wieder einen Menschen ›hasst‹ – ganz egal, was für Verbrechen sein Gegenüber begangen hat. Diese Einstellung ist die beste Voraussetzung für ein effektives Verhör.«[342]

Als John Reid 1982 mit 72 Jahren starb, schrieb sein Mentor und Freund Fred Inbau über ihn: »Er würde sich mit einem brutalen Mörder, Brandstifter oder Kinderschänder hinsetzen und keinerlei Hass zeigen; er verspürte auch keinen, ganz unabhängig von seiner professionellen Einschätzung des Täters. Dieses Fehlen von Hass und das Verständnis für menschliche Schwäche bemerkte der Befragte und das machte es ihm leichter, vor Reid zu gestehen als vor jemandem, der Hass oder Ekel zeigte … John E. Reid könnte man, meiner Meinung nach, den besten Verhörer aller Zeiten nennen.«

Jetzt haben Sie eine Zusammenfassung der wirksamsten Techniken, um bei jeder Befragung an die Wahrheit zu gelangen. Habe ich Ihnen Dinge vorenthalten? Etwa aus moralischen Gründen? Wenn Sie jetzt sofort an Foltermethoden denken, kann ich Ihnen sagen: Die scheinbar harmloseste Folter ist zugleich die einzige, die funktioniert – der Schlafentzug. Der Effekt des Schlafentzugs wurde wissenschaftlich untersucht:[343] Man testete die Wirkung einer Nacht ohne Schlaf (21 Stunden ohne Schlaf) und von zwei Nächten (43 Stunden). Das Ergebnis war klar: Je größer der Schlafentzug, desto leichter konnte man die Befragten beeinflussen.[344] Menschen, die weniger Kraft haben, um Widerstand zu leisten, werden eher gestehen.[345]

Was aber ist mit anderen »zaghaften« Foltertechniken? Sind sie nicht vielleicht doch effektiv? So furchtbar schlimm werden sie doch auch wieder nicht sein, was? Dazu der US-Vernehmer Tony Lagouranis:

»Stresspositionen, Schlafentzug und Kälte scheinen nicht so schrecklich zu sein für Gefangene, weil wir alle sie schon zu einem kleinen Grad erlebt haben. Aber die wenigsten von uns haben all das kombiniert erlebt und hoffentlich nie über einen längeren Zeitraum. Ich habe gesehen, wie sie verfallen. Ich erinnere mich, wie mumifiziert ihre Gesichter aussahen, wie leblos ihre Augen waren. Ich erinnere mich an ihre langsamen Reaktionen und wie frei von Charakter, Persönlichkeit oder Menschlichkeit sie erschienen, als ob jemand ihr Inneres mit einer Eiscremekelle ausgehöhlt hätte.«[346]

Warum geistern diese Methoden aber dennoch weiter durch die Diskussion? Weil es oft nicht um die Wahrheit geht, sondern darum, so Lagouranis, »an Geständnisse zu kommen, und weniger darum, an Informationen zu gelangen. Diese fundamentale Zweckänderung führt auch zu einer Veränderung der Taktiken. Zu dieser Zeit etwa begannen wir, Leute zu foltern.«[347] Leider ist das kein Einzelfall in der Geschichte: von 1936 bis 1939 ließ Stalin 5 bis 10 Prozent der gesamten sowjetischen Bevölkerung einsperren.[348] Natürlich war nicht jeder davon kriminell – nicht mal nach den damaligen Gesetzen. Aber selbst Stalins Terrorregime musste sich für die zahlreichen Inhaftierungen rechtfertigen. Gab es eine bessere Rechtfertigung, als die Gefangenen zum Gestehen zu bewegen? Natürlich war das Ziel nicht die Wahrheit, sondern das Geständnis – ein himmelweiter Unterschied.

Es ist erschreckend, wie viele Menschen noch an Folter glauben und diese zudem für moralisch gerechtfertigt halten. Sicher haben Staaten auch schon vor Jahrzehnten und Jahrhunderten Folter verwendet, aber neu dürfte sein, dass viele Bürger mittlerweile absolut dafür sind. Das Szenario der tickenden Bombe, das ich eingangs anhand des Gefangenen Ben beschrieben habe, ist das beste Beispiel: Wenn ein vermeintlicher Terrorist irgendwo eine scharfe Bombe versteckt hat, warum sollte man ihn dann nicht foltern dürfen? Der US-Vernehmer Lagouranis dazu: »Ist sie einmal in einem Krieg eingesetzt worden, breitet sich die Folter unaufhaltsam aus, denn tickende Bomben finden sich überall. Jeder einzelne Gefangene könnte theoretisch

Informationen besitzen, die amerikanische Staatsbürger vor dem Tod bewahren können – ohne jede Ausnahme. Akzeptiert man also die Logik, dass wir foltern müssen, um Menschenleben zu retten, verdient jeder Gefangene die Folter.«[349]

Was ist an Terroristen eigentlich so viel schlimmer als an Mördern oder Sexualstraftätern? Die kann man doch ebenso gut foltern. Geht man den ersten Schritt Richtung Folter, begibt man sich schnell auf gefährliches Terrain. Abgesehen davon sind die langfristigen Auswirkungen verheerend: Folteropfer hassen spätestens nach den Vernehmungen ihre Peiniger und das gesamte System hinter ihnen: ein Viertel der einst inhaftierten vermeintlichen Terroristen ist nun tatsächlich in extremistische Taten involviert – weit mehr als vor den Verhören! Der »Islamische Staat«, gegen den die Taliban wie eine Pfadfindergruppe erscheinen, entstand, weil die USA im Irak gegen die Sunniten jahrelang nach der Devise arbeiteten: »Wenn schon irren, dann zugunsten des Schutzes von Amerikanern, nicht zugunsten der Rechte von Ausländern.«[350] Der US-Vernehmer Matthew Alexander äußert sich nach Jahren sinnloser Arbeit desillusioniert: »Nichts hat sich im Lager geändert außer dem Ziel.«[351]

Im Vergleich dazu muten die hier beschriebenen Techniken größtenteils sehr freundlich an. Aber haben Sie keine Angst, zu weich zu erscheinen. Es ist wie bei einer guten Verhandlung: Auch hier glauben Laien, man müsse knallhart und gnadenlos auftreten. Das Gegenteil ist der Fall. Der gute Vernehmer gleicht dem guten Verhandlungsführer: Hart in der Sache, aber weich, was den Menschen angeht. Damit bringen wir den Kidnapper dazu, uns zu seinem Opfer zu führen, den Jobkandidaten dazu, uns zu verraten, weshalb er wirklich bei uns arbeiten möchte, und unseren Partner dazu, uns zu sagen, was er wirklich letzte Nacht getrieben hat.

Der US-Verhörprofi Chris Mackey gibt Ihnen noch einen guten Ratschlag mit auf den Weg: »Eine der wichtigsten Lektionen des Verhörens ist diese: Ihre Schwächen im Verhör sind Ihre Schwächen als Mensch. Die Taktiken, mit denen Sie von einem Verhörten aus der Ruhe gebracht werden, beruhen zumeist auf Emotionen, die Sie auch im Leben aus der Ruhe bringen.«[352] Ungeduld, Nervosität, Wut – erkennen Sie Ihre individuellen Schwächen, damit Sie sich nicht aus der Ruhe bringen lassen.

Aber egal, ob Sie als Journalist so viel wie möglich aus Ihrem Gegenüber herausholen wollen, ob Sie als Kriminalbeamter einen komplexen Fall lösen müssen, ob Sie als Führungskraft Ihre Mitarbeiter besser einschätzen möchten oder ob Sie wissen wollen, was Ihnen Ihr Partner oder Ihr Kind verschweigt – die hier geschilderten Techniken sind immer effektiv. Die Worte, die in den einzelnen Situationen angebracht sind, mögen sich voneinander unterscheiden, doch die Techniken bleiben sich stets treu. Denn im tiefsten Inneren laufen bei jedem Menschen ähnliche Prozesse ab, die wir verstehen und verwenden müssen, um an unser Ziel zu gelangen. Vom Kindergarten bis zur Bahre interagieren wir mit Menschen und wollen nur eines: die Wahrheit. »Wollen wir wirklich immer an die Wahrheit?«, werde ich nach fast jedem Vortrag gefragt. Nun, die Wahrheit ist nicht immer die Version der Welt, die wir uns wünschen. Und doch ist sie erstrebenswert. Denn nur wenn wir sie kennen, halten wir die Zügel unseres Lebens in unseren Händen – und können selbst darüber entscheiden.

Auf einen Blick

INTERVIEW UND VERHÖR

Interviewfragen richtig stellen	– Eröffnung – Zweckfrage – Reflexfrage	– Direkter Ansatz – Vergleichsfrage – Offene Frage – Professionelles Nachhaken
Mit Beweisen konfrontieren	Beweise sammeln	Konfrontieren
Thema entwickeln und Alternativfrage stellen	Entwickeln Sie moralische Ausrede für Gegenüber	Alternativfrage: Zusammenfassung des Themas in wenigen Worten, gepaart mit abwegiger Alternative
Verbindung herstellen	Der Rahmen	*Pride Up*

Köderfrage	Motiv- und Verdachtsfrage Bestrafungsfrage und zweite Chance	Wem-erzählt-Frage Zusammenlegen-Frage Gelogen- und Resultatfrage Was-tun-Frage
Leugnen stoppen	Einwände behandeln	Nachlegen
Fear Down – das *Vaterunser des Vernehmers*	Zorn	Der »Freund«

ANHANG – DIE CIA-KLASSIFIKATION VON PERSÖNLICHKEITSTYPEN

Bisher haben Sie nichts über das Verhalten von unterschiedlichen Menschen gelesen. Das war kein Zufall: Die hier als Quelle herangezogene Disziplin der Sozialpsychologie beschäftigt sich mit Menschen in der Interaktion mit anderen, nicht aber mit persönlichen Unterschieden. Sie geht also davon aus, dass es universale Mechanismen gibt, die für alle Menschen gelten oder jedenfalls *meistens für die meisten*. Natürlich existieren aber Differenzen zwischen Individuen.

Laut einem Polizeiratgeber gibt es etwa Menschen, denen einfach nichts zu entlocken ist.[353] »Manche Menschen sind einfach nicht willens oder in der Lage, Schuld einzugestehen. Oft dauert es viele zähe Stunden, bis man erkennt, dass man sich am Gegenüber ›die Zähne ausbeißen‹ wird. Dabei handelt es sich keineswegs nur um besonders intelligente Täter, wie man vielleicht annehmen könnte. Im Gegenteil: Nicht selten sind es auffallend einfach strukturierte, ungebildete Menschen, die sich durch nichts und niemanden davon überzeugen bzw. dazu überreden lassen, die Wahrheit zu sagen, sondern mit enormer Sturheit jede auch noch so offensichtliche Schuld von sich weisen.«

Die Wissenschaft unterscheidet vor allem zwei Gruppen: emotionale und rationale Charaktere.[354] Der emotionale Schuldige empfindet große Schuld und auch Stress. Hier hilft es, diese Emotionen zu benennen und darauf einzugehen. Den rationalen Typen überzeugt man mit Argumenten.

Die wohl interessanteste Klassifikation von Befragten überhaupt kann man im Kubark-Handbuch der CIA nachlesen. Die wissenschaftlichen Quellen zu dieser Persönlichkeitseinteilung sind kaum mehr nachzuprüfen, allerdings ist die Klassifikation so praxisbezogen und über Jahrzehnte der Geheimdienstarbeit erprobt, dass ich sie Ihnen nicht vorenthalten möchte. Erkennen Sie Ihr Gegenüber und auch sich selbst wieder – es wird Ihnen jegliche Interaktion deutlich erleichtern!

»Das hier vorgestellte Klassifizierungssystem erhebt keinen Anspruch auf Vollständigkeit. So mancher Vernommene wird in keine der Kategorien passen. Und wie alle anderen Typologien leidet auch dieses System an Überschneidungen, so dass einige der Vernommenen Merkmale aus mehreren Kategorien aufweisen können. Darüber hinaus muss sich der Vernehmer stets dessen bewusst sein, dass jemand, der mehrere Merkmale einer Kategorie aufweist, deswegen nicht unbedingt zu dieser Kategorie »gehört«. Sogar zutreffende Merkmalszuschreibungen sind lediglich als Hilfsmittel zu verstehen und bedeuten nicht etwa, dass man das Gegenüber als Person richtig erkannt hätte.

Die neun Hauptgruppen innerhalb des psychologisch-emotionalen Ansatzes, die in diesem Handbuch Anwendung finden, sind:

1. Der ordentlich-starrsinnige Typ

Menschen, die in diese Kategorie fallen, sind typischerweise genügsam, ordentlich und kalt. Oft sind sie recht gebildet, ihr Verhalten ist nicht impulsiv. Sie gehen üblicherweise logisch an Sachen heran und handeln überlegt. Häufig braucht es sehr viel Zeit, bis sie eine Entscheidung treffen. Persönliche Opfer dienen sehr viel seltener einer Überzeugung als vielmehr vorübergehend als Mittel, um langfristig einen persönlichen Vorteil zu erlangen. Sie sind verschlossen und vertrauen ihre Pläne und Absichten, die häufig den Umsturz einer Obrigkeit zum Gegenstand haben, selten jemandem an. Sie sind stur, auch wenn sie vorgeben oder sich sogar selbst einreden, kooperativ zu sein. Sie sind nachtragend.

Der ordentlich-starrsinnige Typ hält sich für etwas Besseres. Manchmal ist sein *Überlegenheitsgefühl gepaart mit einer Art magischen Vorstellung, die von verschiedenerlei* Aberglauben und Phantasien genährt wird, seine Umwelt kontrollieren zu können. Sogar seine moralischen Grundsätze können einem sehr eigenen System folgen. Zur Befriedigung seines geheimen Überlegenheitsgefühls kann er eine ungerechte Behandlung provozieren. Typischerweise versucht er, sich eine Hintertür offenzuhalten, indem er vermeidet, sich festzulegen. Er ist stark um seinen persönlichen Besitz besorgt. Er ist üblicherweise geizig, bewahrt alles auf, legt großen Wert auf Anstand und ist stets pünktlich und ordentlich. Sein Geld und andere Besitztümer haben für ihn einen persönlichen Wert, denn er begreift sie als Teil seines Selbst. Er trägt häufig glänzende Münzen, Andenken, viele Schlüssel und andere Dinge bei sich, die für ihn einen tatsächlichen oder symbolischen Wert haben.

Normalerweise ist die Vergangenheit des ordentlich-starrsinnigen Typs von einer aktiv rebellischen Kindheit geprägt, in der er immer genau das Gegenteil von dem tat, was man ihm auftrug. Als Erwachsener hat er eventuell gelernt, seinen Widerstand zu verschleiern, und wurde somit zu einem passiv-aggressiven Menschen. Seine Entschlossenheit aber, seinen Willen zu bekommen, bleibt unverändert. Er hat lediglich gelernt, wenn nötig, sein Ziel auf Umwegen zu erreichen. Die tief verwurzelte Furcht und der Hass angesichts jeder Form von Autorität, die ihn seit seiner Kindheit begleiten, kann er im Erwachsenenalter oft gut verbergen. Beispielsweise gesteht eine solche Person bei einer Vernehmung schnell und problemlos auch solche Taten, die sie gar nicht begangen hat, nur um den Vernehmenden aus der Bahn zu werfen und von einer vielleicht bedeutsamen Spur abzulenken (oder, aber das ist seltener, aufgrund von Schuldgefühlen).

Der Vernehmer, der einer ordentlich-starrsinnigen Persönlichkeit gegenübersteht, sollte auf keinen Fall die Rolle einer feindlich gesinnten Autorität einnehmen. Drohungen und drohende Gesten wie zum Beispiel auf den Tisch hauen, sich auf Ausreden und Lügen stürzen und *ähnliche autoritäre Taktiken rufen in diesem Typ lediglich alte Ängste und gewohnte* Verteidigungsmechanismen hervor. Um eine Beziehung aufzubauen, sollte der Vernehmer freundlich agieren. Ein außergewöhnlich gepflegtes Aussehen des Zimmers und des Vernehmenden wird dem Erfolg einer solchen Vernehmung sehr wahrscheinlich zuträglich sein. Ordentlich-starrsinnige Aussagepersonen sammeln häufig Münzen und andere Objekte. Zeit, die diesen Hobbys des Vernommenen gewidmet wird, kann für den Beziehungsaufbau, der im Umgang mit diesem Typus enorm wichtig ist, hilfreich sein. (…)

2. Der optimistische Typ

Dieser Typ ist fast immer unbekümmert, impulsiv, unbeständig und unverlässlich. Es scheint ihm immer gut zu gehen und er kann übermäßig großzügig sein und gibt anderen, was er selber von anderen erhalten möchte. Er ist suchtgefährdet und gibt bei Druck schnell nach. Vor Herausforderungen läuft er eher weg, um Konflikten aus dem Weg zu gehen, als sich ihnen mit verstärktem Einsatz zu stellen. Seine Überzeugung, dass »sich schon irgendwas auftun wird« oder dass »es schon irgendwie gut gehen wird«, ist aus dem Bedürfnis geboren, keine Verantwortung für Geschehnisse zu übernehmen und stattdessen auf ein ihm wohlgesinntes Schicksal zu vertrauen.

Der erste Lebensabschnitt eines solchen Menschen ist normalerweise von Überfluss geprägt. Er wird manchmal als jüngstes Kind in eine kinderreiche Familie geboren, wenn die Mutter schon ein gewisses Alter hat, also fast in den Wechseljahren ist. Wenn dieser Typus in seiner späteren Kindheit erhebliche Frustrationen erleidet, kann aus ihm ein leicht reizbarer, rachsüchtiger und sehr fordernder Mensch werden.

Als Quelle in einer Vernehmung reagieren optimistische Typen am besten auf eine freundliche und fürsorgliche Ansprache. Sind sie zurückhaltend, zeigt sich die Anwendung der im weiteren Verlauf dieses Handbuchs genauer erörterten Technik »Guter Bulle/böser Bulle« oft als erfolgreich. Beim Einsatz von Druckmitteln oder Feindseligkeit ziehen sie sich lediglich zurück, während sie sich bei Beschwichtigung öffnen. Diese Menschen fordern häufig Zusicherungen vom Vernehmer ein und verleihen ihm damit die Rolle des Beschützers und Problemlösers. Nun sollte der Vernehmer unter keinen Umständen Zusicherungen machen, die er nicht einhalten kann, da ein Vergeltung suchender Optimist sehr wahrscheinlich Probleme bereitet.

3. Der gierige, fordernde Typ

Dieser Typus saugt sich bei anderen Menschen wie ein Blutegel fest und lässt nicht mehr los. Er ist äußerst abhängig und passiv und erwartet ständig, dass sich andere um ihn kümmern und seine Bedürfnisse berücksichtigen. Fühlt er sich ungerecht behandelt, beseitigt er den Missstand nicht etwa selbst, sondern versucht, andere zu überreden, für ihn einzustehen und für ihn das Schwert in die Hand zu nehmen. Seine Loyalität schwindet schnell, wenn er findet, dass der von ihm ausersonnene Wohltäter ihn fallen gelassen hat. Überläufer aus dieser Persönlichkeitskategorie empfinden, dass sie in ihrem Herkunftsland benachteiligt wurden. Das gleiche Gefühl entwickeln sie sehr bald auch in einem anderen Land, in dem sie leben, und richten sich daher auch hier gegen die Regierung oder deren Vertreter. Der gierige und fordernde Typ leidet recht häufig an Depressionen. Sein Wunsch nach Rache kann nach innen gerichtet sein und im Extremfall zu Selbstmord führen.

Bei dem gierigen, fordernden Typ ist häufig der Entzug von Zuneigung und Sicherheit in frühester Kindheit festzustellen. Als Erwachsener ist er immer auf der Suche nach Ersatzeltern, die sich so um ihn kümmern, wie seine eigenen Eltern es seiner Meinung nach nie taten.

Ein Vernehmer muss sehr behutsam vorgehen und darf jemanden dieser Kategorie niemals vor den Kopf stoßen, da dies die Beziehung unweigerlich zerstören würde. Andererseits darf der Vernehmer keinen Forderungen des Vernommenen nachgeben, die er letztlich nicht halten kann oder darf. Wahrscheinlich reagiert jemand dieses Typs auf den Tonfall eines verständnisvollen Vaters oder großen Bruders positiv. Eine unverschämte Forderung kann manchmal schon mit einem geringfügigen Gefallen befriedigt wirken, da die Forderung nicht aus einem speziellen Wunsch heraus entsteht, sondern lediglich Ausdruck des Bedürfnisses nach Sicherheit ist. Jeder kleinste Beweis, dass man um sein Wohlergehen besorgt ist, beruhigt und beschwichtigt ihn.

Im Umgang mit diesem, aber auch jedem anderen hier aufgeführten Typus muss sich der Vernehmer der Grenzen und Fallen bewusst sein, denen er mit vernunftbasierter Überzeugung ausgesetzt ist. Will er den Vernommenen mit Logik zur Kooperation bewegen wollen, sollte er zunächst feststellen, ob dessen Widerstand tatsächlich auf Logik beruht. Ist dieser nämlich gänzlich oder größtenteils emotional begründet, wird ein solcher Versuch kläglich scheitern. Emotional begründeter Widerstand kann nur durch emotionale Manipulation abgebaut werden.

4. Der ängstliche, egozentrische Typ

Obwohl dieser Typ von Natur aus ängstlich ist, ist er stets damit beschäftigt, diese Ängste zu verbergen. Er zeigt sich oft als waghalsiger Draufgänger und kompensiert seine Angst, indem er so tut, als gäbe es keine Gefahren. Jemand dieser Kategorie ist zum Beispiel Kunstflieger oder Zirkusartist, der sich stets vor anderen beweisen muss, oder auch ein Don Juan. Er prahlt und lügt oft, um seinen Hunger nach Anerkennung und Lob zu stillen. Ist er Soldat oder Polizist, hat er eventuell Auszeichnungen für seine Tapferkeit vorzuweisen. In diesem Fall mögen seine Kameraden und Kollegen die Vermutung hegen, dass seine Heldentaten der Freude an Gefahr und der Vorfreude auf Anerkennung, Belohnung und Applaus zuzuschreiben sind. Der ängstliche, egozentrische Typ ist normalerweise äußerst eitel und gleichermaßen sensibel.

Personen mit den genannten Eigenschaften sind ungewöhnlich ängstlich. Die Gründe für derartig intensive versteckte Angstgefühle sind zu komplex und subtil, um sie in diesem Handbuch näher erörtern zu können.

Für den Vernehmer sind nicht die Ursachen solcher Ängste bedeutsam, sondern vielmehr die Möglichkeiten, die ihm die verborgenen Ängste für eine erfolgreiche Manipulation des Vernommenen bieten. Sein Wunsch, zu beeindrucken, wird üblicherweise schnell deutlich und wahrscheinlich ist er sehr redselig. Seine Prahlerei zu ignorieren oder zu verhöhnen oder seine Redeflut mit der Forderung zu unterbrechen, nun endlich zur Sache zu kommen, führt wahrscheinlich dazu, dass er übellaunig wird und den Redefluss stoppt. Sich seine Eitelkeit gezielt zunutze zu machen, indem man insbesondere seinen Mut hervorhebt, ist im Normalfall eine erfolgreiche Taktik, vorausgesetzt, sie wird gekonnt eingesetzt. Ängstliche, egozentrische Personen, die wesentliche Fakten wie zum Beispiel Kontakte zu feindlichen Geheimdiensten zurückhalten, öffnen sich eher, wenn sie das Gefühl haben, dass die Wahrheit ihnen nicht schaden wird, und wenn der Vernehmer gleichzeitig die Gleichgültigkeit und Dummheit des Gegners hervorhebt, eine so tapfere Person auf einen so schlecht vorbereiteten Auftrag zu schicken. Nichts kann gewonnen, aber viel verloren werden, wenn man unwichtige Lügen und Schwindeleien einer solchen Quelle aufdeckt. Ungeheuerlichen Lügen über seinen Wagemut, seine sexuellen Errungenschaften oder andere »Beweise« seines Mutes und seiner Männlichkeit begegnet man am besten mit Schweigen oder freundlichen, aber unverbindlichen Bemerkungen, solange sie nicht zu viel Zeit erfordern. Sollte ein operativer Einsatz in Erwägung gezogen werden, kann eine solche Persönlichkeit durch Fragen gewonnen werden wie: »Ich frage mich, ob Sie sich eine gefährliche Mission zutrauen.«

5. Der von Schuldgefühlen geplagte Typ

Dieser Typus besitzt ein extrem strenges und unrealistisches Gewissen. Sein ganzes Leben scheint darauf ausgerichtet zu sein, immer wieder seine Schuldgefühle zu durchleben. Zu manchen Zeiten scheint er zur Buße entschlossen, zu anderen wiederum besteht er darauf, dass das, was auch immer schiefgelaufen ist, die Schuld eines anderen sei. In jedem Fall sucht er ständig nach Beweisen oder äußeren Anzeichen dafür, dass die Schuld der anderen größer ist als seine eigene. Er ist häufig vollkommen davon absorbiert, zu beweisen, dass er ungerecht behandelt wurde. Es ist sogar möglich, dass er eine unfaire Behandlung provoziert, um durch die Bestrafung sein Gewissen zu beruhigen. Zu dieser Gruppe gehören auch zwanghafte Spieler, die ihr Vergnügen nicht im Gewinnen finden, sondern Erleichterung verspüren, wenn sie verlieren. Vergleichbares gilt für Menschen, die falsche Geständnisse ablegen. Manche Menschen dieses Typus begehen sogar strafbare Handlungen, nur um sie gestehen zu können und bestraft zu werden. Masochisten gehören ebenfalls in diese Kategorie.

Die meisten Schuldkomplexe liegen in einem Unrecht begründet, das der Betroffene den Eltern oder anderen Personen, die er seiner Meinung nach eigentlich lieben und ehren sollte, angetan hat oder glaubt angetan zu haben. Diese Menschen wurden als Kinder häufig ausgeschimpft oder bestraft. Eventuell waren sie auch »Vorzeigekinder«, die niemals feindselige Gefühle zugelassen haben.

Ein von Schuldgefühlen besetzter Mensch ist schwer zu vernehmen, da er möglicherweise geheime feindliche Aktivitäten oder sonstige für die KUBARK relevante Handlungen zugibt, mit denen er nichts zu tun hatte. Anschuldigungen seitens des Vernehmers können leicht zu solchen falschen Geständnissen führen. Der Vernommene schweigt eventuell zu den Anklagepunkten und genießt die »Bestrafung«. Für den Einsatz eines LCFLUTTER [CIA-Kryptonym für einen Lügendetektor] ist er nicht geeignet. Der Umgang mit Menschen, die von Gewissensbissen getrieben werden, stellt von Fall zu Fall unterschiedliche Erfordernisse, sodass fundierte und allgemeingültige Grundsätze fast unmöglich aufzustellen sind. Sollte ein Vernehmer also durch im Screening erhaltene Informationen oder durch eine extreme Fixierung des Vernommenen auf Moralvorstellungen vorgewarnt sein, sollte er in jedem Fall die Informationen, die für den Vernommenen von moralischer Bedeutung sind, mit Vorsicht und als subjektives Empfinden aufnehmen. Menschen mit starken Schuldgefühlen geben ihren Widerstand eher auf und kooperieren, wenn sie in irgendeiner Form bestraft werden, da Bestrafung Gefühle der Dankbarkeit in ihnen wachruft.

6. Der ewig scheiternde Typ

(Dieser) ist dem von Schuld geplagten Typus sehr ähnlich. Er kann Erfolg nicht ertragen und versagt immer wieder in den wichtigen Situationen im Leben. Häufig ist er unfallgefährdet. Typisch sind auch immer wiederkehrend aussichtsreiche Phasen, wichtige Aufgaben oder Ziele, an denen er allerdings jedes Mal, kurz bevor er sie erreicht, scheitert. Jemand, der Erfolg nicht erträgt, hält an seinen Zielen fest, solange sie reine Phantasie bleiben. Drohen sie Wirklichkeit zu werden, lässt er von ihnen ab. Menschen in seiner Umgebung haben oft das Gefühl, dass der Erfolg nur noch einen Schritt entfernt ist, aber immer irgendetwas dazwischenkommt. Dieses »irgendetwas« ist jedoch ein Gefühl der Schuld, wie es zuvor beschrieben wurde. Das Gewissen eines Menschen, der Erfolg meidet, verbietet es diesem, Erfolg und Anerkennung zu genießen. Oft projiziert er seine Schuldgefühle auf andere und glaubt, dass alle Misserfolge die Schuld anderer seien. Ein solcher Typus hat möglicherweise ein starkes Leidensbedürfnis und ist oft geradezu auf der Suche nach gefährlichen Situationen.

Als Aussagepersonen stellen diese Menschen, die »nie auf einen grünen Zweig kommen«, kein großes Problem dar, solange sie nicht auf ihre Schuldgefühle oder die Gründe ihres Versagens in der Vergangenheit gestoßen werden. In diesem Fall würden nicht Fakten, sondern subjektiv verzerrte Wahrnehmungen auf den Tisch kommen. Der erfolgreiche Vernehmer ist in der Lage, diese als solche zu erkennen.

7. Der schizoide oder sonderliche Typ

Er lebt größtenteils in einer Phantasiewelt. Dieser Typus kann oft nicht zwischen der Realität und seinen Phantasiewelten unterscheiden. Die Realität erscheint ihm leer und bedeutungslos im Gegensatz zu der von ihm selbst erschaffenen mysteriösen Welt. Er kann Frustration, die ihm in der Außenwelt widerfährt, kaum ertragen und zieht sich dann in sein eigenes inneres Reich zurück.

Er kann keine wirklichen Beziehungen zu anderen Menschen aufbauen, obwohl er ihnen symbolischen und persönlichen Sinn und Wert beimisst.

Menschen, die in einem Zuhause ohne ausreichende Zuneigung und Aufmerksamkeit oder auch in einem Kinderheim oder einer ähnlichen staatlichen Institution aufgewachsen sind, können als Erwachsene zu diesem Typus gehören. In der Kindheit wurden ihre Bindungsanstrengungen zurückgewiesen, sodass sie später Bindungsängste entwickeln und sich zurückziehen. Verbindungen zu einer Gruppe oder einem Land sind unstet und prinzipiell nur vorübergehender Natur. Gleichzeitig benötigt der schizoide Typus Bestätigung von außen. Obwohl er sich von der Realität zurückzieht, möchte er sich nicht allein und verlassen fühlen.

Als Vernommener lügt der schizoide Typ leicht, um Anerkennung zu erhalten. Er erzählt dem Vernehmer, was er glaubt, dass dieser hören möchte, nur um mit einem Lächeln belohnt zu werden. Da ein solcher Typus nicht immer zwischen Wahrheit und Phantasie unterscheiden kann, ist ihm oft nicht bewusst, dass er lügt. Dem Vernehmer jedoch bietet sich durch den Wunsch nach Anerkennung ein guter Ansatz. Während Vorwürfe der Lüge oder andere Anzeichen von Geringschätzung einen Rückzug des Vernommenen aus der jeweiligen Situation zur Folge haben, kann aus einem schizoiden Menschen leicht die Wahrheit herausgekitzelt werden, indem man ihn überzeugt, dass ihm eine Falschaussage kein Wohlwollen beziehungsweise die Wahrheit keine Missgunst beschert.

Ebenso wie der mit Schuldkomplexen beladene ist auch der schizoide Typus für den Einsatz eines LCFLUTTER eher ungeeignet, da er aufgrund seiner inneren Bedürfnisse Realität und Traumwelt nicht zu unterscheiden vermag. Aufgrund seiner Unfähigkeit, mit der Realität umzugehen und echte Beziehungen aufzubauen, ist er auch als Agent eher unzuverlässig.

8. Der »Ich bin etwas Besonderes«-Typ

Er glaubt, dass ihm die Welt einiges schuldig ist. Er hat das Gefühl, dass ihm, zumeist in früher Kindheit, großes Unrecht widerfuhr und er dafür entschädigt werden sollte. In manchen Fällen handelt es sich bei diesem Unrecht um einen zufälligen, wahllosen Schicksalsschlag wie zum Beispiel eine körperliche Verunstaltung, eine äußerst schmerzhafte Krankheit oder Operationen während der Kindheit oder den frühen Verlust eines oder beider Elternteile. Dieses unverdiente Unglück verleiht diesem Typus das Gefühl, dass irgendjemand oder irgendetwas das Unrecht wiedergutzumachen hat. Daher fordert er Privilegien ein, die anderen nicht gewährt werden. Wird ein solcher Anspruch ignoriert oder verweigert, verhält er sich häufig wie ein rebellischer Teenager. Seiner Meinung nach ist dieser Anspruch für alle offensichtlich und gerechtfertigt, sodass jede Weigerung, ihn zu erfüllen, als böswillig verstanden wird.

Bei Vernehmungen stellt er oft überhöhte Forderungen nach Geld, einer Umzugsentschädigung oder anderen Gefallen, die in keinem Verhältnis zu dem Wert seines Beitrags stehen. Zweideutige Reaktionen auf solche Forderungen werden als Einverständnis interpretiert. Von allen hier beschriebenen wird dieser Typus am ehesten ein vermeintliches ihm durch die KUBARK zugefügtes Unrecht an die Presse oder vor Gericht tragen. Grundsätzlich ist es bei Menschen, die sich für etwas Besonderes halten, das Beste, ihren Klagen (im angemessenen zeitlichen Rahmen) aufmerksam zuzuhören und keinerlei Zugeständnisse zu machen, die nicht vollständig eingehalten werden können. Überläufer von feindlichen Geheimdiensten, Doppelagenten, Lockspitzel und andere, die mehr als nur flüchtigen Kontakt zu einem sowjetisch-chinesischen Nachrichtendienst haben und diesem Typus angehören, gehen oft ungewöhnlich schnell auf Andeutungen des Vernehmers ein, sie seien von dem anderen Geheimdienst ungerecht behandelt worden. Sollten solche Quellen für einen operativen Einsatz eingeplant werden, so ist zu bedenken, dass sie einer gemeinsamen Sache gegenüber keinen Loyalitätssinn haben und sich wahrscheinlich gekränkt gegen ihre Vorgesetzten wenden.

9. Der durchschnittliche oder normale Typus

Auch bei dem durchschnittlichen oder normalen Typus sind Eigenschaften der zuvor beschriebenen Kategorien vorzufinden. Tatsächlich kann er von Zeit zu Zeit einen Großteil oder sogar alle genannten Eigenschaften aufweisen, von denen jedoch keine dauerhaft dominiert. Starrsinn, unrealistischer Optimismus, Angst und alle sonstigen Eigenschaften eines Durchschnittsmenschen sind höchstens kurzfristig vorherrschend. Außerdem sind seine Reaktionen auf seine Umgebung wesentlich mehr von den tatsächlichen Ereignissen in dieser Welt abhängig und weniger von den rigiden, subjektiven Mustern, wie es bei den anderen, hier beschriebenen Typen der Fall ist.«[355]

DANK

Viele Fragen mich, ob ich meine Bücher noch selbst schreibe. Die Antwort ist: ich muss. Denn ich kann wenig: nur lesen, reden und schreiben. Wenn ich nicht mal mehr das selbst täte, hätte ich gar nichts zu tun. So aber war ich sehr lange sehr beschäftigt. Denn ein Buch ist kein Geschenk, das vom Himmel fällt. Und dieses Buch bedeutete sehr, sehr harte Arbeit für mich, mehr als alle meine Bücher zuvor. Wenn ich das gewusst hätte, hätte ich es mir doch noch einmal überlegt mit dem Ghostwriter. Spaß beiseite! Die sehr umfangreiche Bibliographie zeigt nur einen Teil meiner Recherchearbeit, aber ich war mehrere Male kurz davor, dem Verlag mitzuteilen, dass die Sache platzt.

Dass es dennoch geklappt hat, verdanke ich der umsichtigen und motivierenden Art meiner Lektorin bei Campus, Stephanie Walter. Auch Heike Kronenberg von der Presseabteilung hat mich immer wieder angespornt. Ulrich Thiele hat in seinem Lektorat meine Zeilen wunderbar ›gepimped‹ und allzu Verworrenes mit seinem untrüglichen Bullshit-Detektor eliminiert. Christopher Thomas, der nicht nur ein berühmter Fotograf, sondern auch ein sehr feiner Kerl ist, hat alles aus seinem Model rausgeholt, was ging. Ich danke auch Joachim Bischofs und Klaus Schöffner für die Arbeit am Cover. Der gesamte Campus Verlag unter der Führung von Dr. Olaf Meier und dem Verleger Thomas Carl Schwoerer ist eine großartige Heimat für mich als Autor – vielen Dank dafür!

Abgesehen von der direkten Arbeit an diesem Buch gibt es noch ein paar besondere Menschen, denen ich sehr verbunden bin. Meine Schwester Isabel und meine liebe Mutter Diana unterstützen mich bedingungslos bei allem, was ich tue. Dass ich in Ruhe arbeiten kann, verdanke ich meinen wunderbaren Assistentinnen Marion Bork, Susanne Geissler und vor allem Joana Schulz, die mir seit Jahren den Rücken frei hält.

Ganz besonders danke ich meiner Thera Richardt, mit der ich Berlin auf unserer Vespa erkundete, um Cafés zu finden, in denen man arbeiten konnte. In einem fiel der Laptop vom Tisch und die Festplatte war zerstört – ohne Thera hätte ich nicht noch einmal begonnen, sondern wäre wohl noch am selben Tag in die Spree gesprungen.

Jack Nasher-Awakemian
München, im Februar 2015

ANMERKUNGEN

1 Russakoff & Goodman, 2011.
2 Vgl. Gordon & Fleisher, 2010, S. 233.
3 Shane & Mazzetti, 2007.
4 A Human Rights Watch Briefing Paper, 2004.
5 Lagouranis & Mikaelian, 2007, S. 86.
6 The Independent, 2011.
7 Pincus, 2006; Biderman, 1957.
8 Central Intelligence Agency, 2004.
9 Nach Mackey & Miller, 2004, S. 27.
10 Neubauer, 1974; Leo, 1996; Cassell & Hayman, 1998; St-Yves & Lavallée, 2002; Deslauriers; Varin & St-Yves, 2006; Ayling, 1984; Gudjonsson, 2003, S. 138.
11 Phillips & Brown, 1998.
12 Bottomley & Coleman, 1980; Horvath & Meesig, 1996.
13 Macdonald & Michaud, 1987; Zulawski & Wicklander, 1992; Inbau *et al.*, 2013; Gordon & Fleisher, 2002, vgl. St-Yves & Deslauriers-Varin, 2009, S. 7.
14 Vgl. Kolker, 2010.
15 Gudjonsson, 2003, S. 112.
16 Gordon & Fleisher, 2010, S. 241.
17 S. 28.
18 Popper, 1934.
19 Vrij *et al.*, 2010.
20 Cheney & Seyfarth, 1990, S. 189; Bond *et al.*, 1985, S. 341; Ekman, 2001, S. 339 ff.
21 Gordon & Fleisher, 2010, S. 2.

22 Williamson, 1993.
23 Gordon & Fleisher, 2010, S. 100 ff.
24 Inbau *et al.*, 2013, S. 154.
25 Inbau *et al.*, 2013, S. 191.
26 Inbau *et al.*, 2013, S. 78 f.
27 Gordon & Fleisher, 2010, S. 91.
28 Inbau *et al.*, 2013, S. 109.
29 Less, 2012, S. 191.
30 Nach Gordon & Fleisher, 2010, S. 18 ff.
31 Gudjonsson & Petursson, 1991; Gudjonsson & Bownes, 1992. Sigurdsson & Gudjonsson, 1994; vgl. St-Yves & Deslauriers-Varin, S. 8 f.
32 Inbau *et al.*, 2013, S. 155 f.; Gordon & Fleisher, 2010, S. 192.
33 Mackey & Miller, 2004, S. 409 f.
34 Ekman *et al.*, 1991; Vrij *et al.*, 2004; Vrij *et al.*, 2000; Vrij & Mann, 2004; vgl. Nasher-Awakemian, 2010, S. 39 ff.
35 Inbau *et al.*, 2013, S. 156 f.
36 Löw, 2012, S. 142.
37 Inbau *et al.*, 2013, S. 113.
38 Gordon & Fleisher, 2010, S. 91.
39 Inbau *et al.*, 2013, S. 93.
40 Nasher-Awakemian, 2010, S. 78.
41 O'Connor, 2008.
42 Hare, 1994.
43 De Paulo *et al.*, 1993; DePaulo *et al.*, 1996; Vrij, 2008, S. 43 f., vgl. Nasher-Awakemian, 2010, S. 76
44 Gordon & Fleisher, 2010, S. 93 f.
45 Inbau *et al.*, 2013, S. 159 f.
46 Daily Mail Reporter, 2009.
47 Anforderungen an den Lügner: Was er erzählen darf: Spence *et al.*, 2001; Vrij, 2008; S. 40. Sich die eigene Geschichte vergegenwärtigen: Ekman, 2001, S. 44. Plausibel und widerspruchsfrei sprechen: Gilbert, 1991; Walczyk *et al.*, 2003; Walczyk *et al.*, 2005; Vrij, 2008, S. 40. Glaubwürdigkeit ist nicht selbstverständlich: DePaulo *et al.*, 2003; Kassin, 2005; Kassin & Gudjonsson, 2004; Kassin & Norwick, 2004; Vrij, 2008, S. 40, 47, 58; Caso *et al.*, 2005; Gozna & Babooram, 2004; Granhag & Strömwall, 2002; Hartwig *et al.*, 2006; Strömwall *et al.*, 2006; Vrij *et al.*, 2001; Vrij

& Mann, 2006; Vrij *et al.*, 2006; Vrij *et al.*, 1996; White & Burgoon, 2001; Colwell *et al.*, 2006; Granhag & Strömwall, 2002; Granhag *et al.*, 2007; Hartwig *et al.*, 2007; Strömwall *et al.*, 2007; Strömwall *et al.*, 2006. Wie der Lügner den Belogenen beobachtet: Buller & Burgoon, 1996; Vrij, 2008, S. 48.; Vrij, 2008, S. 45; Ekman & Frank, 1993; Vrij & Mann, 2001. Sprachlich versierte Lügner: Kashy & DePaulo, 1996; Vrij *et al.*, 2002, 2004; Vrij, 2008, S. 44., vgl. auch Nasher-Awakemian, 2010, S. 117 ff.

48 Davis & Hadicks, 1995.

49 DePaulo, Lindsay *et al.*, 2003; Sporer & Schwandt, 2006; Vrij, 2008, S. 55.

50 Goldman-Eisler, 1968; Vrij, 2008, S. 40; DePaulo; Ekman, 2001, S. 93.

51 Inbau *et al.*, 2013, S. 116 f.

52 Inbau *et al.*, 2013, S. 117.

53 Kebbell *et al.*, 2001.

54 Less, 2012, S. 114.

55 Less, 2012, S. 97.

56 Mordkommission München, o. J., S. 42.

57 Franck, 2009, S. 5.

58 Mackey & Miller, 2004, S. 300.

59 Amelsvoort, Rispens & Grolman, 2007. Vgl. van der Sleen, 2009.

60 Inbau *et al.*, 2013, S. 88 f.

61 Undeutsch, 1967.

62 Geiselman *et al.*, 2011.

63 Hand- und Fingerbewegungen: DePaulo, Lindsay *et al.*, 2003; Vrij, 2008, S. 56; Ekman & Friesen, 1972. Kopfbewegungen: Fiedler & Walka, 1993; Ford, 1996, S. 213. Gesichtsausdruck und Anspannung: DePaulo, Lindsay *et al.*, 2003; Vrij, 2008, S. 57. Handgesten: Ekman, 2001, S. 106 ff.; vgl. auch Nasher-Awakemian, 2010, S. 158 f.

64 Ekman, 2001, S. 107; Vrij, 2008, S. 39, 41.

65 Cannon, 1929.

66 Gallup, 1977; Schmidt *et al.*, 2009.

67 S. 92.

68 Inbau *et al.*, 2013, S. 90 f.

69 Gordon & Fleisher, 2010, S. 12 f.

70 Jayne, 1986; vgl. auch Gudjonsson, 2003, S. 118.

71 Central Intelligence Agency, 1963, S. 48.

72 Central Intelligence Agency, 1963, S. 48.

73 Gordon & Fleisher, 2010, S. 91.
74 Inbau *et al.*, 2013, S. 179.
75 Franck, 2009, S. 36.
76 Inbau *et al.*, 2013, S. 180.
77 Inbau *et al.*, 2013, S. 81.
78 Inbau *et al.*, 2013, S. 93 f.
79 Vrij, 2008, S. 103; Nasher-Awakemian, 2010, S. 78 f.
80 DePaulo *et al.*, 2003.
81 Carpenter, 1852.
82 Mackey & Miller, 2004, S. 110.
83 Inbau *et al.*, 2013, S. 174 f. und S. 171 f.
84 Inbau *et al.*, 2013, S. 173.
85 Inbau *et al.*, 2013, S. 172.
86 Gordon & Fleisher, 2010, S. 233 ff.
87 Inbau *et al.*, 2013, S. 172.
88 Inbau *et al.*, 2013, S. 173.
89 Inbau *et al.*, 2013, S. 174.
90 Inbau *et al.*, 2013, S. 173 f.
91 The Economist, 1998.
92 Inbau *et al.*, 2013, S. 175 f.
93 Am besten besprochen hier: Ekman, 2001.
94 Duchenne de Boulogne, 1876.; Ekman & Frank, 1993; Ekman & Friesen, 1972. Ekman, Davidson, Friesen, 1990; Ekman, Friesen, O'Sullivan, 1988; Ekman, 1980; Ekman & Friesen, 1982.
95 O'Sullivan. & Ekman, 2004.
96 Inbau *et al.*, 2013, S. 158.
97 Inbau *et al.*, 2013, S. 160.
98 Inbau *et al.*, 2013, S. 158 f.
99 Inbau *et al.*, 2013, S. 157.
100 Inbau *et al.*, 2013, S. 158.
101 Ekman, 2001, S. 76 ff., s. auch Bursten, 1972; Ford, 1996, S. 92; vgl. Nasher-Awakemian, 2010, S. 82 ff.
102 Ekman, 1980.
103 Inbau *et al.*, 2013, S. 160 f.
104 Inbau *et al.*, 2013, S. 160 f.
105 Inbau *et al.*, 2013, S. 162 f.

106 Inbau *et al.*, 2013, S. 266.
107 Inbau *et al.*, 2013, S. 162.
108 Nisbett & Ross, 1980; Trope & Liberman, 1996; Nickerson, 1998; Lassiter, 2004.
109 Inbau *et al.*, 2013, S. 57.
110 Inbau *et al.*, 2013, S. 29.
111 Inbau *et al.*, 2013, S. 27.
112 Inbau *et al.*, 2013, S. 31.
113 Vrij, Mann & Fisher, 2006.
114 St-Yves & Deslauriers-Varin, S. 9; vgl. auch Shepherd, 1991; Williamson, 1993; St-Yves, Tanguay & Crépault, 2004; St – Yves, 2006
115 Inbau *et al.*, 2013, S. 118.
116 nach James Matte, vgl. Gordon & Fleisher, 2010, S. 13.
117 Inbau *et al.*, 2013, S. 142.
118 Inbau *et al.*, 2013, S. 146.
119 Inbau *et al.*, 2013, S. 168.
120 Inbau *et al.*, 2013, S. 169.
121 Rose, 2010.
122 Toliver, 1997, S. 123.
123 Toliver, 1997, S. 80 f.
124 Toliver, 1997, S. 116.
125 Toliver, 1997, S. 82.
126 Toliver, 1997, S. 98 f.
127 Toliver, 1997, S. 100.
128 Toliver, 1997, S. 97.
129 Toliver, 1997, S. 134 f.
130 Toliver, 1997, S. 103.
131 Mackey & Miller, 2004, S. 481.
132 Deslauriers-Varin & St-Yves, 2006; Deslauriers-Varin *et al.*, 2011; St-Yves & Tanguay, 2009.
133 Moston, Stephenson, Williamson, 1992.
134 Gudjonsson & Petursson, 1991; Gudjonsson & Bownes, 1992; Sigurdsson & Gudjonsson, 1994; Pearse *et al.*, 1998.
135 Deslauriers-Varin *et al.*, 2011; s. auch Williamson, 1990.
136 Soukara, Bull, Vrij, 2002.
137 Inbau *et al.*, 2013, S. 18.

138 Inbau *et al.*, 2013, S. 17 f.
139 Berggren, 1975.
140 vgl. Gudjonsson, 2003, S. 123.
141 Milgram, 1974.
142 Gudjonsson, 2003, S. 342
143 Gudjonsson, 2003, S. 370
144 Gudjonsson, 1989b, Gudjonsson, 1997.
145 Irving & Hilgendorf, 1980.
146 Hilgendorf & Irving, 1981.
147 Monroe *et al.*, 1955.
148 Inbau *et al.*, 2013, S. 194.
149 Inbau *et al.*, 2013, S. 195.
150 Vgl. Hartwig *et al.*, 2006; Leo, 1996; Vrij, 2008, S. 385 f., S. 414.
151 Inbau *et al.*, 2013, S. 196, 244.
152 Inbau *et al.*, 2013, S. 197.
153 Inbau *et al.*, 2013, S. 197.
154 Gordon & Fleisher, 2010, S. 276.
155 Inbau *et al.*, 2013, S. 255.
156 Inbau *et al.*, 2013, S. 273.
157 Inbau *et al.*, 2013, S. 258 ff.
158 Inbau *et al.*, 2013, S. 264.
159 Inbau *et al.*, 2013, S. 257 f.
160 Inbau *et al.*, 2013, S. 274.
161 Inbau *et al.*, 2013, S. 118.
162 Inbau *et al.*, 2013, S. 265 f., S. 113 f.
163 Baldwin, 1993; Evans, 1993; Irving & McKenzie, 1989; Moston *et al.*, 1992; Pearse & Gudjonsson, 1996; Pearse *et al.*, 1998.
164 Inbau *et al.*, 2013, S. 260.
165 Inbau *et al.*, 2013, S. 260.
166 Gordon & Fleisher, 2010, S. 276.
167 Inbau *et al.*, 2013, S. 261.
168 https://wikileaks.org/wiki/Torture,_interrogation_and_intelligence
169 Inbau *et al.*, 2013, S. 276.
170 Inbau *et al.*, 2013, S. 282 f.
171 Inbau *et al.*, 2013, S. 282 f.
172 Inbau *et al.*, 2013, S. 284 f.

173 Central Intelligence Agency, 1963, S. 34.
174 Lagouranis & Mikaelian, 2007, S. 95.
175 Inbau *et al.*, 2013, S. 269 f.
176 Central Intelligence Agency, 1963, S. 34.
177 Inbau *et al.*, 2013, S. 191 f.
178 Toliver, 1997, S. 145.
179 Gordon & Fleisher, 2010, S. 275 f.
180 Ost *et al.*, 2002.
181 Pezdek *et al.*, 1997.
182 Sigurdsson & Gudjonsson, 1994.
183 Central Intelligence Agency, 1963, S. 45.
184 Alexander, 2008, S. 102 f.
185 Alexander, 2008, S. 104.
186 Inbau *et al.*, 2013, S. 245.
187 Gordon & Fleisher, 2010, S. 276.
188 Inbau *et al.*, 2013, S. 248.
189 Inbau *et al.*, 2013, S. 234 f.
190 Inbau *et al.*, 2013, S. 237.
191 abgewandelt von Inbau *et al.*, 2013, S. 233.
192 Nasher-Awakemian, 2013, S. 143 ff.
193 Gordon & Fleisher, 2010, S. 233 ff.
194 Franck, 2009, S. 32.
195 Inbau *et al.*, 2013, S. 62.
196 Mackey & Miller, 2004, S. 483.
197 S. 63.
198 S. 50.
199 Inbau *et al.*, 2013, S. 5.
200 Mordkommission München, o. J., S. 43.
201 Redlich, 1999.
202 Neubauer, 1974; Gudjonsson & Singh, 1984; Richardson *et al.*, 1995; Singh & Gudjonsson, 1992.; vgl. Gudjonsson, 2003, S. 142.
203 S. 27.
204 Gudjonsson, & MacKeith, 1982.
205 Toliver, 1997, S. 138.
206 Toliver, 1997, S. 19.
207 Inbau *et al.*, 2013, S. 202.

208 Inbau *et al.*, 2013, S. 214.
209 Inbau *et al.*, 2013, S. 209.
210 Inbau *et al.*, 2013, S. 218.
211 Gudjonsson, 2003, S. 120 und S. 13 f.
212 S. 54 f.
213 Inbau *et al.*, 2013, S. 210.
214 Inbau *et al.*, 2013, S. 210.
215 Inbau *et al.*, 2013, S. 222 f.
216 Inbau *et al.*, 2013, S. 251.
217 vgl. Inbau *et al.*, 2013, S. 250.
218 Inbau *et al.*, 2013, S. 222.
219 Inbau *et al.*, 2013, S. 224.
220 Inbau *et al.*, 2013, S. 228.
221 Inbau *et al.*, 2013, S. 221.
222 Inbau *et al.*, 2013, S. 222.
223 Inbau *et al.*, 2013, S. 223.
224 Inbau *et al.*, 2013, S. 228.
225 Inbau *et al.*, 2013, S. 227.
226 Inbau *et al.*, 2013, S. 228 f.
227 Inbau *et al.*, 2013, S. 222.
228 Inbau *et al.*, 2013, S. 229.
229 Inbau *et al.*, 2013, S. 227.
230 Inbau *et al.*, 2013, S. 230.
231 Inbau *et al.*, 2013, S. 230.
232 Darley & Latané, 1968.
233 Cialdini *et al.*, 2006.
234 Inbau *et al.*, 2013; Gudjonsson & Sigurdsson, 2000; vgl. Gudjonsson, 2003, S. 14.
235 Inbau *et al.*, 2013, S. 208 f.
236 Inbau *et al.*, 2013, S. 216 f.
237 basierend auf Inbau *et al.*, 2013, S. 204.
238 Inbau *et al.*, 2013, S. 296 f.
239 Inbau *et al.*, 2013, S. 293.
240 nach Inbau *et al.*, 2013, S. 197 f.
241 Inbau *et al.*, 2013, S. 297 f.
242 Gudjonsson, 2003, S. 121.

243 Mackey & Miller, 2004, S. 225.
244 Mordkommission München, o. J., S. 40.
246 Inbau *et al.*, 2013, S. 303.
247 Inbau *et al.*, 2013, S. 253.
248 Inbau *et al.*, 2013, S. 254.
249 Reid et al, S. 292 f.
250 Inbau *et al.*, 2013, S. 301.
251 Inbau *et al.*, 2013, S. 298.
252 Agafonow, 2003; Stockinger, 1993.
253 Inbau *et al.*, 2013, S. 300.
254 S. 65.
255 S. 58 f.
256 Inbau *et al.*, 2013, S. 298 f.
257 Inbau *et al.*, 2013, S. 303.
258 Mordkommission München, o. J., S. 45.
259 Inbau *et al.*, 2013, S. 292 f.
260 Inbau *et al.*, 2013, S. 290.
261 Morrison & Gilbert, 2001; Tangney, 1990; Tangney, 1996; vgl. Gudjonsson, 2003, S. 126.
262 Rogge, 1975; Deslauriers/Varin, 2006.
263 S. 42.
264 Less, 2012, S. 97.
265 vgl. Leo, 1996; Gudjonsson (2003, S. 376) fasst es zusammen: »Sobald beim Befragten Schuldgefühle hervorgerufen wurden, kann er zu besserer Zusammenarbeit auch im Hinblick auf Forderungen ohne jeglichen Zusammenhang mit der Quelle der ursprünglichen Schuldgefühle bewegt werden.«
266 Vgl. Stangneth, 2001, S. 48 f.
267 Less, 2012, S. 118.
268 Less, 2012, S. 117 f.
269 Less, 2012, S. 99.
270 Less, 2012, S. 143.
271 Less, 2012, S. 17.
272 Vgl. Gudjonsson, 2003, S. 28.
273 Carle, 2012, S. 310 f.
274 Central Intelligence Agency, 1963, S. 47.

275 Inbau *et al.*, 2013, S. 44.
276 Inbau *et al.*, 2013, S. 65.
277 Inbau *et al.*, 2013, S. 58.
278 Brennan & Brennan, 1988; Walker, 1993.
279 Markman, 1977; 1979; Singer & Flavell, 1981; Carter *et al.*, 1996.
280 Gordon & Fleisher, 2010, S. 211 ff.
281 Brennan & Brennan, 1988.
282 Grice, 1975; Cashmore, 1991; Saywitz, 1995.
283 Waterman *et al.*, 2001; s. auch Hughes & Grieve, 1980; Pratt, 1990; Waterman *et al.*, 2000.
284 Markman, 1977; 1979; Saywitz & Snyder, 1993; Kebbell & Johnson, 2000.
285 Warren *et al.*, 1991.
286 Mackey & Miller, 2004, S. 223 f.
287 Lagouranis & Mikaelian, 2007, S. 62.
288 Lagouranis & Mikaelian, 2007, S. 63.
289 Lagouranis & Mikaelian, 2007, S. 83.
290 Alexander, 2008, S. 244; zum Thema Respekt empfehle ich Ihnen auch: Borbonus, 2011.
291 Inbau *et al.*, 2013, S. 58.
292 Mordkommission München, o. J., S. 12.
293 Milberg & Clark, 1988.
294 nach Streatfeild, 2008, S. 393.
295 Inbau *et al.*, 2013, S. 62
296 Inbau *et al.*, 2013, S. 66
297 Inbau *et al.*, 2013, S.62 f.
298 Mackey & Miller, 2004, S. 209 f.
299 http://wikileaks.bisente.com/cable/2005/04/05NEWDELHI2606.html
300 Cohen & Golan, 1991; Cohen & Golan, 1992; Human Rights Watch/ Middle East, 1994.
301 Landau Commission Report, 1989.
302 Izenberg, 1999a; Izenberg, 1999b.
303 Jacobs, 2013.
304 http://213.251.145.96/cablegate.html
305 Warburg, 2010.
306 Carle, 2012, S. 332.
307 Inbau *et al.*, 2013, S. 61 f.

308 Inbau *et al.*, 2013, S. 67.
309 Inbau *et al.*, 2013, S. 23.
310 Inbau *et al.*, 2013, S. 232.
311 Inbau *et al.*, 2013, S. 232.
312 Inbau *et al.*, 2013, S. 251 f.
313 Inbau *et al.*, 2013, S. 252.
314 Gudjonsson & Clark, 1986.
315 Alexander, 2008, S. 61 ff.
316 Milberg & Clark, 1988; Gudjonsson, 1989.
317 Brehm, 1966; Brehm & Brehm, 1981.
318 Inbau *et al.*, 2013, S. 63.
319 Inbau *et al.*, 2013, S. 143.
320 Inbau *et al.*, 2013, S. 63.
321 Streatfeild, 2008, S. 400.
322 Alexander, 2008, S. 139.
323 Carle, 2012, S. 332.
324 vgl. auch Williamson, 2006, S. 5; St-Yves & Deslauriers-Varin, 2011, S. 10.
325 Kassin & McNall, 1991.
326 Leo 1994, 1996; s. auch Gudjonsson, 2003, S. 32 f. Ganze 41,8 Prozent legten volle Geständnisse ab, 22,5 Prozent räumten zumindest einen Teil der Schuld ein, sodass man in insgesamt 64 Prozent der Fälle brauchbare Informationen aus dem Verhör ziehen konnte.
327 vgl. auch Inbau *et al.*, 2013, S. 344 f.
328 Kassin & Wrightsman, 1985.
329 Richardson, 1991.
330 Stephenson & Moston, 1993; Blair, 2005; Weber, 2007.
331 Deslauriers & Varin & St-Yves, 2006, S. 10.
332 Kassin & Gudjonsson, 2004; Kassin, 2005.
333 Inbau *et al.*, 2013, S. 144.
334 Inbau *et al.*, 2013, S. 329.
335 Inbau *et al.*, 2013, S. 330.
336 Central Intelligence Agency, 1963, S. 41 f.
337 Inbau *et al.*, 2013, S. 302.
338 Pearse & Gudjonsson, 1996.

339 Williamson (1990) fand heraus, dass 99 Prozent der Vernehmungen innerhalb von 45 Minuten beendet waren, und Baldwin (1993) kam zu dem Ergebnis, dass nur 7 Prozent der Vernehmungen länger als eine Stunde dauerten.

340 Leo 1994, 1996 ; s. auch Gudjonsson, 2003, S. 32 f.

341 Inbau *et al.*, 2013, S. 237.

342 Inbau *et al.*, 2013, S. 308 ff.

343 Inbau *et al.*, 2013, S. 323

344 Blagrove *et al.*, 1994; Blagrove, 1996; Blagrove & Akehurst, 2000; vgl. Gudjonsson, 2003, S. 389 f.

345 Blagrove, 1996.

346 Blagrove *et al.*, 1994.

347 Lagouranis & Mikaelian, 2007, S. 87

348 Lagouranis & Mikaelian, 2007, S. 176

349 Beck & Godin, 1951; vgl. Gudjonsson, 2003, S. 186.

350 Lagouranis & Mikaelian, 2007, S. 246.

351 Carle, 2012, S. 191.

352 Alexander, 2008, S. 28.

353 S. 39 f.

354 Mordkomission München, o. J., S. 40.

355 Gudjonsson, 2003, S. 13.

356 Central Intelligence Agency: *KUBARK. Nachrichtendienstliche Vernehmungen*; Übersetzung aus dem Englischen beauftragt durch Ulla Jelpke (MdB), mit freundlicher Genehmigung des Sprachendienstes des Bundestages (S. 15–20, Download unter: http://www.ulla-jelpke.de/wp-content/uploads/2014/11/Kubark.pdf); Langley, 1963.

LITERATUR

Agafonow, A.: *Erinnerungen eines notorischen Deserteurs*; aus dem Russischen von Elvira Laplace; Rowohlt: Berlin, 1993.

Alexander, M.: *How to break a Terrorist;* New York: St. Martin`s Press, 2008.

Arndt, J.; Greenberg, J.: »Fantastic accounts can take many forms: False memory construction? Yes. Escape from self? We don't think so«; in: *Psychological Inquiry*; 1996, 7; S. 127–132.

Asch, S. E.: »Studies of independence and conformity: A minority of one against a unanimous majority«; in: *Psychological Monographs: General and Applied*; 1956, 70; S. 1–70.

Ayling, C. J.: »Corroborating confessions: an empirical analysis of legal safeguards against false confessions«; in: *Wisconsin Law Review*; 1984, 4; S.1121–1204.

Baldwin, J.: »Police interviewing techniques. Establishing truth or proof?«; in: *The British Journal of Criminology*; 1993, 33; S. 325–352.

Beck, F.; Godin, W.: *Russian purge and the extraction of confession*; London: Hurst and Blackett, 1951.

Berggren, E.: *The Psychology of Confessions*; Leiden: Brill, 1975.

Bernstein, D. M; Laney, C.; Morris, E. K.; Loftus, E. F.: »False memories about food can lead to food avoidance«; in: *Social Cognition*; 2005, 23; S. 11–34.

Biderman, A. D.: Communist Coercive Methods For Eliciting Individual Compliance; in: *Bulletin of the New York Academy of Medicine*; 1957, 33 (9); S. 616–625.

Blaauw, J. A.: *De puttense moordzaak*; Baarn: Uitgeverij De Fontein, 2000.

Blagrove, M., Cole-Morgan, D.; Lambe, H.: »Interrogative suggestibility: the effects of sleep deprivation and relationship with field dependence«; in: *Applied Cognitive Psychology*; 1994, 8; S. 169–179.

Blagrove, M.: »Effects of length of sleep deprivation on interrogative suggestibility«; in: *Journal of Experimental Psychology: Applied*; 1996, 21; S. 48–59.

Blagrove, M.; Akehurst, L.: »Effects of sleep loss on confidence–accuracy relationships for reasoning and eyewitness memory«; in: *Journal of Experimental Psychology: Applied*; 2000, 6; S. 59–73.

Blair, J. P.: »What do we know about interrogation in the United States?«; in: *Journal of Police and Criminal Psychology*; 2005, 20 (2); S. 44–57.

Bond, C. F.; Kahler, K. N.; Paolicelli, L. M.: »The miscommunication of deception: An adaptive perspective«; in: *Journal of Experimental Social Psychology*; 1985, 21; S. 331–345.

Borbonus, R. 2011: *Respekt! Wie Sie Ansehen bei Freund und Feind gewinnen*; Berlin: Econ, 2011.

Bottomley A. K.,; Coleman C.: »Police effectiveness and crime rates«; in: Clarke, R. V. G.; Hough, J. M. (Hrsg.): *The effectiveness of policing*; Farnborough: Gower, 1980; S. 70–97.

Brehm, J. W.: *A theory of psychological reactance*; New York: Academic, 1966.

Brehm, J. W.: *Psychological reactance: a theory of freedom and control*; New York: Academic, 1981.

Brennan, M.; Brennan, R.E: *Strange language: Child victims under cross-examination*, 3. Auflage; Wagga Wagga: CSU Literary Studies Network, 1988.

Bruck, M.; Ceci, S. J.: »The suggestibility of children's memory«; in: *Annual Review of Psychology*; 1999, 50; S. 419–439.

Bull, R.; Milne, R.: »Attempts to improve the police interviewing of suspects«; in G. D. Lassiter (Hrsg.): *Interrogations, confessions, and entrapment*; New York: Kluwer, 2004; S. 181–196.

Bull, R.; Valentine, T.; Williamson, T. M.: *Handbook of Psychology of Investigative Interviewing: Current Developments and Future Directions*; West Sussex: John Wiley, 2009.

Buller, D. B.; Burgoon, J. K.: »Interpersonal deception theory«; in: *Communication Theory*; 1996, 6; S. 203–242.

Bursten, B.: »The manipulative personality«; in: *Archives of General Psychiatry*; 1972, 26; S. 318–321.

Bushman, B. J.: »Perceived symbols of authority and their influence on conformity«; in: *Journal of Applied Social Psychology*; 1984, 14; S. 501–508.

Bushman, B. J.: »The effects of apparel on compliance: a field experiment with a female authority figure«; in: *Personality and Social Psychology Bulletin*; 1988, 14; S. 459–467.

Cannon, W. B.: *Bodily changes in pain, hunger, fear, and rage*; New York: Appleton-Century-Crofts, 1929.

Carle, G. L.: *Interrogator. In den Verhörkellern der CIA*; Reinbek: Rowohlt, 2012.

Carmichael, A. R.: »Duration estimates: A potentially useful tool for cognitive ergonomists«; in D. Harris (Hrsg.): *Engineering psychology and cognitive ergonomics*; Band 2 (*Job design and product design*); Aldershot: Ashgate, 1997; S. 267–273.

Carpenter, W. B., »On the Influence of Suggestion in Modifying and directing Muscular Movement, independently of Volition«; in: *Procceedings of the Royal Institution of Great Britain*; 1852 (März), S. 147–153.

Carter C. A.; Bottoms B. L.; Levine M.: »Linguistic and socio-emotional influences on the accuracy of children's reports«; in: *Law and Human Behavior*; 1996, 20; S. 335–358.

Cashmore, J.: »Problems and solutions in lawyer-child communication«; in: *Criminal Law Journal*; 1991, 15; S. 193–202.

Caso, L.; Gnisci, A.; Vrij, A.; Mann, S.: »Process underlying deception: An empirical analysis of truths and lies when manipulating the stakes«; in: *Journal of Interviewing and Offender Profiling*; 2005, 2; S. 195–202.

Cassell, P. G.; Hayman, B. S.: »Police interrogation in the 1990s: an empirical study of the effects of Miranda«; in R. A. Leo and G. C. Thomas III (Hrsg.): *The Miranda debate, justice and policing*; Boston: Northeastern University Press, 1998; S. 222–235.

Ceci, S. J.; Bruck, M.: »Suggestibility of the child witness: A historical review and synthesis«; in: *Psychological Bulletin*; 1993, 113; S. 403–439. Cheney, D. L.; Seyfarth, R. M.: *How monkeys see the world*; University of Chicago Press: London, 1990.

Central Intelligence Agency: *KUBARK. Nachrichtendienstliche Vernehmungen*; Übersetzung aus dem Englischen beauftragt durch Ulla Jelpke (MdB), Übersetzer/in und Jahr unbekannt (Download unter: http://www.ulla-jelpke.de/wp-content/uploads/2014/11/Kubark.pdf); Langley, 1963.

Central Intelligence Agency: »Counterterrorism and Interrogation Activities (September 2001-October 2003)«; CIA Inspector General; Special Report 2003–7123.IG; Mai 2004.

Cialdini, R. B.: *Influence: science and practice*; 2. Auflage. Glenview, IL: Scott Foresman, 1988.

Cialdini, R. B.; Demaine, L. J.; Sagarin, B. J.; Barrett, D. W.; Rhoads, K.; Winter, P. L.: »Managing social norms for persuasive impact«; in: *Social Influence*; 2006, 11; S. 3–15.

Clarke R. V. G., Hough J. M. (Hrsg.): *The effectiveness of policing;* Farnborough: Gower, 1980.

Cohen, S.; Golan, D.: *The interrogation of Palestinians during the intifada: ill-treatment, ›moderate physical pressure‹ or torture?*; Jerusalem: The Israeli Information Center for Human Rights in the Occupied Territories, 1991.

Cohen, S.; Golan, D.: *The interrogation of Palestinians during the intifada: follow-up to March 1991 B'TSELEM Report*; Jerusalem: The Israeli Information Center for Human Rights in the Occupied Territories, 1992.

Cole, P.; Morgan, J. L. (Hrsg.): *Syntax and semantics;* Band 3, *Speech acts*; New York: Academic Press, 1975.

Colwell, K.; Hiscock-Anisman, C.; Memon, A.; Woods, D.; Michlik, P. M.: »Strategies of impression management among deceivers and truth tellers: How liars attempt to convince«; in: *American Journal of Forensic Psychology*; 2006, 24; S. 31–38.

Daily Mail Reporter (kein Autor): »Men lie six times a day and twice as often as women, study finds«; 14 September 2009.

Darley, J. M.; Latané, B.: »Bystander intervention in emergencies: Diffusion of responsibility«; in: *Journal of Personality and Social Psychology*; 1968, 8; S. 377–383.

Davies, E.; Seymour, F. W.: »Questioning child complainants of sexual abuse: Analysis of criminal court transcripts in New Zealand«; in: *Psychiatry, Psychology and Law*; 1998, 5; S. 47–61.

Davis, M.; Hadicks, D.: »Demeanor and credibility«; in: *Semiotica*; 1995, 106; S. 5–54.

DePaulo, B. M.; Bell, K. L.: »Truth and investment: Lies are told to those who care«; in: *Journal of Personality and Social Psychology*; 1996, 71; S. 703–716.

DePaulo, B. M.; Epstein, J. A.; Wyer, M. M.: »Sex differences in lying: How women and men deal with the dilemma of deceit«; in M. Lewis, C. Saarni (Hrsg.): *Lying and deception in everyday life*; New York: Guilford Press, 1993; S. 126–147.

DePaulo, B. M.; Lindsay, J. J.; Malone, B. E.; Muhlenbruck, L.; Charlton, K.; Cooper, H.: »Cues to deception«; in: *Psychological Bulletin*; 2003, 129; S. 74–118.

Deslauriers-Varin, N.; Lussier, P.,; St-Yves, M.: »Confessing their crime: Factors influencing the offender's decision to confess to the police«; in: *Justice Quarterly*; 2011, 28; S. 113–145.

Deslauriers-Varin, N.; St-Yves, M.: »An empirical investigation of offenders' decision to confess their crime during police interrogation«; Vortrag anläßlich der *2nd International Conference on Investigative Interviewing*; Portsmouth, 5.–7. Juli 2006.

Duchenne de Boulogne, G.-B.: *Mécanisme de la physionomie humaine ou analyse électrophysiologique de l'expression des passions*; Paris: Librairie J.-B. Bailliere et Fils, 1876.

Ekman, P.: »Asymmetry in facial expression«; in: *Science*; 1980, 209; S. 833–836.

Ekman, P.: »Mistakes when deceiving«; Vortrag anlässlich der *Conference on the Clever Hans Phenomenon der New York Academy of Sciences*; Mai 1980.

Ekman, P.: *Telling lies: Clues to deceit in the marketplace, politics, and marriage*; New York: W. W. Norton, 2001.

Ekman, P.; Davidson, R. J.; Friesen, W. V.: »Emotional expression and brain physiology II: The Duchenne smile«; in: *Journal of Personality and Social Psychology*; 1990, 58; S. 342–353.

Ekman, P.; Frank, M. G.: »Lies that fail«; in M. Lewis, C. Saarni (Hrsg.): *Lying and deception in everyday life*; New York: Guilford Press, 1993; S. 184–200.

Ekman, P.; Friesen W. V.: »Hand movements«; in: *Journal of Communication*; 1972, 22; S. 353–374.

Ekman, P.; Friesen, W. V.: »Felt, false, and miserable smiles«; in: *Journal of Nonverbal Behavior;* 1982, 6; S. 238–252.

Ekman, P.; Friesen, W. V.; O'Sullivan, M.: »Smiles when lying«; in: *Journal of Personality and Social Psychology*; 1988, 54; S. 414–420;

Ekman, P.; O'Sullivan, M.; Friesen, W. V.; Scherer, K. R.: »Invited Article: Face, Voice, and Body in Detecting Deceit«; in: *Journal of Nonverbal Behavior*; 1991, 152; S. 125–135.

Evans, R.: »The conduct of police interviews with juveniles«; in: *Royal Commission on Criminal Justice Research Report No. 8*; London: HMSO, 1993.

Fiedler, K.; Walka, I.: »Training lie detectors to use nonverbal cues instead of global heuristics«; in: *Human Communication Research*; 1993, 20; S. 199–223.

Ford, C. V.: *Lies! Lies!! Lies!!! The Psychology of Deceit*; Arlington: American Psychiatric Publishing, 1996.

Franck, A.: Vernehmungslehre und Aussagepsychologie; Seminar, gehalten in der Kanzlei Thümlein und Kollegen in Kempten am 24. April 2009.

Gallup, G. G.: »Tonic immobility: The role of fear and predation«; in: *Psychological Record*; 1977, 27; S. 41–61.

Geiselman, E. R.; Elmgren, S.; Green, C.; Rystad, I.: »Training laypersons to detect deception in verbal narratives and exchanges«; in: *American Journal of Forensic Psychology*; 2011, 32; S. 1–22.

Gelles, M. G.; McFadden, R.; Borum, R.; Vossekuil, B.: »Al-Qaeda-related subjects: a law enforcement perspective«; in T. M. Williamson (Hrsg.): *Investigative interviewing*; Cullompton: Willan Publishing, 2006; S. 23–41.

Gilbert, D. T.: »How mental systems believe«; in: *American Psychologist*; 1991, 46; S. 107–119.

Glaser, D.; Spencer, J. R.: »Sentencing, children's evidence and children's trauma«; in: *The Criminal Law Review*; 1990, S. 371–382.

Goldman-Eisler, F.: *Psycholinguistics*; New York: Academic Press, 1968.

Goodman, G. S.; Bottoms, B. L. (Hrsg.): *Child Victims, Child Witnesses: Understanding and Improving Testimony*; New York: Guilford Press, 1993.

Gordon, W.; Fleisher, W.: *Effective interviewing and interrogation*; 3. Auflage; San Diego Academic Press, 2010.

Gozna, L. F.; Babooram, N.: »Non-traditional interviews: Deception in a simulated customs baggage search«; Vortrag anlässlich der *14th European Conference of Psychology and Law* in Krakau/Polen; 7.-10. Juli 2004.

Granhag, G. H.; Strömwall, P. (Hrsg.): *The detection of deception in forensic contexts*; Cambridge, England: Cambridge University Press, 2004; S. 269–286.

Granhag, P. A.; Strömwall, L. A.: »Repeated interrogations: Verbal and non-verbal cues to deception«; in: *Applied Cognitive Psychology*; 2002, 16; S. 243–257.

Granhag, P. A.; Strömwall, L. A.; Hartwig, M.: »The SUE-technique: The way to interview to detect deception«; in: *Forensic Update*; 2007, 88; S. 25–29.

Grice, H. P.: »Logic and conversation«; in P. Cole; J. L. Morgan (Hrsg.): *Syntax and semantics;* Band 3 (*Speech act)s*; New York: Academic Press, 1975; S. 41–58.

Gudjonsson G. H.: «The psychology of interrogations and confessions«; in T. M. Williamson (Hrsg.): *Investigative interviewing: Rights, research, regulation*; Cullompton: Willan Publishing, 2006; S. 123–146.

Gudjonsson, G. H.: »Compliance in an interrogation situation: a new scale«; in: *Personality and Individual Differences*; 1989, 10; S. 535–540.

Gudjonsson, G. H.: »The effects of suspiciousness and anger on suggestibility«; in: *Medicine, Science and the Law*; 1989, 29; S. 229–232. (→ zitiert als Gudjonsson, 1989a).

Gudjonsson, G. H.: *The Gudjonsson Suggestibility Scales manual*; Hove: Psychology Press, 1997.

Gudjonsson, G. H.: *The Psychology of Interrogations and Confessions: A Handbook*; New York: John Wiley, 2003.

Gudjonsson, G. H.; Bownes, I.: »The reasons why suspects confess during custodial interrogation: Data for Northern Ireland«; in: *Medicine, Science and the Law*; 1992, 32; S. 204–212.

Gudjonsson, G. H.; Bownes, I.: »The relationship between attribution of blame for criminal offences and the reasons why suspects confess during custodial interrogation«; in: *Journal of the Forensic Science Society*; 1992, 32; S. 209–213.

Gudjonsson, G. H.; Clark, N. K.: »Suggestibility in police interrogation: a social psychological model«; in: *Social Behaviour*; 1986, 1; S. 83–104.

Gudjonsson, G. H.; MacKeith, J. A. C.: »False confessions: psychological effects of interrogation. A discussion paper«; in: A. Trankell (Hrsg.): *Reconstructing the past: the role of psychologists in ciminal trials*; Deventer: Kluwer, 1982; S. 253–269.

Gudjonsson, G. H.; Petursson, H.: »Custodial interrogation: Why do suspects confess and how does it relate to their crime, attitude and personality?«; in: *Personality and Individual Differences*; 1991,12; S. 295–306.

Gudjonsson, G. H.; Sigurdsson, J. F.: »Differences and similarities between violent offenders and sex offenders«; in: *Child Abuse and Neglect*; 2000, 243; S. 363–372.

Gudjonsson, G. H.; Sigurdsson, J. F.: »The Gudjonsson Confession Questionnaire-Revised GCQ-R: Factor structure and its relationship with personality«; in: *Personality and Individual Differences*; 1999, 27; S. 953–968.

Gudjonsson, G. H.; Singh, K. K.: »Interrogative suggestibility and delinquent boys: an empirical validation study«; in: *Personality and Individual Differences*; 1984, 5; S. 425–430.

Hare, R. D.: »Predators: The Disturbing World of the Psychopaths among Us«; in: *Psychology Today*; 1994, 1; S. 54–61.

Hartwig, M., Granhag, P. A.; Stromwall, L. A.: »Guilty and innocent suspects' strategies during police interrogations«; in: *Psychology, Crime and Law;* 2007, 13; S. 213–227.

Hartwig, M.; Granhag, P. A.; Stromwall, L. A.; Kronkvist, O.: »Strategic use of evidence during police interviews: When training to detect deception works«; in: *Law and Human Behavior*; 2006, 30; S. 603–619.

Higgins, E. T.; Sorrentino, R. M. (Hrsg.): *Handbook of motivation and cognition: Foundations of social behaviour;* New York: Guilford, 1990, Band 2.

Higgins, E.; Kruglanski, A. (Hrsg.): *Social psychology: Handbook of' basic principles*; New York: Guilford Press, 1996.

Hilgendorf, E. L.; Irving, B. »A decision-making model of confessions«; in: M. A. Lloyd-Bostock (Hrsg.): *Psychology in legal contexts. Applications and limitations*; London: MacMillan, 1981; S. 67–84.

Horvath, F.; Meesig, R. T.: »Criminal Investigation Process and the Role of Forensic Evidence: A Review of Empirical Findings«; in: *Journal of Forensic Sciences*; 1996, 41 (6); S. 963–969.

Hughes, M.; Grieve, R.: »On asking children bizarre questions«; in: *First Language;* 1980, 1; S. 149–160.

Human Rights Watch/Middle East: *Torture and ill-treatment. Israel's interrogation of Palestinians from the occupied territories*; New York: Human Rights Watch, 1994.

Human Rights Watch: *The United States' »Disappeared« The CIA's Long-Term »Ghost Detainees«;* Briefing Paper; Oktober 2004.

Inbau, J. E. Reid, J. P. Buckley (Hrsg.): *Criminal Interrogation and Confessions*; 3. Auflage; Baltimore: Williams and Williams; S. 327–347.

Inbau, F. E.; Reid, J. E.; Buckley, J. P.; Jayne, B. C.: *Criminal Interrogation and Confessions*; 5. Auflage; Burlington: Jones Bartlett Learning, 2013.

Irving, B.; Hilgendorf, L.: *Police interrogation: the psychological approach (Research Studies No. 1)*; London: HMSO, 1980.

Irving, B.; McKenzie, I. K.: *Police interrogation: the effects of the Police and Criminal Evidence Act*; London: Police Foundation of Great Britain. 1989.

Izenberg, D: »Court orders GSS to stop using physical pressure«; in: *The Jerusalem Post*; 7. September 1999. (zitiert: Izenberg, 1999a).

Izenberg, D.: »Ten-year battle against brutality ends in victory«; in: *The Jerusalem Post*; 10. September 1999. (zitiert: Izenberg, 1999b)

Jacobs, R.: »US and Israeli Intelligence. The Practice of Torture«; in: *Dissident Voice*; 29. Juni, 2013.

Jayne, B. C.: »The psychological principles of criminal interrogation. An Appendix«; in F. E.

Johnson, M. K.; Raye, C. L.: »Reality monitoring«; in: *Psychological Review*; 1981, 88; S. 67–85.

Johnson, M. K.; Sherman, S. J. »Constructing and reconstructing the past and the future in the present«; in: E. T. Higgins; R. M. Sorrentino (Hrsg.): *Handbook of motivation and cognition: Foundations of social behaviour;* New York: Guilford, 1990, Band 2; S. 482–526.

Kashy, D. A.; DePaulo, B. M.: »Who lies?«; in: *Journal of Personality and Social Psychology*; 1996, 70; S. 1037–1051.

Kassin S. M.; Norwick R. J.: »Why people waive their Miranda rights: The power of innocence«; in: *Law and Human Behavior*; 2004, 28 (2); S. 211–221.

Kassin, S. M.: »On the psychology of confessions: Does innocence put innocents at risk?«; in: *American Psychologist*; 2005, 52; S. 221–233.

Kassin, S. M.; Gudjonsson, G. H.: »The psychology of confession evidence: A review of the literature and issues«; in: *Psychological Science in the Public Interest*; 2004, 5; S. 33–67.

Kassin, S. M.; McNall, K.: »Police interrogations and confessions«: in: *Law and Human Behavior*; 1991, 15; S. 233–251.

Kassin, S. M.; Wrightsman, L. S. (Hrsg.): *The psychology of evidence and trial procedures*; London: Sage, 1985.

Kassin, S. M.; Wrightsman, L. S.: »Confession evidence«; in S. M. Kassin, L. S. Wrightsman (Hrsg.): *The psychology of evidence and trial procedures*; London: Sage, 1985; S. 67–94.

Kebbell, M. R., Hatton, C., Johnson, S. D.; O'Kelly, C. M. E.: »People with learning disabilities as witnesses in court: What questions should lawyers ask?«; in: *British Journal of Learning Disabilities*; 2001, 29; S. 98–102.

Kebbell, M. R.; Johnson, S. D.: »Lawyers' questioning: the effect of confusing questions on witness confidence and accuracy«; in: *Law and Human Behavior;* 2000, 24 (6); S. 629–641.

Kolker, R.: »›I Did It‹ Why do people confess to crimes they didn't commit?«; in: *New York Magazine*; 3. Oktober 2010.

Lagouranis, T.; Mikaelian, A.: *Fear Up Harsh;* New York: NAL Caliber, 2007.

Landau Commission: »Commission of Inquirey into the Methods of Investigation of the General Security Service Regardings Hostile Terrorist Activity«; in: Israel Law Review; 1989, 23 (2,3); S. 146–188.

Laney, C.; Morris, E. K.; Bernstein, D. M.; Wakefield, B. M.; Loftus, E. F.: »Asparagus, a love story: Healthier eating could be just a false memory away«; in: Exp*erimental Psychology* 2008, 55; S. 291–300.

Lassiter, G. D. (Hrsg.): *Interrogations, Confessions, and Entrapment*; New York: Kluwer, 2004.

Lefkowitz, M.; Blake, R.; Mouton, J. S. »Status Factors in Pedestrian Violation of Traffic Signals«; in: *Journal of Abnormal and Social Psychology*; 1955, 51; S. 704–706.

Leo, R. A.: »Inside the interrogation room«; in: *Journal of Criminal Law and Criminology*; 1996, 86; S. 266–303.

Leo, R. A.: *Police interrogation in America: a study of violence, civility and social Change*; unveröffentlichte Dissertation; University of California at Berkeley, 1994.

Leo; R. A.; Thomas III, G. C. (Hrsg.): *The Miranda debate, justice and policing*; Boston: Northeastern University Press, 1998.

Less, A. W.: *Lüge! Alles Lüge!;* Hamburg: Arche Literatur Verlag, 2012.

Lewis, M.; Saarni, C. (Hrsg.): *Lying and Deception in Everyday Life*; New York: Guilford Press, 1993.

Lilly, J. C.: »Mental Effects of Reduction of Ordinary Levels of Physical Stimuli on Intact Healthy Persons«; in: *Psychological Research Report*; 1956, 5; S. 1–9.

Lloyd-Bostock, S. M. (Hrsg.): *Psychology in legal contexts. Applications and limitations*: London: MacMillan, 1981.

Loftus, E. F.: *Eyewitness testimony*; Cambridge, MA: Harvard University Press, 1979.

Loftus, E. F.; Pickrell, J. E.: »The formation of false memories«; in: *Psychiatric Annals*; 1995, 25; S. 720–725.

Loftus, E. F.; Schooler, J. W.; Boone, S. M.; Kline, D.: »Time went by so slowly: Overestimation of event duration by males and females«; in: *Applied Cognitive Psychology*; 1987, 1, S. 3–13.

Löw, M.: *Kriminalistische Befragungstaktiken für die Wirtschaft*; 4. Auflage; Hohenlinden: Löw & Partner, 2012.

Lynn, S. J.; Kirsch I. I.: »Alleged alien abductions: False memories, hypnosis, and fantasy proneness«; in: *Psychological Inquiry*; 1996, 7; S. 151–155.

Macdonald, J. M.; Michaud, D. L.: *Criminal interrogation*; Denver: Apache, 1992.

Mackey, C.; Miller, G.: *The Interrogator`s War – Inside the secret war against al qaeda;* London: John Murray, 2004.

Markman, E. M.: »Realizing that you don't understand: A preliminary investigation«; in: *Child Development*; 1977, 48; S. 986–992.

Markman, E. M.: »Realizing that you don't understand: Elementary school children's awareness of inconsistencies«; in: *Child Development;* 1979, 50; S. 643–655.

Milberg, S.; Clark, M. S.: »Moods and compliance«; in: *British Journal of Social Psychology*; 1988, 27; S. 79–90.

Milgram, S.: »Behavioral study of obedience«; in: *Journal of Abnormal and Social Psychology*; 1963, 67; S. 371–378.

Milgram, S.: *Obedience to authority*; London: Tavistock, 1974

Mordkommission München: *Vernehmungstechnik und -taktik in der polizeilichen Praxis (vorwiegend bei Kapitaldelikten)*; internes Handbuch; erstellt von F. J. Wilfling und M. Sattler; PP München, Kommissariat 11, o. Jahr.

Morrison, D.; Gilbert, P.: »Social rank, shame and anger in primary and secondary psychopaths«; in: *Journal of Forensic Psychiatry*; 2001, 12; S. 330–356.

Moston, S.; Stephenson, G. M.; Williamson, T. M.: »The effects of case characteristics on suspect behaviour during police questioning«; in: *British Journal of Criminology*; 1992, 32; S. 23–40.

Moston, S.; Stephenson, G. M.; Williamson, T. M.: The effects of case characteristics on suspect behaviour during questioning«; in: *British Journal of Criminology*; 1992, 32; S. 23 40.

Nasher-Awakemian, J.: *Deal! Du gibst mir, was ich will*; Frankfurt: Campus, 2013.

Nasher-Awakemian, J.: *Durchschaut. Das Geheimnis, kleine und große Lügen zu entlarven*; München: Heyne, 2010.

Neubauer, D. W.: »Confessions in Prairie City: some causes and effects«; in: *Journal of Criminal Law and Criminology*; 1974, 65; S. 103–112.

Nickerson, R. S.: »Confirmation Bias: A Ubiquitous Phenomenon in Many Guises«; in: *Review of General Psychology*; 1998, 2 (2); S. 175–220.

Nisbett, R.; Ross, L.: *Human inference: Strategies and shortcomings of social judgment*; Englewood Cliffs: Prentice-Hall, 1980.

O'Sullivan, M.; Ekman, P. »The wizards of deception detection«; in: G. H. Granhag, P. Strömwall (Hrsg.): The detection of deception in forensic contexts; Cambridge, England: Cambridge University Press, 2004; S. 269–286.

O'Connor, J.: »Paul Ekman: ›I can tell when you're lying‹«; in: *Financial Times*; 29. November 2008.

Ost, J.; Vrij, A.; Costall, A.; Bull, R.: »Crashing memories and reality monitoring: Distinguishing between perceptions, imaginings and false memories«; in: *Applied Cognitive Psychology*; 2002, 16; S. 125–134.

Pearse, J. J.: »The interrogation of terrorist suspects: The banality of torture«; in: T. M. Williamson (Hrsg.): *Investigative interviewing;* Cullompton: Willan Publishing, 2006; S. 64–83.

Pearse, J. J.; Gudjonsson, G. H.: »Police interviewing techniques at two South London police stations«; in: *Psychology, Crime and Law*; 1996, 3; S. 63–74.

Pearse, J. J.; Gudjonsson, G. H.; Clare, I. C. H.; Rutter S.: »Police interviewing and psychological vulnerabilities: predicting the likelihood of a confession«; in: *Journal of Community and Applied Social Psychology*; 1998, 81; S. 1–21.

Pezdek, K.; Banks, W. P. (Hrsg.): *The recovered memory / false memory debate*; San Diego: Academic Press, 1996.

Pezdek, K.; Banks, W. P.: *Preface*; in K. Pezdek; W. P. Banks (Hrsg.): *The recovered memory / false memory debate*; San Diego: Academic Press, 1996; S. XI–XV.

Pezdek, K.; Finger, K.; Hodge, D.: »Planting false childhood memories: The role of event plausibility«; in: *Psychological Science*; 1997, 8; S. 437–441.

Phillips, C.; Brown, D.: *Entry into the criminal justice system: a survey of police arrests and their outcomes*; London: Home Office, 1998.

Pincus, W.: »Waterboarding Historically Controversial«; in: *The Washington Post*, 5. Oktober 2006.

Popper, K. R.: *Logik der Forschung. Zur Erkenntnistheorie der modernen Naturwissenschaft*; Wien: Springer, 1934.

Pratt, C.: »On asking children – and adults – bizarre questions«; in: *First Language*; 1990, 10; S. 167–175.

Pyle, J. O.; Karinch, M.: *Find out anything from anyone*; Pompton Plains: Career Press, 2014.

Redlich, A. D.: *False confessions: the influence of age, suggestibility, and maturity*; unveröffentlichte Dissertation; University of California, 1999.

Richardson, G.: *A study of interrogative suggestibility in an adolescent forensic Population*; unveröffentlichte Masterarbeit; University of Newcastle, 1991.

Richardson, G.; Gudjonsson, G. H.; Kelly, T. P.: »Interrogative suggestibility in an adolescent forensic population«; in: *Journal of Adolescence*; 1995, 182, S. 211–216.

Rogge, O. J.: *Why men confess*; New York: Da Capo, 1975.

Roper, R.; Shewan, D.: »Compliance and eyewitness testimony: Do eyewitnesses comply with misleading ›expert pressure‹ during investigative interviewing?«; in: *Legal and Criminological Psychology*; 2002, 7; S. 155–163.

Rose, D.: ›Are you a terrorist?‹ The simple question being asked at an airport which could rumble a suicide bomber; in: *Mail on Sunday*; 15. Dezember 2010.

Russakoff, R.; Goodman, M.: »Employee Theft: Are You Blind to It?«; in: *CBS Moneywatch*; 14. Juli 2011.

Saywitz, K. J.: »Improving children's testimony: The question, the answer and the environment«; in: M. S. Zaragoza, J. R. Graham, G. C. N. Hall, R. Hirschman, Y. S. Ben-Porath (Hrsg.): *Memory and testimony in the child witness*; Thousand Oaks: Sage, 1995; S. 113–140.

Saywitz, K.; Snyder, L.: »Improving children's testimony with preparation«; in: S. G. Goodman, B. L. Bottoms (Hrsg.): *Child victims, child witnes-*

ses: Understanding and improving testimony; New York: Guilford Press, 1993; S. 117–146.

Schmidt, N. B.; Richey, J. A.; Maner, J. K.: »Exploring Human Freeze Responses to a Threat Stressor«; in: *Journal of Behavior Therapy and Experimental Psychiatry*; 2009, 39; S. 292–304.

Shane, S; Mazzetti, M.: »Advisers Fault Harsh Methods In Interrogation«; in: *The New York Times*; 30. Mai 2007.

Shepherd, E. (Hrsg.): *Aspects of interviewing. Issues in Criminological and Legal Psychology*; Band 18. Leicester: British Psychological Society, 1993.

Shepherd, E.: »Ethical interviewing«; in: *Policing*; 1991, 7; S. 42–60.

Sigurdsson, I.; Gudjonsson, G. H.: »Alcohol and drug intoxication during police interrogation and the reasons why suspects confess to the police«; in: *Addiction*; 1994, 89; S. 985–997.

Singer, J. B.; Flavell, J. H.: »Development of knowledge about communication: Children's evaluations of explicitly ambiguous messages«; in: Child Development; 1981, 52; S. 1211–1215.

Singh, K. K.; Gudjonsson, G. H.: »The vulnerability of adolescent boys to interrogative pressure: an experimental study«; in: *Journal of Forensic Psychiatry*; 1992, 3; S.167–170.

Smeets, T.; Jelicic, M.; Peters, M. J. V.; Candel, I.; Horselenberg, R.; Merckelbach, H.: »›Of course I remember seeing that film!‹ How ambiguous questions generate crashing memories«; in: *Applied Cognitive Psychology*; 2006, 20; S. 779–789.

Snyder, M.: »The self-monitoring of expressive behavior«; in: *Journal of Personality and Social Psychology*; 1974, 30; S. 526–537.

Soukara, S.; Bull, R.; Vrij, A.: »Police detectives' aims regarding their interviews with suspects: Any changes at the turn of the milienniam?«; in: *International Journal of Police Science and Management*; 2002, 4; S. 110–114.

Spence, S. A.; Farrow, T. F. D.; Herford, A. E.; Wilkinson I. D.; Zheng Y.; Woodruff, P. W. R.: »Behavioural and functional anatomical correlates of deception in humans«; in: NeuroReport; 2001, 12 (13); S. 2849–2853.

Sporer, S. L.; Schwandt, B.: »Paraverbal indicators of deception: A meta-analytic synthesis«; in: *Applied Cognitive Psychology*; 2006, 20 (4); S. 421–446.

St-Yves, M.: »The psychology of rapport: five basic rules«; in: T. M. Williamson (Hrsg.): *Investigative interviewing: Rights, research, regulation*; Cullompton: Willan Publishing, 2006; S. 87–105.

St-Yves, M.; Deslauriers-Varin, N.: »The Psychology of Suspects' Decision-Making during Interrogation«; in: R. Bull, T. Valentine, T. M. Williamson (Hrsg.): *Handbook of Psychology of Investigative Interviewing: Current Developments and Future Directions*; West Sussex: John Wiley, 2009; S. 1–15.

St-Yves, M.; Landry, J. (Hrsg.): *Psychologie des entrevues d'enquête: de la recherche à la pratique*; Cowansville, Québec: Yvon Blais, 2004.

St-Yves, M.; Lavallée, P. R.: »L'interrogatoire vidéo: État de la situation à la Sûreté Du Québec. Direction conseil et développement en enquêtes criminelles«; Sûreté Du Québec; document in édit.

St-Yves, M.; Tanguay, M.: »The psychology of interrogation: A quest for a confession or a quest for the truth?«; in: M. St-Yves, M. Tanguay (Hrsg.): *The psychology of criminal investigations: The search for the truth*; Toronto: Thomson Carswell, 2009; S. 9–40.

St-Yves, M.; Tanguay, M.; Crépault, D.: »La psychologie de la relation: cinq règles de base«; in M. St-Yves; J. Landry (Hrsg.): *Psychologie des entrevues d'enquête: de la recherche à la pratique*; Cowansville, Québec: Yvon Blais, 2004; S. 135–153.

St-Yves, M; Tanguay, M. (Hrsg.): *The psychology of criminal investigations: The search for the truth*; Toronto: Thomson Carswell, 2009.

Stangneth, E.: *Eichmann vor Jerusalem. Das unbehelligte Leben eines Massenmörders*; Arche, Zürich, 2011.

Stephenson, G. M.; Moston, S.: »Attitudes and assumptions of police officers when questioning criminal suspects«; in: E. Shepherd (Hrsg.): *Aspects of interviewing. Issues in Criminological and Legal Psychology*; Band 18. Leicester: British Psychological Society, 1993; S. 30–36.

Stockinger, G.; »Zweifache Torturen«; in: *SPIEGEL SPECIAL;* 1993, 5; S. 107 f.

Streatfeild, D.: *Gehirnwäsche. Die geheime Geschichte der Gedankenkontrolle*; Frankfurt a. M.: Zweitausendeins, 2008.

Strömwall, L. A.; Hartwig, M.; Granhag, P. A.: »To act truthfully: Nonverbal behavior and strategies during a police interrogation«; in: *Psychology, Crime and Law*; 2006, 12; S. 207–219.

Strömwall, L.; Granhag, P. A.; Landström, S.: »Children's prepared and unprepared lies: Can adults see through their strategies?«; in: *Applied Cognitive Psychology*; 2007, 21; S. 457–471.

Tangney, J. P.: »Assessing individual differences in proneness to shame and guilt: development of self-conscious affect and attribution inventory«; in: *Journal of Personality and Social Psychology*; 1990, 59; S. 102–111.

Tangney, J. P.: »Conceptual and methodological issues in the assessment of shame and guilt«; in: *Behavioural Research and Therapy*; 1996, 34; S. 741–754.

The Economist: »Obituary. Fred Inbau, a controversial criminologist, died on May 25th, aged 89«; 11. Juni 1998.

The Independent: »Wikileaks. Leak reveals new Guantanamo secrets«; 25. April 2011.

Thombs, D. L.: *Introduction to addictive behaviours*; London: Guilford Press, 1999.

Toliver, R. F.: *The interrogator;* Atglen: Schiffer Publishing, 1997.

Trankell, A. (Hrsg.): *Reconstructing the past: the role of psychologists in ciminal trials*; Deventer: Kluwer, 1982.

Trankell, A. (Hrsg.): *Reconstructing the past: the role of psychologists in ciminal trials*; Deventer: Kluwer, 1982.

Trope, Y.; Liberman, A.: »Social hypothesis testing: Cognitive and motivational mechanisms«; in E. Higgins, A. Kruglanski (Hrsg.): *Social psychology: Handbook of' basic principles*; New York: Guilford Press, 1996.

Undeutsch, U.: »Beurteilung der Glaubhaftigkeit von Aussagen«; in: U. Undeutsch: *Handbuch der Psychologie;* Bd. 2: Forensische Psychologie; Göttingen: Hogrefe, 1967; S. 26–81.

US Army: *FM 34–52. US Army Field Manual on Interrogation*; Headquarters, Department of the Army: Washington, DC, 1987. Seit 2006 etwas verändert als *FM 2–22.3 Human Intelligence Collector Operations.*

van Amelsvoort, A.; Rispens, I.; Grolman, H. 2007. Handleiding verhoor; 's-Gravenhage; Elsevier, 2010.

van der Sleen, J.: »A Structured Model for Investigative Interviewing of Suspects«; in: R. Bull, T. Valentine, T. M. Williamson (Hrsg.): *Handbook of Psychology of Investigative Interviewing: Current Developments and Future Directions*; West Sussex: John Wiley, 2009; S. 35–52.

Vrij, A.: »Challenging interviewees during interviews: The potential effects on lie detection«; in: *Psychology, Crime and Law*; 2006, 12; S. 193–206.

Vrij, A.: »Why professionals fail to catch liars and how they can improve«; in: *Legal and Criminological Psychology*; 2004, 9; S. 159–181.

Vrij, A.: *Detecting lies and deceit: Pitfalls and opportunities*; Chichester/England: John C. Wiley, 2008.

Vrij, A.; Akehurst, L.; Soukara, S.; Bull, R.: »Detecting deceit via analyses of verbal and nonverbal behavior in children and adults«; in: *Human Communication Research*; 2004, 30 (1); S. 8–41.

Vrij, A.; Akehurst, L.; Soukara, S.; Bull, R.: »Will the truth come out? The effect of deception, age, status, coaching, and social skills on CBCA scores«; in: *Law and Human Behavior*; 2002, 26; S. 261–283.

Vrij, A.; Edward, K.; Bull, R.: »Stereotypical verbal and nonverbal responses while deceiving others«; in: *Personality and Social Psychology Bulletin*; 2001, 27; S. 899–909.

Vrij, A.; Edward, K.; Roberts, K. P.; Bull, R.: »Detecting deceit via analysis of verbal and nonverbal behavior«; in: Journal of Nonverbal Behavior; 2000, 24; S. 239–263.

Vrij, A.; Granhag, P.; Porter, S.: »Pitfalls and opportunities in nonverbal and verbal lie detection«; in: *Psychological Science In The Public Interest*; 2010, 11 (3); S. 89–121.

Vrij, A.; Mann, S.: »Criteria-Based Content Analysis: An empirical test of its underlying processes«; in: *Psychology, Crime and Law*; 2006, 12; S. 337–349.

Vrij, A.; Mann, S.: »Detecting deception: The benefit of looking at a combination of behavioral, auditory and speech content related cues in a systematic manner«; in: *Group Decision and Negotiation*; 2004, 13; S. 61–79.

Vrij, A.; Mann, S.: »Telling and detecting lies in a high-stake situation: The case of a convicted murderer«; in: *Applied Cognitive Psychology*; 2001, 15; S. 187–203.

Vrij, A.; Mann, S.; Fisher, R.: «Information-gathering vs. accusatory interview style: Individual differences in respondents' experiences«; in: *Personality and Individual Differences*; 2006, 41; S. 589–599.

Vrij, A.; Semin, G. R.; Bull, R.: »Insight into behaviour during deception«; in: *Human Communication Research*; 1996, 22 (4); S. 544–562.

Walczyk, J. J.; Roper, K.; Seemann, E.; Humphrey, A.: »Cognitive mechanisms underlying lying to questions: Response time as a cue to deception«; in: *Applied Cognitive Psychology*; 2003, 17; S. 744–755.

Walczyk, J. J.; Schwartz, J. P.; Clifton, R.; Adams, B.; Wei, M.; Zha, P.: »Lying person-to-person about live events: A cognitive framework for lie detection«; in: *Personnel Psychology*; 2005, 58; S. 141–170.

Walker, A. G.: »Questioning young children in court: a linguistic case study«; in: *Law and Human Behavior*; 1993, 17, S. 59–81.

Warburg, E. M.: »Eitel bis in den Tod«; in: *Cicero*; 2010, 4; S. 60.

Warren, A.; Hulse-Trotter, K.; Tubbs, E. C.: »Inducing resistance to suggestibility in children«; in: *Law and Human Behavior*; 1991, 15; S. 273–285.

Waterman, A. H.; Blades, M.; Spencer, C.: »Do children try to answer nonsensical questions?«; in: *British Journal of Developmental Psychology*; 2000, 18; S. 211–225.

Waterman, A. H.; Blades, M.; Spencer, C.: »Interviewing children and adults: The effect of question format on the tendency to speculate«; in: *Applied Cognitive Psychology*; 2001, 15, S. 521–531.

Weber, Y.: *The effects of suspect history and strength of evidence on police interviewing styles*; unveröffentlichte Masterarbeit; Queensland: James Cook University, 2007.

White, C. H.; Burgoon, J. K.: »Adaptation and communicative design: Patterns of interaction in truthful and deceptive conversations«; in: *Human Communication Research*; 2001, 27; S. 9–37.

Williamson, T. M.: »From interrogation to investigative interviewing. Strategic trends in the police questioning«; in: *Journal of Community and Applied Social Psychology*; 1993, 3; S. 89–99.

Williamson, T. M.: »Investigative interviewing and human rights in the war on terrorism«; in: T. M. Williamson (Hrsg.): *Investigative interviewing: Rights, research, regulation*; Cullompton: Willan Publishing, 2006; S. 3–22.

Williamson, T. M. (Hrsg.): *Investigative interviewing: Rights, research, regulation*; Cullompton: Willan Publishing, 2006.

Williamson, T. M.: *Strategic changes in police interrogation: an examination of police and suspect behaviour in the Metropolitan Police in order to determine the effects of new legislation, technology and organizational policies*; unveröffentlichte Dissertation; University of Kent, 1990.

Yarmey, A. D.: »Accuracy and confidence in duration estimates following questions containing marked and unmarked modifiers«; in: *Journal of Applied Social Psychology*; 1990, 20; S. 1139–1149.

Yarmey, A. D.: »Eyewitness testimony and deception: A field experiment.«; Vortrag anlässlich der *International Conference on Psychology and Law*; Edinburgh, Juli 2003.

Yarmey, A. D.: »Retrospective duration estimations for variant and invariant events in field situations«; in: *Applied Cognitive Psychology*; 2000, 14; S. 45–57.

Yarmey, A. D.: »Truthfulness in Witnesses' and Suspects' Reports«; in: R. Bull, T. Valentine, T. M. Williamson (Hrsg.): *Handbook of Psychology of Investigative Interviewing: Current Developments and Future Directions*; West Sussex: John Wiley, 2009; S. 285–299.

Yarmey, A. D.; Wells, E. C.; Yuval, L.: »Deceptive suspects' event recall and duration estimates across repeated interviews«; in: *Canadian Journal of Police*; 2006, 4; S. 200–210.

Yarmey, A. D.; Yarmey, M. J.: »Eyewitness recall and duration estimates in field settings«; in: *Journal of Applied Social Psychology*; 1997, 27; S. 330–344.

Yarmey, D.: »Effects of deception on eyewitness reports«; in: *Canadian Journal of Police*; 2004, 2; S. 199–207.

Zaragoza, M. S.; Graham, J. R.; Hall, G. C. N.; Hirschman, R.; Ben-Porath, Y. S. (Hrsg.): *Memory and testimony in the child witness*; Thousand Oaks: Sage, 1995.

Zaragoza, M. S.; Lane, S.: »Source misattributions and the suggestibility of eyewitness memory«; in: *Journal of Experimental Psychology: Learning, Memory, and Cognition*; 1994, 20; S. 934–945.

Zulawski D. E.; Wicklander, D. E.: *Practical Aspects of Interview and Interrogation*. New York: Elsevier, 1992.